RENATO CLEMENTI

I FILI DEL RACCONTO

NUOVO MANUALE DI SCRITTURA CREATIVA
E NARRATOLOGIA

Proprietà letteraria riservata: Renato Clementi
Prima edizione cartacea gennaio 2014
ISBN 9781494923761

Sommario

INTRODUZIONE

Ormai è noto, l'introduzione di un libro viene scritta sempre dopo che il libro è stato completato. Anche questa introduzione non fa eccezione. L'ho scritta a libro finito.

Del resto è giusto. Se, come dice la parola, "introduzione" è qualche cosa che introduce, che fa entrare, deve per forza essere scritta per ultima. Non penso che sia una grande idea voler introdurre qualcuno in qualcosa che ancora non si conosce bene e che al momento è solo una vaga sensazione.

"Se vuoi entrare lì dentro, vacci prima tu" dirà il lettore. "Fai un bel giro e poi mi dici com'è".

Io il giro l'ho fatto e appunto ora ti dico com'è.

È bellissimo! Quando avrai finito di leggere, ti resterà solo il problema di scegliere quale capolavoro cominciare a scrivere.

Già, perché questa è una scuola per chi vuol creare capolavori. Meno non ci interessa.

Qui tutti gli insegnanti (cioè io) siamo diventati ricchissimi con i libri per bambini e il nostro più grande desiderio è che ciascuno con il suo primo libro venda almeno due milioni di copie. E se non sei uno scrittore per bambini, pazienza. Dovrai accontentarti di un milione di copie soltanto.

In queste pagine troverai la Somma Incontaminata Saggezza e I Sette Gioielli Preziosi della scrittura per ragazzi e per bambini, ma qui e ora, proprio adesso, sto per donarti I Tre Sublimi Raggi Dorati, fanne tesoro. Eccoli:

Primo Sublime Raggio Dorato: questo è un libro che intende dare qualche consiglio a chi vuol scrivere per adulti o per ragazzi e per bambini e ne sa meno di me.

Secondo Sublime Raggio Dorato: poiché le cose scritte nascono soprattutto dalla mia esperienza, troverai spesso i titoli delle mie pubblicazioni (l'intenzione è chiara e dichiarata: voglio indurti a comperare i miei libri).

Terzo Sublime Raggio Dorato (il più prezioso): Chi sono io. Preparati, perché sto per aprire lo scrigno della mia vita.

Mi chiamo Renato Clementi (bella scoperta, c'è in copertina) e sono stato insegnante per molti anni nella scuola elementare, però ho anche prestato la mia opera nella scuola media e, saltuariamente, nella scuola materna in supporto a mia moglie Anna.

Ho cominciato con lo scrivere testi teatrali per far recitare i miei alunni, poi, visto che piacevano abbastanza, ho pensato di propormi per la pubblicazione.

La prima casa editrice che ha avuto la bontà di sopportarmi è stata Mursia, che dapprima mi ha incaricato di realizzare i libri di quella bella collana che si chiamava "Beccogiallo musicale", poi mi offrì di dirigere il settore della scolastica elementare e materna, cosa che accettai volentieri. Nel frattempo svolgevo anche il compito di consulente e autore per il settore di narrativa giovanile.

In quel periodo, oltre alla dozzina di libri del Beccogiallo, uscì anche il libretto di fiabe teatrali *Sulla scopa della strega* e il romanzo fantasy per la scuola media *Irin e la Ruota del tempo* (che ripropongo oggi dopo averlo revisionato con il titolo *Il Sacro Perno*)

Terminata l'esperienza con Mursia mi sono riposato un anno e poi sono andato a imporre la mia presenza come autore e curatore alla casa editrice Happy Books, per la quale ho realizzato una quantità di libretti per bambini da tre a cinque anni. Un lavoro molto interessante perché questi libretti, che per contratto non riportano il mio nome, erano destinati al mercato internazionale oltre che a quello italiano. Le prime volte mi faceva una strana impressione vedere i libretti scritti in russo o in turco, poi ci feci l'abitudine. Ma l'importanza dell'esperienza non fu limitata allo scrivere per bambini tanto piccoli, cosa che non avevo mai fatto prima, essa mi aiutò anche a comprendere quali fossero le esigenze del mercato internazionale e come ci si doveva proporre.

Quando la casa editrice fu venduta a nuovi proprietari, mi dimisi e mi dedicai per intero alla narrativa. Il mio nuovo editore, che ebbe la pazienza di considerare con favore i miei lavori, fu SEI editrice con cui pubblicai i due romanzi *Va' con i tuoi artigli* e *Le radici del grande cedro*.

Nel frattempo la mia enorme e ineffabile vena creativa mi consentiva di vincere un po' di premi letterari:

- II classificato al concorso del quotidiano La Repubblica con il raccontino *I milanesi mangiano le caramelle?*
- I premio al concorso Alpi Apuane con la fiaba *La spiga e la giustizia.*
- I premio al concorso Nero su bianco con il racconto *L'ultima scacchiera.*
- Finalista al premio Andersen con il racconto *Ernesto Uffachebarba.*
- I premio al concorso Bancarellino con il romanzo V*a' con i tuoi artigli.*

Ho tenuto corsi di scrittura creativa e aiutato persone a scrivere e anche a vincere ai concorsi... E poi?

Poi per dieci anni non ho scritto più nulla, dedicandomi interamente a realizzare la prima scuola italiana di scacchi online. La scuola funzionò molto bene, al di là delle migliori aspettative, e mi impegnò appunto per dieci anni. Poi anche questa esperienza arrivò alla sua conclusione e oggi confluisce in un'opera abbastanza voluminosa che sta per essere pubblicata: *Gli scacchi esperti.*

(Se qualcuno dei lettori ha la passione degli scacchi può venire a dare un'occhiata al mio sito www.caissascacchi.it , vi si trova anche vario materiale gratuito da scaricare.)

Ora sono tornato al vecchio amore, la narrativa, questa volta con opere per adulti. Ho scritto nuovi racconti, ma soprattutto ho voluto scrivere questo libro che, in una forma spero non noiosa, possa fornire indicazioni *utili* a tutti coloro che desiderano raccontare storie, in modo particolare a ragazzi e a bambini.

Fai attenzione, ti prego, a quell' "utili" scritto in corsivo. In questo libro non troverai nulla di necessario. La scrittura è una convenzione e, come ogni convenzione, può essere trasgredita. Puoi scrivere come ti viene e sarai il solo responsabile degli effetti che avrai sui tuoi lettori. Certamente il conoscere le convenzioni principali, le indicazioni di chi ha scritto da più anni di te e i consigli degli studiosi di narrativa potranno renderti più consapevole di ciò che il tuo scritto produce sul lettore e scegliere di conseguenza. Lo studio, come sempre, non è tutto, ma neppure il cibo lo è, basta solo che uno accetti di morire di fame.

Ti metto in guardia da un pericolo che spesso sfugge al giovane autore: la partecipazione a circoli letterari e a forum è solitamente molto utile, ma ogni gruppo umano si crea un ambito di linguaggio che tende a escludere o rifiutare ciò che esula dal linguaggio di quel gruppo. Allo stesso modo si creano criteri estetici, modalità di scrittura e di lettura, canoni d'interpretazione, preferenze di stile e di argomenti che sono vissuti dai senior come verità assolute, mentre sono relative solo a un certo ambiente o una certa epoca. Cerca pertanto di non restare agganciato a un gruppo soltanto, altrimenti rischi di fossilizzarti in uno stile, senza accettare o realizzare il nuovo.

Queste considerazioni affioreranno ogni tanto nel libro, in alcuni punti più sensibili. Se poi ne avrai voglia, puoi venire al mio sito www.scriviamo.eu, e contattarmi per domande, consigli o semplicemente esprimere opinioni.

Un saluto a tutti i lettori, Renato

Cap. 1: PER CHE ETÀ VUOI SCRIVERE?

Ti piace inventare fiabe?

Oppure storie vere?

Oppure fantasy o fantascienza?

Sei invece portato per l'intrigo e il mistero?

Che altro?

Sono queste domande del tutto legittime, ma non è da qui che devi partire. Taluni pensano che prima si debba avere un'idea di storia e solo dopo si debba decidere per quale età essa funzioni meglio.

Lo scrittore dilettante spesso si comporta in questo modo, ma il professionista, che quasi sempre riceve un incarico da un editore, deve adeguarsi alle richieste.

Si può ritenere che questa maniera di procedere mortifichi la creatività e l'originalità, ma ciò non è vero; creatività e originalità nascono da atti pienamente consapevoli del pensiero, che si sforza di rapportare tra loro le idee e impressioni e di fonderle insieme in modo tale che ne scaturisca il germe narrativo. Si tratta di un lavoro cosciente e non di un'attesa passiva in cui speriamo che idee, rapporti e strutture narrative si affaccino alla mente già ben definite.

E l'ispirazione?

L'ispirazione è importantissima e va nutrita e coccolata (nella terza parte del libro affronteremo l'argomento), ma ispirazione e intuizione hanno bisogno di un terreno da cui nascere, e questo terreno lo prepariamo noi, in totale consapevolezza.

Un giorno, l'editore per cui lavoravo mi fece una richiesta precisa: "ci manca un libro di fiabe da fare uscire quest'anno per la nostra collana di teatro."

Che cosa dovevo fare io? Potevo aspettare che per qualche miracolo mi venissero in testa cinque o sei fiabe teatrali da scrivere? Certamente no. Avevo un compito e dovevo svolgerlo nei tempi previsti dal contratto.

Così, immerso nel bagno tiepido di casa mia cominciai a far muovere e parlare nella mia mente bambini, streghe, giganti e fate… Questi personaggi, nella mia immaginazione, non erano vere fate o streghe, ma bambini e bambine travestite per una recita scolastica di fine d'anno. Li facevo camminare e interagire tra loro nel mio immaginario palcoscenico, senza una precisa direzione né uno scopo. Mentre una parte della mia mente creava queste figure, l'altra giocava il ruolo dello spettatore (non si è scrittori se non si è un po' schizofrenici). A poco a poco coglievo frasi smozzicate, vedevo gesti senza un preciso significato: qualcuno che mimava la raccolta di un ramoscello da terra, una piccola strega finta che apriva un sacco, un brigante che voleva mangiarsi un bottone… E così ecco delinearsi le storie: la strega Perlacchia, il brigante Mangiatutto, l'Orco innamorato, ecc. ecc.

Da questo impegno nacque il libro *Sulla scopa della strega*, ed. Mursia, e fu il libro più venduto dell'intera collana. Le storie furono rappresentate in tante scuole elementari e ricevetti molte testimonianze di apprezzamento. Ma il bello è che queste storie, nate da una precisa richiesta dell'editore, sono state lodate dai recensori soprattutto per la freschezza delle idee. Pensa un po'!

Chi scrive per la pubblicistica elettronica probabilmente non ha problemi di contratto, di tempi e di argomenti. Tuttavia è buona cosa lavorare in modo professionale, anche perché questo è l'unico modo che gli permette di impegnare la sua creatività con un occhio anche al marketing. Per fare un esempio, se ti dovessi accorgere che scarseggiano libri di fiabe ambientate nel mondo marino, oppure c'è stato qualche evento particolarmente suggestivo, come un'impresa sportiva o un'esplorazione spaziale, che ha infiammato gli animi, sarebbe certamente un'ottima idea se tu scrivessi qualcosa che richiamasse tali argomenti. Il tuo libro potrebbe ottenere più facilmente l'attenzione del pubblico. (Ovviamente se vuoi scrivere solo per te, tutto ciò è aria fritta).

Da quanto ho scritto si potrebbe ricavare l'idea che l'argomento sia pertanto il punto di partenza di uno scrittore. In effetti è così, ma ciò vale solo per gli scrittori esperti, che ben conoscono i propri punti di forza e le proprie debolezze. Per chi inizia il problema dell'argomento viene dopo. Prima deve stabilire per quale età è più portato a scrivere.

C'è una bella differenza tra comporre storielle per bambini di tre anni o romanzi per ragazzi di tredici, e la scelta dell'età influenza poi la scelta degli argomenti, del genere, delle dimensioni e del linguaggio da utilizzare. Anche lo scrittore per adulti stabilisce preventivamente il target dei lettori, ma rispetto a chi si occupa di narrativa infantile e giovanile, si muove su differenze decisamente meno pronunciate. Se dunque l'età del lettore influenza molte decisioni, diventa indispensabile capire a chi ci si rivolge.

Per quale età vuoi scrivere?

Purtroppo la decisione non dipende tanto da ciò che tu vorresti fare, ma dalle tue qualità di scrittore. È questa che stabilisce se sei più adatto a realizzare libretti per bimbi di tre o quattro anni, oppure se ti sia più congeniale la narrativa per adolescenti. Uno scrittore con una buona esperienza può scrivere più o meno di tutto, almeno in una certa misura, ma per un principiante è molto più difficile adeguare la propria inventiva, il proprio stile e il proprio linguaggio a situazioni molto diverse.

Ognuno di noi è portato, per esperienze professionali o per le strutture della sensibilità e del pensiero, a scrivere per determinate età. Anche se molte delle tecniche di base valgono per ogni livello e genere narrativo, non c'è dubbio che tutto risulta più facile quando si segue la propria inclinazione, e uno che inizia non ha certo bisogno di complicarsi la vita.

In questo libro cercherò di dare delle indicazioni valide per tutti coloro che intendono occuparsi di narrativa, nell'età dello sviluppo e non solo, cercando di specificare di volta in volta la fascia di età in cui certi consigli hanno più validità.

Normalmente, una volta stabilita l'età dei nostri lettori, andremo a riflettere sugli argomenti e soprattutto sulla storia che vogliamo raccontare. Noi però, nella trattazione dell'argomento, non procederemo in questo ordine. Per quanto possa sembrare strano, inizieremo dal linguaggio e dallo stile.

Per quale ragione ho scelto questo percorso?

Il fatto è che nel mio intento voglio rivolgermi a scrittori principianti, il cui pelo narrativo non si è fatto ancora abbastanza robusto. Pertanto preferisco per ora immaginare che la storia più o meno tu l'abbia già delineata nella tua mente.

Adesso sei davanti al tuo computer e hai cominciato a scrivere: "Era una notte buia e tempestosa…"

Passiamo dunque alla prima parte del libro.

PARTE PRIMA: LA CORRETTEZZA
Cap. 2: IL LESSICO

Cominciamo con l'affermare che il codice linguistico è una convenzione sociale; se noi parliamo l'italiano anziché il turco è per ragioni storiche, non per una qualche necessità. Ciò significa che la correttezza di una lingua è stabilita dai parlanti in una certa epoca, vale a dire dall'uso. È l'uso che crea le regole grammaticali, non viceversa.

Per fare un esempio: oggi se inviate a un qualunque forum di scrittura creativa una frase come: "La maestra diede una caramella ad ognuno dei suoi alunni", immediatamente vi giungeranno commenti più o meno infuriati per il grave errore d'aver usato la 'd' eufonica sbagliata ("ad ognuno" invece di "a ognuno", giacché l'incontro avviene tra due vocali diverse 'a' e 'o'). Orbene, se fossimo stati nell'Ottocento un maestro avrebbe corretto "a ognuno" in "ad ognuno", in quanto all'epoca bastava un incontro di vocali qualunque per richiedere la 'd' eufonica.

Una volta avevo scritto in un racconto "Giovanna ed io…" e un commentatore mi avvisò: "In un forum quella 'd' eufonica ci può stare, ma se invii il racconto a una casa editrice te lo scartano" (!). Davvero quel commentatore sapeva ben poco di case editrici. In ogni caso è più probabile il contrario; nei forum non si tollerano "errori" che in una casa editrice non farebbero né caldo né freddo (D'altra parte, i redattori che ci stanno a fare se non a correggere gli errori più evidenti?).

Questa premessa era necessaria per spiegare che tutto ciò che riguarda la correttezza è convenzionale e che puoi infischiartene quando ti pare, purché, lo ripeto, tu sia consapevole di effetti e conseguenze.

Quando partecipai al concorso di Repubblica un tizio aveva inviato un racconto scritto tutto in questo modo: "quandopartecipàialconcorsodirèpubblica untizioavèvainviàtounraccontoscrìttotuttoinquèstomodo".

Inutile dire che non vinse.

Puoi trasgredire tutte le regole che vuoi, ma non ti stupire se i lettori abbandonano la tua storia dopo poche righe. La correttezza non ha bisogno di nulla, ma la scorrettezza grammaticale ha bisogno di buoni e solidi motivi per trovarsi nel tuo racconto.

Vediamo dunque qualche osservazione e qualche consiglio sullo scrivere corretto, cominciando dal lessico.

Il lessico, come si sa, è l'insieme dei vocaboli di una lingua, ma in pratica ognuno di noi ha un suo lessico. Non solo, salvo il caso delle persone meno colte, ognuno di noi differenzia vari lessici, più o meno poveri, da utilizzare nelle varie situazioni.

A meno di avere in testa qualche rotella decentrata, credo che parlando con un bambino di tre anni escluderesti parole come "quotazione", "stratosferico" o "partenogenesi"; useresti un lessico molto povero, composto di parole assolutamente elementari e quotidiane. Al contrario, sostenendo un esame universitario, cercheresti di utilizzare il lessico specialistico per la disciplina dei tuoi studi. In definitiva allarghiamo, restringiamo o specializziamo il nostro lessico adeguandolo alle situazioni.

Io stesso in questo libro utilizzo un linguaggio sufficientemente semplice, tale da consentire una comprensione immediata. Se mi rivolgessi a specialisti, potrei parlare di interrelazione, di metodologia narrativa monistica, di zone di convergenza, di acronia o di intertestualità, ecc. ecc. Seppure questi termini esprimano sinteticamente concetti rilevanti, non è necessario utilizzarli per veicolare il pensiero e far capire ciò che serve allo scrittore. Cerco dunque di usare un lessico semplice, ma non tanto da renderlo infantile. Nella scelta del lessico occorre buon senso e moderazione.

Affermare che più è giovane il lettore e più semplice e limitato dev'essere il lessico è una banalità sulla quale, per rispetto alla tua intelligenza, non voglio insistere. Altrettanto banale è l'osservazione che il lessico dello scrittore deve regolarsi anche sulle condizioni socioculturali dell'ambiente dei lettori (sebbene normalmente lo scrittore non sia in grado di controllare questo aspetto, a meno che non scriva per un gruppo specifico – se intendi scrivere un libretto per i bambini zingari, dovresti averli frequentati almeno per qualche mese e averne compreso il lessico specifico; di sicuro non potresti utilizzare lo stesso lessico che risulterebbe adeguato ai bambini di un quartiere ricco).

Invece non banale è il discorso su come delimitare il lessico nei tuoi scritti.

Negli Stati Uniti gli scrittori per bambini utilizzano spesso dizionari appositamente studiati, in cui sono elencate le parole d'uso, quelle che capiscono tutti (o quasi). Lo scrittore, dopo aver scritto un racconto, consulta il dizionarietto d'uso e toglie dalla sua opera o modifica tutte le parole che non rientrano nel dizionario.

Io ritengo questa pratica una barbarie; non posso impedirla, ma almeno posso raccomandarti caldamente di non farla tua. Le parole difficili (per l'età considerata) non sono scarafaggi nella farina e sono tutt'altro che da bandire.

Adesso desidero fare il panegirico della parola difficile e, per piacere, non prendermi per matto! Per iniziare ti propongo una piccola descrizione tratta da un mio lavoro:

> Pergamene gialle e sacchetti d'erbe, tuberi e radici, ampolle e mortai, matracci, alambicchi ed atanor, fiasche e cristalli, e mappe di cielo e compassi d'abete.
> Tutto osserva Martino e si stupisce.

Il libro da cui è stato tratto questo brano si rivolgeva a bambini di sette – nove anni e certamente a quell'età non potevano riconoscere parole come pergamene, alambicchi, atanor, ecc. Una noncuranza lessicale dell'autore, dunque? Assicuro che non è così. Questo brano era accompagnato da una cassetta musicale recitata da attori, perciò non si trattava solo di parola scritta, ma anche di espressione

15

orale. Inoltre tutta la lettura era accompagnata dalla musica di sottofondo dell'*Apprendista stregone* di P. Dukas, una musica incalzante e dai timbri complessi. Immagina tutto ciò e prova a rileggere quel brano ad alta voce, mettendoci un crescendo d'enfasi per poi creare uno stacco più tranquillo con l'ultima frase.

Io credo che tu abbia compreso ciò che intendevo ottenere con quei termini astrusi. Il bambino non riconosce né gli oggetti né le parole che li denominano, e l'impressione che ne dovrebbe trarre è quella si sentirsi immerso in un ambiente estraneo, misterioso e, grazie al ritmo accelerato, anche un po' inquietante. Ma poi Martino guarda e si stupisce, e l'inquietudine passa per lasciar posto alla curiosità.

Comprendiamo bene che tutta la suggestione del brano scompare se chi legge al bambino, genitore o insegnante, si soffermasse a spiegare le parole "difficili" e a descrivere puntualmente gli oggetti. Questo, eventualmente, dev'essere fatto dopo.

Uno scrittore dovrebbe essere sempre attento alla scelta delle parole e agli effetti che producono, ciò vale per tutti, ma soprattutto in opere per bambini abbastanza piccoli, per i quali la tonalità emotiva generale è più importante delle cose descritte.

Un buon esercizio di stile, basato sul lessico, è quello di provare a ricercare tonalità emotive diverse cambiando le parole. Se nell'esempio precedente volessimo dare l'impressione di un luogo tranquillo, con oggetti che rappresentino un alchimista alla mano anziché un mago severo, potremmo scegliere parole del tipo: tubi di vetro, boccette, fornelli, vasi di rame, pentole e pentoloni, fiaschette e brocche, mazzi d'erbe, libri di formule magiche, ecc. ecc. Sostituendo le parole sconosciute con quelle più note, l'effetto cambia completamente, non è vero?

Un altro esempio tratto dallo stesso libro. Ricordi nel film *Fantasia* di Disney l'episodio di Topolino che interpreta l'apprendista stregone? In particolare dovresti riportare alla memoria la scena in cui le scope vanno avanti e indietro trasportando secchi d'acqua, e l'acqua cresce e cresce nella caverna, sbattendo con grandi onde sulle pareti e sommergendo ogni cosa.

Ecco come ho descritto quel momento:

> Scope e secchi, a mille a mille, tornan le scope, a mille a mille. E acqua, e acqua, e acqua!
> Fiumi verdi, diluvio, diluvio senza posa, su per le pareti, giù per le pareti.
> E vanno avanti e indietro, e avanti e indietro, e acqua, e gorghi, e correnti rampollanti nella grande caverna. Acqua che allaga, dirompe, cresce e decresce, ondeggia, s'ingrossa, rigurgita, rocchia, scroscia, spruzza e zampilla.
> Scope e secchi, avanti e indietro, e indietro, e indietro!
> Nei flutti diguazza Martino. Sprofonda, galleggia, boccheggia, su e giù, su e giù! Soffia, gorgoglia, sbuffa e risbuffa. Su e giù, su e giù!

Avrai sicuramente notato che l'intero brano trabocca di verbi e l'unico aggettivo, "rampollanti", è in realtà il participio presente di un verbo (ci sono anche "verdi" e "grande", ma non hanno un peso significativo nell'effetto globale). L'affollarsi di verbi dovrebbe creare la sensazione di una grande massa liquida agitata da un moto convulso, che sommerge e trascina con sé ogni cosa.

Però, a ben guardare, i termini insoliti qui sono tutto sommato pochi: rigurgita, diguazza e, forse, boccheggia. Il verbo rocchiare poi neppure esiste, ma per ottenere l'effetto giusto anche questo va bene. In realtà il ritmo con cui viene letto questo brano, tende a rendere incomprensibili anche le parole comuni. Pensa che all'attore era stata data l'indicazione di recitare l'intero brano in soli 40 secondi. Ti invito a provare.

A ottenere l'effetto voluto molto concorre il ritmo, composto qui dal tempo accelerato della lettura e dalla ripetizione delle parole. Ma oltre a questo influisce anche il livello lessicale e semantico dei termini. Con una lettura tanto veloce il bambino (ma anche l'adulto) fatica a cogliere il suono e il significato preciso delle parole, in tal modo si produce in chi ascolta una sorta di scuotimento sensoriale simile a ciò che immaginiamo provi Martino mentre si dibatte nella furia delle acque.

Inutile sottolineare che qui anche la musica partecipa alla frenesia del momento.

Non sei convinto che la parola sconosciuta possa creare atmosfera? Bene. Leggi il testo che segue ad alta voce, pensando a varie persone impegnate in una rissa generale:

> Ed ecco che uno si parpalla con l'altro, e lo stracagna, lo brista e lo graspotta. Intanto una donna abbarralla la cingra sdelante del Calodonte e ci si grumpa con tutto lo sbritto, stracassandolo e bracillandolo come un ciberro.

Ora leggi questa scena d'amore.

> Il giovane si bartalò sul bendolo di lei e le gammalò un cilfino, mentre intorno le ghianelle frindolavano vasianamente.

Tutte parole inventate, senza senso, eppure la posizione nella frase e i fonemi che le compongono permettono al lettore di avere una vaga sensazione dell'atmosfera.

Bene, credo che a questo punto debba però raccomandarti di non esagerare con le parole stravaganti o insolite, altrimenti alla fine ne esce un'opera incomprensibile.

Uno scrittore dovrebbe sempre sforzarsi di utilizzare le parole che servono e solo quelle, e per fortuna la lingua italiana è talmente ricca di vocaboli che la maggior parte delle volte il termine giusto, adeguato per significato e per effetto, si trova.

I linguisti distinguono nelle parole due livelli: il livello denotativo e il livello connotativo.

Nel primo, il livello denotativo, le parole contano per ciò che denotano, vale a dire ciò che indicano: ad esempio la parola "cane" indica un certo insieme di animali (canelupo, bulldog, cocker, ecc.) con determinate caratteristiche.

Nel secondo livello, quello connotativo, si riconosce alle parole la capacità di evocare tutta una serie associazioni: culturali, emotive, per assonanza dei suoni, per accostamenti spaziali, ecc.

Pertanto la parola "cane" potrebbe suggerire l'idea della fedeltà (il miglior amico dell'uomo), della bestialità ("Sei un cane!"), un'idea di protezione (il cane da guardia) o al contrario di pericolo (attenti al cane), può associarsi al suo antagonista (il gatto), e così via.

Per uno scrittore non è mai possibile avere il controllo su tutti gli aspetti connotativi di un termine, soprattutto se si scrive per bambini, in quanto molte di queste connotazioni fanno parte di caratteristiche personali oltre che dall'ambiente e dalle esperienze vissute. Tuttavia una certa consapevolezza, seppure a grandi linee, occorre averla.

Per concludere…

In rapporto alle parole che usi cerca di avere presenti sempre due fattori: che cosa significano e che effetto producono. Se dopo una ricerca seria ti convinci che nella lingua italiana non esiste una parola che riesca a soddisfarti in entrambi i fattori, allora inventala! [sorriso].

Terminato il panegirico della parola sconosciuta, trattiamo un poco del lessico infantile.

Comincio con l'affermare che, nonostante l'apparenza, gli studi effettuati sul lessico infantile e sulle occorrenze delle varie parole (o lemmi, come preferiscono i linguisti) sono di relativa importanza per lo scrittore. Il fatto di usare nelle sue opere in prevalenza le stesse parole che usano i bambini, ritenendo in questo modo di facilitare la comprensione è sensato, ma in definitiva non molto utile. I bambini sono abituati a vivere in un mondo di comunicazione che da loro è compreso molto parzialmente, ciò tuttavia non pare costituisca un problema.

L'essenziale per un bambino è che in primo luogo sia accettata la sua incapacità a comprendere (e ciò implica che non si deve mai assumere un atteggiamento derisorio o punitivo quand'egli non capisce), in secondo luogo è necessario che l'incomprensione di questo o quel termine non metta in crisi l'intera comunicazione (si otterrebbe l'effetto di frastornarlo, anziché stimolarlo a capire) e in terzo luogo assume rilievo la disponibilità dell'adulto a farsi comprende-

19

re, o mediante perifrasi o sostituzione di vocaboli, oppure fornendo adeguate informazioni sul significato delle parole.

Lo scrittore per bambini dovrà cercare di soddisfare queste esigenze primarie in tre modi:
- accettare il fatto che nella propria opera non tutto sarà necessariamente compreso e non ha bisogno di scrivere come un bimbo di prima elementare;
- la parola "difficile" non deve compromettere la comprensione generale della frase; (nello scrivere: "l'uomo, di aspetto segaligno, s'infilò un dito nell'orecchio destro" non compromette la comprensione. Il bambino perderà solo un particolare marginale);
- Se la parola "difficile" è necessaria, si può sempre affiancarla con un termine più usuale, anche se magari meno preciso, oppure fornirne la spiegazione. (ad es. si può scrivere: "Era un uomo dall'aspetto segaligno, cioè alto e magro. Costui s'infilò un dito nell'orecchio destro e...").

L'ultimo esempio è un po' forzato e poco elegante, ma se serve qualcosa del genere usiamo pure questa forma.

Non dimentichiamo che il bambino è in crescita ed è aperto alle nuove esperienze, anche linguistiche, e il proporgli una comunicazione ritagliata esattamente su ciò che conosce ora trascurerebbe la sua innata necessità di progredire.

In un certo senso lo scritto dovrebbe essere un piccolo *problem solving*, il cui livello non vada oltre quello della difficoltà superabile con un piccolo sforzo, nello stesso tempo non deve neppure abbassarsi al livello piatto della routine, in cui tutto è semplice e scontato.

Un altro aspetto che riguarda il lessico è l'uso improprio dei termini. Riconosciamo senza problemi che ciascuno di noi ha una conoscenza limitata della lingua e non sempre utilizziamo i termini nel loro esatto significato. Ci sono improprietà di linguaggio da cui nessuno di noi è esente, tuttavia è nostro dovere di scrittori cercare di migliorarci. Nel momento in cui vogliamo scrivere per bambini ci carichiamo di una responsabilità educativa di cui dobbiamo essere pienamente consapevoli. Noi cerchiamo di interessare e divertire i nostri giovani lettori, ma non dobbiamo dimenticare che dai nostri scritti essi assimilano parole ed espressioni. E certamente non vorrai insegnare ai bambini i tuoi errori, no?

Qualche esempio a caso, giusto per farti venire i brividi:

- il termine "malgrado" va usato in espressioni del tipo "partii mio malgrado", non "malgrado stia male ugualmente partirò", in quest'ultimo caso era preferibile scrivere "nonostante stia male…", oppure "sebbene stia male…";

- il verbo "chiedere" si riferisce preferibilmente al "voler ottenere una cosa", mentre "domandare" è riferibile più propriamente al "voler sapere";

- "fortuna" ha il significato di "sorte", che può essere buona o cattiva (è corretto scrivere "cattiva fortuna", mentre non ha il significato di "emergenza", pensa a frasi come "un atterraggio di fortuna", "una riparazione di fortuna";

- "adottare" è un termine che riguarda l'adozione dei bambini, usato nel senso di "far proprio" come in "adottare un sistema" non è rigorosamente corretto;

- la "crema" non è un lucido: "crema per scarpe", né un sapone: "crema per lavare il viso"; propriamente la crema è la parte grassa del latte che affiora in superficie, tuttavia è possibile servirsene nel significato di un composto denso e untuoso ad uso cosmetico: "crema idratante";

- "intimidire" significa "rendere timido", non dovrebbe essere usato nel senso di "intimorire".

Gli esempi riportati non devono spaventarti, essi hanno il solo scopo di farti comprendere che ben pochi, se pure esistono, conoscono la lingua italiana in tutte le sue sfumature e che la possibilità di migliorarsi sussiste sempre.

In conclusione, lo scrittore per bambini non deve in nessun modo far uso nei suoi scritti di un linguaggio infantile che non gli appartiene. Scrivi come ti senti di scrivere, da adulto che comunica con un bambino, con l'intenzione di farti capire e cercando la correttezza del linguaggio, non da finto bambino che comunica con un suo presunto pari.

Se non rispetti questo principio, produrrai soltanto opere false e mielose. E se proprio il tuo modo di pensare e di comunicare non è adatto ai bambini, se non riesci a farti comprendere pur rimanendo te stesso, allora lascia perdere, dedicati a scrivere altro. La narrativa ha molte forme per presentarsi, hai bisogno di trovare la tua..

Esistono però eccezioni, sebbene anch'esse abbiano le proprie regole.

Userai un lessico infantile, appropriato all'età in due casi:
- quando riporti dialoghi in forma diretta
- quando la narrazione stessa cerca di imitare il linguaggio infantile.

È in queste situazioni che un dizionario lessicale regolato sulle età dello sviluppo può essere utile, e ciò vale anche per storie indirizzate agli adolescenti (qui poi il lessico diventa un vero e proprio gergo).

La principale regola, scrivendo per bambini inferiori ai sette - otto anni, è questa:

Anche nel riportare dialoghi di bambini piccoli non usare mai un linguaggio troppo inferiore a quello del bambino che legge.

In sostanza la regola ti spiega che se scrivi per bambini di sei anni, non mettere in bocca al personaggio di due anni il parlare di un bambino di due anni. Perché questo?

A differenza dell'adulto, il bambino è teso ad assimilare il linguaggio nelle sue diverse forme e fatica a comprendere un linguaggio che egli ha già superato. In sostanza gli chiederemmo un duplice sforzo, quello normale di capire le frasi e quello di tradurre.

Ad esempio, riferendoti al nostro personaggio di due anni, evita di riportare la sua esatta espressione: – Tata mella!

Il bambino non comprende, anche se, per caso, quando lui aveva quell'età usava proprio queste parole per dire "zia" e "caramella". Potevi invece far dire al piccolo: - "zia caramella". Anche il bambino di sei anni, aiutato dal contesto, sarebbe stato in grado di capire che la frase significa "zia dammi una caramella".

Se ritieni però che sia importante riportare le parole così come vengono dette, allora cura almeno di inserire nel dialogo la traduzione. Ad esempio:

> Bambino: — Tata mella!
> Zia: - Ho capito, vuoi una caramella. Ma adesso andiamo a mangiare la pappa. La caramella dopo.

La trasgressione della regola può essere utile a creare effetti comici. Immagina un bambino di due anni che, desiderando una caramella al miele, dica:

> — Affezionatissima zia, ti sarebbe causa di grande turbamento elargire una gustosa caramella melata al diletto figlio di tuo fratello?

Questo piccolo scherzo ci riporta alla questione dei "registri linguistici", un aspetto del problema lessicale (ma non solo) che ha notevole importanza in uno scritto.

Il registro linguistico può essere definito come l'insieme delle parole e delle espressioni che sono abitualmente usate in determinati contesti.

A differenza degli insiemi lessicali considerati finora, che si riferivano più alla cultura e all'età, i registri linguistici ci rimandano a convenzioni sociali del linguaggio. I diversi autori distinguono i registri linguistici in modi leggermente differenti; alcuni ne distinguono sostanzialmente tre e altri preferiscono suddividerli in quattro categorie. Assumiamo quest'ultima posizione che mi sembra più utile.

- *Il registro formale ufficiale*: è quello che viene impiegato nelle comunicazioni ufficiali, come nei documenti legali, e in genere in tutti gli atti pubblici. Nel registro formale non c'è spazio per frasi di cortesia, commenti personali, frasi scherzose, uso improprio o figurato del lessico.

- *Il registro formale colto*: è il registro delle conversazioni tra persone di alta cultura o comunque quando si ha a che fare con persone che godono di un'elevata posizione sociale e con cui non si hanno rapporti confidenziali.
- *Il registro informale colloquiale*: è il registro che si usa normalmente nelle conversazioni con persone non intime, con cui il rapporto di confidenza non è troppo ravvicinato e che hanno una posizione sociale di pari livello.
- *Il registro informale familiare*: è quello che si utilizza normalmente nelle comunicazioni all'interno della famiglia, o in ogni caso con persone legate da rapporti confidenziali molto vicini.

Ogni registro ha dunque delle caratteristiche proprie e l'errore di mescolare tra loro i registri, nel parlato e nello scritto, è tanto frequente quanto fastidioso. Talvolta questo errore denuncia la persona incolta o persino maleducata; un esempio è quando ci si rivolge con il "tu" a una persona di alto livello, o che in quel momento ha un ruolo istituzionale (un magistrato, un insegnante, un poliziotto, eccetera).

I bambini non hanno molta consapevolezza dei registri linguistici ed eventuali errori dello scrittore non sono affatto colti. Ciò non toglie tuttavia che tali errori risultino disturbanti per il genitore che legge al bambino e in ogni caso dovrebbero essere disturbanti per la stessa persona che scrive.

Possiamo facilmente esemplificare questo tipo di errore. Immaginiamo che uno scrittore voglia raccontare dell'arrivo del direttore in una classe di prima elementare. Gli alunni di questa età non sono in grado di cogliere gli errori di registro e tuttavia un dialogo di questo genere risulterebbe molto fastidioso se non avesse intenzioni umoristiche.

— Buongiorno bambini — salutò il direttore entrando nell'aula. Poi si rivolse all'insegnante: — Buongiorno maestro, sono venuto per ispe-

zionare i registri e giudicare del livello di preparazione dei suoi alunni. Il maestro diede una gran manata sulle spalle del direttore esclamando: — Uè, ciao, come ti butta? I registri son lì così. Quanto a questi disgraziati — aggiunse indicando la scolaresca — non ci tiri fuori un ragno dal buco.
— Comprendo — proseguì il direttore accennando lievemente con il capo. — Purtroppo i problemi socioculturali di questi ultimi tempi hanno introdotto nella scuola molti bambini con difficoltà di apprendimento e con chiare manifestazioni di ipercinesi.
— È vero — confermò il maestro — qui ci stanno un sacco di bracaloni con le spine sotto il culo!

Una situazione paradossale, non è vero? Il maestro si esprime come se si trovasse in un gruppo di ubriachi. Ma non è solo il tono eccessivamente confidenziale che adotta, sono anche le parole che mescolano i registri. Il direttore parla di "bambini con difficoltà di apprendimento" e il maestro li chiama "disgraziati" e "bracaloni"; il primo usa "ipercinesi", l'altro traduce con "le spine sotto il culo".

Ecco un altro velocissimo esempio di confusione di registri esclusivamente a livello lessicale.

Il prefetto di una grande provincia convocò il questore nominato da poco tempo e disse:
— Prego, si sieda dott. Fantoni. Certamente lei è a conoscenza dell'aumento di atti criminali compiuti quest'anno nelle città della provincia. Il Ministro dell'Interno, che da diverso tempo segue il suo operato nella Polizia di Stato, ha caldeggiato la sua nomina proprio per mettere un freno a questo casino. Il Ministro pensa che lei è bravo e ha le palle sufficientemente quadrate per riportare nella provincia ordine e legalità.

Credo che non ci sia molto da commentare sulla mescolanza dei registri. In una situazione tanto formale come l'insediamento del questore, termini come "sedersi" invece del più formale "si accomodi", ancor peggio "casino" e "palle quadrate", in quel contesto non ci devono proprio stare, ma anche il semplice "bravo", al posto di "abile", "capace", "competente" non va bene.

Ovviamente si può produrre l'errore opposto, come l'impiego di termini altamente formali o colti o antiquati in contesti comunicativi estremamente elementari. Chi userebbe il verbo "apprestarsi" in luogo di "prepararsi" (apprestati a fare la nanna!), o "fantolino" invece di "bambino" (vai a giocare con il fantolino)?

Cap. 3: L'ORTOGRAFIA E LA GRAMMATICA

Può apparire irrispettoso che dedichi un capitoletto a questo argomento, ma l'esperienza di consulente e curatore di narrativa in una casa editrice mi ha insegnato che non sono affatto rari gli aspiranti scrittori che hanno un livello di competenza ortografica e grammaticale molto basso.

Non mi riferisco ai refusi o agli errori occasionali, mi riferisco invece a lacune vere e proprie. Vi sono persone che hanno la pretesa di scrivere senza aver ben capito quando mettere l'acca davanti alla "a", o l'accento alla "e". Cerca di essere pignolo in questo e consulta spesso un buon testo di grammatica. Molti scrittori commettono errori in perfetta buona fede, così troviamo "un eco", "qual'è", "folklore", "perchè", ecc.

Uno scrittore non può esimersi dall'acquistare un dizionario degli errori e acquisirne con diligenza il contenuto.

Pignoleria?

Forse sì, ma, come ho scritto nel capitolo precedente, i bambini imparano da noi e così come cerchiamo di offrire loro cibi il più possibile sani, dobbiamo allo stesso modo nutrire le loro menti con i prodotti culturali migliori che abbiamo.

Riguardo all'ortografia i computer ci danno un falso senso di sicurezza. Una volta ogni casa editrice aveva i suoi correttori di bozze, personaggi fantastici, che in un libro di mille cartelle riuscivano a cogliere lo spazio erroneamente inserito tra una parola e il punto di fine paragrafo. Costoro, con una velocità insospettabile, facevano scorrere l'occhio nella pagina e ne coglievano tutti gli errori, anche i più piccoli. Quando lavoravo in casa editrice, ero solito leggere e rileggere le cartelle, cercandone i refusi in modo addirittura maniacale prima di consegnarle per il controllo. Quando qualche giorno dopo le cartelle mi tornavano revisionate, erano talmente piene di segnalazioni del correttore di bozze che mi sentivo prendere da un profondo sconforto. Pur nella tentata meticolosità, mi era sfuggito almeno un terzo dei refusi!

Poi arrivarono i computer e molte case editrici mandarono in pensione i loro correttori di bozze, con i risultati che sono sotto gli occhi di tutti: libri irritanti per il numero insopportabile di refusi, spazi tra le parole buttati lì come capita, corsivi a caso, e molte altre brutture...

Anche questo libro, che per ragioni comprensibili, non è passato sotto la lente di un correttore di bozze professionista, conterrà errori che mi sono del tutto sfuggiti.

Il fatto è che i computer sono bravissimi a fare il loro lavoro, che è quello di confrontare le parole scritte con il dizionario che hanno in memoria. Se una parola non rientra in quel dizionario allora il piccolo mostro ce la segnala con una brutta serpentina rossa (proprio come la nostra maestra delle elementari). Se tuttavia la parola, pur errata, c'è nel dizionario, allora per esso tutto è a posto e ci dà il via libera. Ed ecco allora che nel libro ci fanno le linguacce parole come "belto" al posto di "bello", "aboto" invece di "abito", "mircino" invece di "micino". Anche il mio word mi segnala come errori tra le parole scritte sopra "qual'è" e "perchè", ma non "un eco", che essendo un sostantivo femminile avrebbe richiesto l'apostrofo, e neppure "folklore", che viene accettato anche se la grafia corretta è folclore. Non parliamo poi delle parole presenti nel dizionario, ma estranee al discorso: "e" invece di è", "libro" invece di "libero", "calo" invece di "caldo", "bacca" invece di "barca"...

Nei libri per adulti gli errori ortografici sono fastidiosi, ma non causano danni. Quasi sempre il lettore comprende subito che si tratta di refusi e prosegue oltre; talvolta l'errore causa qualche incertezza, ma allora basta ricorrere al dizionario e tutto è a posto. Diversa è la situazione con i libri per bambini. Immagina un libro di lettura per la scuola elementare con un "anchio" invece di un "anch'io", o un "anno" in luogo di "hanno". Se non c'è un adulto che lo corregge (e spesso è proprio così!) il bambino potrebbe benissimo arrivare a finire la scuola media conservando gli stessi errori. La grafia della parola stampata, infatti, soprattutto in un libro scolastico, si fissa nella memoria molto più di quella scritta a mano.

Che fare, dunque? Beh, rileggere e rileggere i propri scritti, tuttavia ciò non basta. Dopo un certo numero di letture, gli errori diventano trasparenti come un cristallo purissimo: l'occhio non li coglie più, per quanti sforzi si facciano. Un buon consiglio è quello di lasciar riposare lo scritto per qualche giorno e riprenderlo quando gli occhi riescono ancora a mandare i messaggi alla mente. Utilissimo, poi, è far leggere lo scritto ad altre persone, e se poi hai un amico correttore di bozze (e magari un redattore che ti sistema il linguaggio)… allora hai veri tesori a portata di mano!

Gli errori grammaticali nella narrativa di basso livello sono ancor più frequenti di quelli puramente ortografici, e anche in questa occasione mi piace ribadire che la letteratura infantile non è una letteratura di basso livello! Non possiamo essere grammaticalmente approssimativi solo perché abbiamo a che fare con bambini.

Gli errori più comuni riguardano la flessione dei verbi, l'uso dei verbi servili, i pronomi e la punteggiatura. Qui non posso neppure accennare all'estrema varietà di errori che popolano i nostri libri, mi diverte però fornire qui sotto un piccolissimo elenco:

- redare, invece di redigere;
- ho dovuto andare, invece di sono dovuto andare;
- sarebbe dovuto essere più gentile, invece di avrebbe dovuto essere più gentile;
- gli, invece di le (ho visto Anna e gli ho dato un libro);
- io disfai invece di io disfeci;
- se vorreste invece di se voleste o se vorrete;
- mi ha bagnata la gonna invece di mi ha bagnato la gonna (con un parlante femmina).

E poi, quanti errori nell'uso e nella forma dei congiuntivi, dei condizionali e dei passati remoti!

Anche il periodare è ricco di strafalcioni, ma non voglio affrontare questo argomento. Il mio invito, in tutti i casi, è quello di essere molto attenti a quello che si scrive e di consultare spesso un buon testo grammaticale. Se è ben ordinato e scritto bene non è affatto una lettura noiosa (io uso una vecchia edizione della Grammatica italiana della Zanichelli, ma ne esiste anche un'edizione nuova).

A molti questo insistere sulle basi tecniche elementari dello scrivere (lessico, ortografia, grammatica) pare un'inutile pedanteria, quasi una fissazione. "Dopotutto" pensano costoro "l'importante è avere buone idee e farsi capire".

Trovo che questo sia un atteggiamento molto discutibile, ma ho più timore di altri due pregiudizi:
1) la scrittura per bambini è una scrittura tanto semplice che non occorre raffinarsi troppo nell'uso della grammatica;
2) la scrittura per bambini è tanto facile che chiunque vi si può dedicare, anche se non possiede una buona cultura generale.

Temo questi due pregiudizi più di altri perché causano l'invasione di libri di qualità infima, una palude dove le opere migliori spesso affogano sommerse dal ciarpame. Il primo pregiudizio, poi, contribuisce alla presunzione che siamo tutti bravissimi scrittori e non abbiamo bisogno di lavorare per migliorarci (il ciarpame prodotto continua a replicarsi senza alcuna speranza di evoluzione).

Il fenomeno è particolarmente evidente tra i libri autoprodotti e soprattutto nel campo dei libri elettronici, gli ebook. Anche i libri stampati soffrono di questo problema, ma, se non sono autoprodotti, in genere è l'editore attraverso i suoi consulenti che filtra i libri. Non sempre la scelta dell'editore è esente da pecche, ma almeno i libri peggiori vengono scartati subito.

Io spero ardentemente che le persone alle quali questo libro è rivolto, non diano da mangiare ai loro figli tutte le schifezze che si trovano nei supermercati, bevande di solo zucchero e colore, merendine piene di grassi dubbi, frutta che viene dall'altra parte del mondo... Se sei un genitore o un insegnante attento all'alimentazione dei tuoi bambini non può farti piacere l'invasione di prodotti di scarsa qualità sui banchi di vendita. Allo stesso modo, considerando i libri come una fonte importante, anche se non unica, dell'educazione dei soggetti in età di sviluppo, non puoi essere contento di doverti dibattere tra le onde di un mare pieno di rifiuti.

I libri per bambini non sono affatto semplici da scrivere, anche se il lessico e la grammatica sono elementari. Trovare la parola giusta ed efficace, costruire la frase nel modo più semplice, senza perdere la carica suggestiva dell'idea, saper evitare espressioni dialettali, utilizzare costruzioni di frasi e termini comprensibili in tutto il territorio di diffusione del libro, regolare con cura il linguaggio sui registri appropriati, calibrare con precisione l'alternanza di parole e frasi più semplici con altre un poco più complesse... Ti sembra ancora facile scrivere per bambini?

Prima di lasciare questo capitolo desidero ritornare sulla questione dei registri linguistici, poiché essi sono determinati non solo dal lessico, ma anche dal livello morfologico e sintattico della lingua, vale a dire dalle costruzioni grammaticali.

La "sgrammaticatura" può caratterizzare la persona incolta (adulto o bambino) o portatori di handicap mentale. Possiamo usare consapevolmente un registro linguistico "sgrammaticato" al fine di ottenere determinati effetti.

Nel 1960 Daniel Keye vinse il prestigioso premio Hugo con un formidabile racconto dal titolo Fiori per Algernon, un racconto che ti consiglio fortemente di leggere. Il successo di quest'opera, che presenta una storia avvincente, ma non straordinaria, è dovuto principalmente all'abile uso dei registri linguistici.

Il protagonista, un ritardato mentale di nome Charlie Gordon, tiene un diario delle sue vicende quotidiane presso la fabbrica in cui lavora come lavavetri e nella scuola per ritardati, che frequenta regolarmente. Il ragazzo viene inserito in un esperimento che ha lo scopo di accrescere l'intelligenza ed è sottoposto a un intervento chirurgico. L'esperimento funziona e Charlie in breve tempo raggiunge l'intelligenza di un genio; purtroppo il risultato non è stabile e il ragazzo recede nuovamente al livello di idiota. Contemporaneamente a quella di Charlie si sviluppa la storia di Algernon, un topo che aveva subito poco tempo prima lo stesso intervento del ragazzo.

L'intero racconto è costituito dalle pagine del diario di Charlie ed è stupefacente come in esso il linguaggio semplice e sgrammaticato iniziale evolva gradualmente fino a un linguaggio colto, per poi regredire ancora al linguaggio originario.

Ecco come Charlie, all'inizio del diario, racconta di quando fu sottoposto al test di Rorschach con le macchie d'inchiostro:

> Oggi c'iò avuto un test. O paura che lo sbagliato e così forse adesso non mi usano più. È andata che cera un giovanotto simpatico nella stanza eciaveva dei fogli bianchi che sopra ciavevano versato tutto linchiostro. Mi fa Charlie cosa vedi su questo foglio. Io ciavevo paura anche colla mia zampa di coniglio che la stringevo in tasca perché quando ero piccolo sbagliavo sempre i test a scuola e versavo anche tutto linchiostro. C'iò detto vedo una macchia dinchiostro…

E ora un brano del diario quando l'operazione subita da Charlie comincia a fare effetto:

> Capisco che, pur nella mia stupidità, mi rendevo conto di essere inferiore, e che gli altri possedevano qualcosa che a me mancava - qualcosa che a me era negata. Nella mia cecità mentale credevo che questo qualcosa fosse connesso con la capacità di leggere e scrivere, ed ero certo che, se fossi riuscito ad acquisire quella capacità, avrei acquisito automaticamente anche l'intelligenza. Anche un deficiente sente il bisogno di essere come gli altri.

Diventato genio (e un grande esperto di neurochirurgia) si accorge dall'esame del topo Algernon della nuova regressione dell'intelligenza. Questo è il suo modo di scrivere:

> Lo stimolo chirurgico al quale siamo stati entrambi sottoposti ha dato luogo a una intensificazione e accelerazione di tutti i processi mentali. L'inatteso sviluppo che mi sono preso la libertà di definire l'Effetto Algernon-Gordon, è la logica conseguenza del salto d'intelligenza. L'ipotesi da me ampiamente verificata si può riassumere nei seguenti

termini: l'intelligenza artificialmente accresciuta si deteriora a un ritmo direttamente proporzionale al totale dell'accrescimento...

Le pagine finali del diario dopo la morte del topo Algernon (di qui il titolo del racconto) mostrano attraverso il linguaggio la regressione che s'avvia a completarsi:

Non lo so il motivo che adesso sono di nuovo scemo o cosa ò fatto che era sbagliato possibilmente non ò provato sufficientemente con buona volontà. Quantunque adesso provo tuttimodi e alla fine possibilmente divento un pochino più intelligente e imparo tutte le parole. Un pochino mi ricordo comero contento allorquando ò letto il libro azzurro con la fodera strappata...

Una straordinaria metafora della vita umana!

PARTE SECONDA: LO STILE
CAP. 4: NOMI O VERBI?

La grammatica tradizionale riconosce nove (o dieci) parti del discorso, ma i significati sostanziali, nel senso che denotano sostanze come azioni - cose - qualità, sono i nomi, i verbi e gli aggettivi (in questa classe inserisco arbitrariamente anche gli avverbi qualificativi, che si possono considerare come gli aggettivi dei verbi).

Per la grammatica utilizzare un nome, un verbo o un aggettivo, va sempre bene, purché la frase "stia in piedi" e siano corrette concordanze e flessioni. Per lo stile c'è invece una bella differenza.

Le quattro frasi seguenti sono grammaticalmente corrette:

1) *Moderare* i gesti dimostra eleganza.

2) La *moderazione* nei gesti dimostra eleganza.

3) L'uomo *moderato* nei gesti dimostra eleganza.

4) Gesticolare *moderatamente* dimostra eleganza.

In queste specifiche frasi la differenza stilistica non è evidente con immediatezza, poiché ho inteso dimostrare come la stessa idea possa essere espressa ricorrendo a questa o quella parte del discorso. Il provare a capire in che cosa consistono le sottili differenze linguistiche è però didatticamente utile.

La prima frase suggerisce direttamente un'azione, v'è un dinamismo che manca nelle due frasi seguenti. Per comprenderlo, fate questo esperimento: provate a pronunciare ad alta voce ciascuna frase come se fosse un rimprovero, a mo' di sentenza, rivolto a una persona che si è comportata rozzamente. Immaginatevi dunque con un dito indice levato mentre esclamate ogni frase con tono autoritario. Quale risulta più forte?

Con tutta probabilità anche per te sarà stata la prima. Essa sottintende qualcosa di questo genere: "L'azione che hai commesso era eccessiva e ti sei dimostrato inelegante". È un messaggio che agita la comunicazione come un bastone roteato nell'aria. (Ti sembra casuale che i Dieci Comandamenti siano espressi in questo stile?)

La seconda frase è statica, indicata nella pacatezza di uno scritto. Poiché qui il nome è astratto, non legato ad alcuna corporeità, l'effetto è quello di una certa universalità, pagando però il prezzo di un senso di vaghezza. È dunque una frase utile quando si desidera enunciare l'idea con autorevolezza, ma in modo puramente ideale, senza voler offendere nessuno.

La terza frase in un certo senso appartiene a un registro più colloquiale. Anche questa frase, come la precedente, è alquanto statica. L'uomo sta lì, non fa nulla, e la frase gli suggerisce qualcosa del genere: "ricorda di moderare i gesti quando farai qualcosa (parlare, indicare, litigare…)". Lo stile è pesante, più lento delle altre frasi, e sopporta una certa imprecisione. Anche se la lingua italiana contempla l'uso del vocabolo "uomo" in senso generale, con il significato di "appartenente al genere umano", ugualmente sussiste il vago suggerimento che la moderazione dei modi riguardi il "maschio adulto" e non il bambino o la donna.

La quarta frase introduce un verbo che fa da sostegno all'avverbio che segue. Ancora una volta il ricorso al verbo vivacizza la frase, ma l'accento qui non è tanto sulla moderazione quanto sulla gesticolazione. Quest'ultima è la primissima immagine che s'affaccia alla mente, solo dopo interviene l'idea della moderazione. Cerco d'essere più preciso mediante un'immagine esagerata. Nel momento in cui qualcuno pronuncia la parola "gesticolare" a me viene in mente per un istante una persona che frusta l'aria con le braccia e muove le mani come una danzatrice tailandese. Ma un istante dopo, proprio un solo istante, mani e braccia rallentano di colpo al risuonare della parola "moderatamente"; il resto della frase mi giunge come un'approvazione di quanto le mie immagini mentali hanno prodotto.

Ciò che sto scrivendo è eccessivo?

Sicuramente. Sto descrivendo qualcosa che avviene in modo

rapidissimo e quasi del tutto inconscio. Tuttavia rifletti sul fatto che un racconto produce nella mente del lettore migliaia di queste velocissime immagini e, alla fine, pur non avendone consapevolezza, restano le sensazioni che lo scritto ha suscitato.

Purtroppo sto trattando di questioni molto legate alla sensibilità e questa non è cosa che si possa far nascere dove non esiste. Tuttavia può essere affinata mediante l'attenzione ai propri eventi interiori, soprattutto quelli primari e istintivi. Uno scrittore, nel cercare la frase adatta, ne produce nella propria mente un certo numero e alla fine sceglie quella che gli "suona meglio". Probabilmente non se ne rende conto, poiché non è con il ragionamento che coglie quel "suonare meglio", ma nel tempo in cui provava l'effetto delle varie frasi, dentro di lui scorrevano immagini e ritmi (di questi parliamo nel capitolo seguente) che gli imprimevano sensazioni.

Se riesci a renderti sensibile a queste immagini e ritmi nelle tue letture, allora il tuo scrivere salirà immediatamente a un livello qualitativo superiore.

Più facile da controllare è la quantità relativa di nomi, di verbi e di aggettivi che usi nei tuoi scritti. La preponderanza di questi o di quelli produce effetti generali nello scritto che potrebbero essere inadatti al tema della storia o al tono (allegro, melanconico, riflessivo, ecc.) che si vorrebbe esprimere.

- Una preponderanza di nomi tende a dare allo scritto fisicità e sintesi, o talvolta astrazione.
- Una preponderanza di verbi rende lo scritto movimentato e dinamico, più corporeo.
- Una preponderanza di aggettivi rende lo scritto più "sensoriale" e "intimistico".

Si potrebbe anche distinguere:
- i nomi riempiono lo scritto di cose;
- i verbi lo riempiono di azioni;
- gli aggettivi lo riempiono di sensazioni.

Chiaramente si può eccedere in questa o quella preponderanza e allora si ottengono effetti indesiderati:

- troppi nomi: lentezza, noia, vacuità;
- troppi verbi: fretta, superficialità, agitazione;
- troppi aggettivi: leziosità, appesantimento, manierismo.

Le parole vanno usate prima per il significato e solo dopo per l'effetto. Una parola che non aggiunge niente al significato non è mai bella. L'ideale dovrebbe essere quello di coniugare meglio che si può significato ed estetica, ma se occorre rinunciare a qualcosa non avere dubbi: rinuncia all'estetica.

Per fortuna la lingua italiana ha una tale potenzialità che raramente non si trova la via di uscita che sia nello stesso tempo precisa e suggestiva.

Troppo astratto? Ti racconto un piccolo episodio che mi è stato maestro.

Anni fa avevo un amico poeta, responsabile della letteratura giovanile presso un'importante casa editrice e direttore di una rivista letteraria. Dunque una persona che riguardo allo scrivere la sapeva lunga. (Uso l'imperfetto perché, con mio grande dispiacere questo poeta è morto più di dieci anni fa). Quando vinsi il primo premio del concorso Alpi Apuane con la fiaba "La spiga e la giustizia (ora raccolta nel libro elettronico Fiabe e altre storie), tutto orgoglioso feci leggere la mia storia all'amico. Molto gentilmente lodò la mia fiaba, però aggiunse con altrettanta fermezza che c'era una caduta nel finale. Un qualcosa d'inessenziale e, anzi, di ridondante che non ci voleva.

La fiaba finiva in questo modo:

> Il giovane ritornò nel campo, ma il vecchio e la sua capanna erano scomparsi. Era rimasta soltanto una spiga solitaria che si dondolava dolcemente al vento.

Poiché non capivo in che cosa consistesse la mia "caduta", come l'aveva definita, prese a spiegare:

— Una spiga solitaria che si dondola al vento è un'immagine dolce di per sé, non ha bisogno di essere sottolineata dall'avverbio "dolcemente". Questa parola non aggiunge nulla all'estetica dell'idea e perciò si può, e si deve, farne a meno.

Una lezione che non ho mai più scordato. In seguito, raccontando questo episodio ad aspiranti scrittori ottenni osservazioni interessanti.

Qualcuno mi disse che la parola "dolcemente" aveva uno scopo ritmico, era un rallentamento nel finale, pertanto aveva una funzione più inerente ai suoni delle parole che al loro significato.

Un altro rilevava che non c'era niente di male nel rafforzare l'idea e che anzi si poteva metterla ancor più in rilievo chiudendo con "...una spiga che si dondolava al vento. Dolcemente".

Anche in quest'ultimo caso credo che la preoccupazione fosse quella di chiudere efficacemente il finale, con la differenza che il primo lo chiudeva con un rallentando, il secondo con uno stacco netto, seppure soffice.

Entrambe le preoccupazioni erano del tutto lodevoli e condivisibili (tra breve affronteremo l'argomento trattando del ritmo). In effetti se si leva semplicemente la parola dalla frase, questa risulta sbilanciata. Essa, infatti, ha una prima parte in salita [*Era rimasta soltanto una spiga solitaria*] e una seconda, la conclusiva, in discesa [*che si dondolava dolcemente al vento*]. È facile rendersi conto che senza la parola "dolcemente" la seconda parte appare più corta e frettolosa della prima, e ciò non è coerente con il carattere conclusivo che dovrebbe avere.

Il poeta aveva dunque torto a volere che la togliessi? Non è questa la domanda giusta. Bisognerebbe chiedersi se fosse stato possibile conservare l'equilibrio della frase senza cadere nella ridondanza, magari utilizzando una parola più significativa.

Beh, sono proponibili molte idee. Non volendo aggiungere altre parole si poteva girare la frase in questo modo: "Era rimasta soltanto una spiga che si dondolava solitaria nel vento". L'equilibrio tra le due parti è ristabilito. Ma altre soluzioni potevano essere quelle che avessero cambiato il vocabolo. Ad esempio sostituendo "dolcemente" con "lentamente", oppure "pigramente".

Si poteva anche riprendere il senso generale della fiaba, basato sull'idea che una spiga vale più dell'oro per la capacità di generare altre spighe, con un aggettivo appropriato: "Era rimasta soltanto una spiga che si dondolava orgogliosa nel vento".

L'importante non è quale sia migliore tra le varie proposte, poiché molto dipende dal senso estetico e dallo stile di chi scrive. Ciò che più conta è che lo scrittore non butti là le frasi così come gli vengono (tanto i lettori sono bambini, o al più ragazzi!), ma eserciti costantemente un controllo su di esse, eliminando tutto ciò che non palesa una chiara funzione.

Riprendiamo il discorso su nomi, verbi, aggettivi.

- Riguardo a quest'ultimi, il consiglio è di evitare di cospargere il foglio di aggettivi solo perché sono "tanto belli". Usa solo quelli che servono a esporre l'idea con la maggior precisione possibile e non cercare di rendere bella la frase caricandola di estetismi. Un buon aggettivo è quello che espone specificazioni necessarie a qualificare meglio ciò che si nomina.

Adesso sei in grado di riconoscere che cosa non va nelle semplici frasi che seguono.

- Era un fiorellino piccino piccino, che si faceva strada tra le dure pietre ammassate sul bordo della strada.
- Era triste e disperato perché aveva perso la sua mamma.
- Mangiava ingordamente i popcorn che introduceva in bocca a grandi manate.

In tutte le frasi ci sono ridondanze estetizzanti, che non hanno una funzione logica. Era preferibile eliminarle o modificarle, ad esempio:

- Era un fiore molto piccolo, che si faceva strada tra le pietre ammassate sul bordo della strada.

(fiorellino e piccino è una ridondanza d'idea, ma anche l'aggettivo "duro" riferito alle pietre è inutile. Le pietre sono dure e tirate in testa fanno male anche senza che lo diciamo).
- Era disperato perché aveva perso la sua mamma.
  (Un bambino disperato sicuramente è anche triste!)
- Mangiava i popcorn introducendoli in bocca a grandi manate.
  (Che questo tipo mangi ingordamente si capisce da sé)

Quest'ultimo esempio ci riporta a una questione fondamentale dello stile in cui sono spesso coinvolti gli aggettivi. Molti scrittori, o aspiranti tali, non comprendono che il lettore desidera attraverso lo scritto fare esperienza diretta, per quanto possibile, degli eventi narrati e giudicarli da sé. Così, questi pseudoscrittori, riempiono i fogli di aggettivi per spiegare al lettore qualità che questi capirebbe da solo se i fatti fossero ben presentati.

Per fare un esempio elementare:
- Anna correva disperata verso l'uscita…

Molto meglio:
- Anna correva verso l'uscita gridando e strappandosi i capelli…

La sostituzione effettuata non è di poco conto. Nella prima frase lo scrittore dichiara al lettore lo stato d'animo di Anna, nella seconda non dichiara nulla, espone soltanto ciò che poteva vedere una persona presente alla scena. In quest'ultimo caso sarà il lettore a farsi un'idea della disperazione di Anna e si sentirà più coinvolto nella storia.

Queste riflessioni valgono per la narrativa in generale. Scrivendo per bambini sono necessarie alcune considerazioni.

Anzitutto il bambino non ha un'esperienza di vita e linguistica pari all'adulto e talune cose gli vanno dette o spiegate, perché non è in grado di ricavarle da solo da ciò che vede.

Ad esempio la frase scritta più sopra "Mangiava i popcorn introducendoli in bocca a grandi manate" probabilmente non suggerisce sufficientemente al bambino più piccolo l'idea dell'ingordigia. Ecco dunque che si giustifica l'introduzione del vocabolo "ingordo":

- L'ingordone mangiava i popcorn mettendoli in bocca a piene mani.

Oppure ancora più esplicitamente:

- Mangiava i popcorn mettendoli in bocca a piene mani, proprio come fa un bambino ingordo.

Un'altra considerazione interessa le ridondanze. Più il bambino è piccolo e più ha bisogno delle ridondanze per afferrare ciò che gli comunichiamo.

A un bimbo di quattro o cinque anni si può benissimo dire:

- La mamma sorrideva dolcemente al suo bambino, e gli diceva paroline gentili, e lo accarezzava affettuosamente con la mano.

Si trovano espressioni che abbiamo criticato e che sarebbero fuori luogo scrivendo per ragazzi: "sorrideva dolcemente", "paroline gentili", "accarezzava affettuosamente". Tutta la frase intende suggerire al bambino l'affettuosità di questa mamma, e lo fa con tre azioni (sorridere, dire e accarezzare), che sono pure specificate da avverbi qualificativi. A un adulto tutte quelle ridondanze sarebbero fastidiose, ma non è lo stesso con i bambini. Tuttavia dobbiamo riconoscere se uno scritto ha bisogno di ricorrere continuamente alle ridondanze, probabilmente tratta di esperienze e usa un modo di porgere le frasi al di sopra del livello di comprensione del bambino, oppure c'è proprio un difetto di stile.

"Un cioccolatino molto buono" è un'espressione capita anche a tre anni, non occorre scrivere "Un buon cioccolatino dolcissimo come lo zucchero". Questa frase fa venire il mal di pancia a qualunque età.

Chiudiamo la discussione sugli aggettivi e apriamo brevemente quella relativa a nomi e verbi.

Come già accennato, la prevalenza di nomi dà un senso di staticità allo scritto, mentre i verbi lo rendono più dinamico. Ovviamente il significato può cambiare le cose: i sostantivi "velocità" o "acrobata" risultano connotativamente più dinamici dei verbi "stare" o anche "dormire".

Questi sono però casi particolari, che possiamo trascurare. Esamina questo mio scritto tratto da *I segreti della vecchia scuola*.

> C'era Lattina che faceva Tarzan sui banchi. Alberto che si succhiava il dito mentre mollava calci a chiunque gli capitasse a tiro. Armando poi era finito con entrambi i piedi nel cestino della carta e piangeva perché s'era incastrato e non riusciva più a liberarsi.
> Chi saltava, chi strisciava sul pavimento, chi litigava, chi rideva e chi si mangiava la merenda. Solo Matteo, seduto al suo banco, ripassava le tabelline.

La confusione del momento è resa soprattutto dalle azioni. Da notare l'accumulo di verbi via via (chi saltava, chi strisciava…) che termina con uno stacco improvviso (Solo Matteo…) in cui l'azione cessa e le uniche forme verbali sono di stasi: seduto e ripassava.

Ma il verbo rispetto al nome non è solo più dinamico, è anche più concreto. Il nome è statico (la cosa denominata è un'immagine ferma, se non c'è altro che il nome a evocarla) ed è anche più astratto.

Vediamo di comprendere la ragione di queste differenze. Il verbo esprime un'azione che, in quanto tale, si sviluppa nel tempo. Non solo ci sono i tempi dei verbi, che segnalano lo stato presente, passato o futuro, ma la maggior parte delle azioni denotate dai verbi hanno bisogno di tempo per svolgersi. Ad esempio la parola "disegnare", oltre all'atto in sé, suggerisce anche un prima e un poi, una porzione di tempo che viene occupata da quell'atto; al contrario la parola "disegno" non implica alcuna nozione di durata nel tempo. Insomma, con il verbo la mente si cala nel flusso del tempo (e spesso anche nello spazio) e ne ricava una sensazione di presenza effettiva, quale si ha nel mondo reale. Non solo, il verbo, avendo a che fare con il tempo, è anche in stretto rapporto con il ritmo (il quale non è altro che il succedersi degli impulsi nel tempo).

È vero che nella mente dell'uomo il verbo tende sempre ad accompagnarsi a un nome che gli dia sostanza, tuttavia è proprio grazie al verbo che questa sostanza si anima e si concretizza. Se dico "saltare", la mente cerca subito di visualizzare qualcosa, una persona, una palla, un canguro…, che sta saltando. Ma se dico soltanto "palla", la mente crea l'immagine mentale dell'oggetto fermo (sentendo la parola palla nella mente potrei vedere bambini che giocano a palla, ma questa non sarebbe una rappresentazione dell'oggetto, ma un'evocazione connotativa). Ciò che mi viene suggerito con questa parola è fuori dal tempo (il concetto di "palla" non ha in sé l'idea di un prima e un poi), e in un certo senso è anche fuori da una collocazione nello spazio (la denotazione di un oggetto fisico implica la sua estensione, ma non la collocazione in un luogo specifico, al contrario l'azione in molti casi suggerisce un qui e un là e un posto in cui svolgersi). È l'astrazione dal tempo e talvolta anche dallo spazio che rende il nome quasi un'idea platonica, da contemplare in un lontano mondo delle idee.

Riprendendo l'esempio della palla, questo termine indica un elemento appartenente all'insieme di determinati oggetti, con alcune caratteristiche di forma e di materiale, ma astrae, o trascura, altre specificazioni, che invece sono sempre presenti nelle cose reali. Questa "palla" nominata è solo un modello che ha la capacità di concretarsi e definirsi in qualche oggetto della realtà, ma, appunto, la parola è solo un modello.

Se invece uso l'espressione "la palla rimbalza" ecco che quel "rimbalza" è molto più concreto e non ha bisogno di concretarsi maggiormente per risultare definito. Anche se ci sono molti modi di "rimbalzare" (ma non tante variazioni quanto quelle relative alle qualità di una palla – colore, dimensione – materiale, ecc.), l'azione è comunque sufficientemente precisa.

Questo discorso, apparentemente troppo teorico, ci conduce a due effetti pratici:

1) poiché il nome tende all'astrazione, c'è il rischio che diventi vuoto, una mera parola senza un reale riferimento, o comunque un riferimento generico e sfuggente;

2) i verbi traducono la comunicazione su un piano più concreto di quanto fanno i nomi.

Riguardo al primo punto, parole come "felicità", "libertà", "coraggio", ecc. indicano con grande vaghezza un insieme di cose tutt'altro che univoche. Se non sono utilizzate in corrispondenza di elementi più concreti e definiti, non hanno alcun valore al di là di un'evocazione generica di contenuti soggettivi, diversi da persona a persona.

Scrivere che "Biagini è coraggioso" significa indicare soltanto che qualora il personaggio s'imbattesse in un qualche pericolo, probabilmente tenderebbe ad affrontarlo e non a fuggire, niente altro. Oltretutto non è certo che Biagini si comporterà coraggiosamente in ogni occasione. E ancora, che cos'è il coraggio? Se Biagini vede un leone e l'affronta, come giudicarlo? Alcuni direbbero che è coraggioso, altri lo definirebbero sventato, altri ancora lo giudicherebbero incapace di vedere il pericolo, oppure addirittura un pazzo suicida. Ci sono molte misure per il coraggio; ognuno ne ha una sua idea. Ecco allora che scrivendo è molto meglio descrivere situazioni e che venga lasciato al lettore stabilire se vi riconosce un atto di coraggio o altra cosa.

E allora:
• Non: "Biagini aveva molto coraggio."
• Meglio "Biagini aveva molto coraggio, e quando i ragazzi più grandi lo prendevano in giro, egli avanzava verso di loro con i pugni stretti"
• Ancora meglio: "Quando i ragazzi più grandi lo prendevano in giro, egli avanzava verso di loro con i pugni stretti" (senza nemmeno nominare il coraggio).

Nota in queste frasi come la scrittura si fa più vivace e l'immagine mentale più vivida eliminando del tutto il sostantivo astratto.

Ecco altri esempi in cui il nome astratto può essere efficacemente sostituito da un verbo.

- Bisogna aver rispetto per i genitori — Bisogna rispettare i genitori.
- Paolo aveva una concezione strana della vita — Paolo concepiva la vita in un modo strano.
- Sono a conoscenza delle legge… — Conosco la legge…

In tutti gli esempi la sostituzione di un nome con un verbo migliora sensibilmente la frase.

Ci sono poi casi in cui il verbo viene impiegato come un sostantivo: "il correre", "il nuotare", "il vedere". Trovo che in molti casi sia una soluzione ipocrita per esprimere la propria idea. Il verbo che si traveste da nome è come l'imitazione di qualcos'altro. Un inganno, insomma, e quando si può farne a meno meglio evitarlo.

- il correre mi fa venire l'affanno — quando corro mi viene l'affanno
- il giudicare il lavorare degli altri è ingiusto" [terribile!] — È ingiusto giudicare il lavoro degli altri.

Esiste poi uno stile in cui al contrario il verbo viene del tutto omesso. Si tratta di uno stile tipicamente giornalistico ("Morto in piscina", "Niente di nuovo in Amazzonia", "Palermo, ancora libero l'assassino", "Tasse, nuovi aumenti in arrivo"). Tuttavia, se non se ne abusa, possiamo sfruttarne l'effetto di immediatezza o per esprimere un particolare stato affettivo.

Un esempio dal mio romanzo per ragazzi *Il Sacro Perno*.

> Il deserto stesso non gli apparve che un grande, enorme cumulo di pensieri, di speranze, di progetti, di affetti e di amori precipitati. Non più parole, non più sogni: solo quel canto mesto e solitario portato dal vento.

L'eliminazione dei verbi (c'è solo un "apparve" all'inizio, la seconda frase è poi interamente nominale) crea un effetto di immobilità, di tristezza se non addirittura di angoscia.

Una piccola nota: "grande, enorme cumulo…". Questa è sicuramente una ridondanza (una cosa enorme è anche grande), ma nel brano ha uno scopo: si tratta di crescendo un'enfasi che intende suggerire il moto dello sguardo, che prima sale e giudica il cumulo "grande", poi sale ancora e il giudizio si trasforma in "enorme".

Dopo tutte queste riflessioni sulla lingua, come regolarci con i bambini?

I recenti studi sulla questione dei nomi e dei verbi sembrano indicare che nel bambino di due anni i nomi sono prevalenti rispetto ai verbi, proseguendo nello sviluppo le differenze via via si attenuano. Purtroppo gli studi che conosco riguardano il linguaggio espresso dal bambino, non quello che egli comprende ascoltando (c'è sicuramente una grande differenza). A noi, come scrittori, interessa molto più ciò che il bambino è in grado di capire alle varie età.

Senza addentrarci in studi specialistici, credo che la questione debba essere affrontata solo con un po' di buon senso. Cerchiamo frasi il più possibile lineari (in rapporto alle età), evitando inopportune astrazioni. Ad esempio, il termine "tristezza" è ben compreso dal bambino, ma quale significato gli attribuisce realmente?

A un'età molto precoce la tristezza s'identifica con il pianto e la confonde facilmente con il disappunto o con il dolore. Quasi sempre per lui la causa della tristezza è la mancanza di qualcosa o l'essersi fatto male. Lo scrittore magari usa, ritenendola più facile, la parola "tristezza" intendendo la "nostalgia" e il bambino capisce ancora meno. Ancora una volta lo scrivere concreto, il descrivere anziché nominare, risolve agevolmente e in maniera efficace il problema.

Show, don't tell, dicono gli inglesi. Mostra e non dire: un giusto consiglio che usato con buon senso dà ottimi risultati.

L'esempio che segue è tratto anch'esso da Il Sacro Perno, ma esemplifica bene l'idea:

> Irin non aveva alcun desiderio di mangiare. Le parole di Ardrag gli avevano tolto ogni speranza: se il mondo era destinato a morire, non esisteva per lui più nulla da raggiungere, non un luogo in cui fuggire, non una casa a cui tornare, non una mamma e un papà da rivedere...

Credo che la tristezza di Irin non abbia bisogno di essere sottolineata con una parola specifica.

Sempre nello stesso libro un capitolo s'intitola "La tristezza di Umek", proponendo dunque un termine astratto. Nel testo, tuttavia, ecco come Umek è presentato:

> Umek cantava, un canto desolato come il deserto, un canto malinconico, senza speranza, angosciato come la morte. Irin sentì un freddo atroce serrargli il cuore, perse ogni desiderio di vivere, e restò immobile anche quando percepì l'alito fetido del lupo di nebbia. Non poteva e non voleva più muoversi; era indifferente a tutto, all'Obiquan, al mondo che stava per morire, alla sua stessa sorte. E quel canto, grave e sgraziato, quel lamento gonfio di tutte le sofferenze dell'universo, gli premeva sul cuore fino a spezzarlo.

Anche qui non era necessario spiegare che Umek era triste e che questa tristezza si trasmetteva a Irin.

CAP. 5: GLI ASPETTI RITMICI

Nel capitolo precedente ho definito il ritmo come la successione degli impulsi nel tempo. Dobbiamo specificare meglio che cosa sono quegli "impulsi", altrimenti la questione tanto importante del ritmo si presta a fraintendimenti.

Con il termine "impulso" indico un qualunque evento che interviene a cambiare lo stato della situazione. Può essere un suono, un evento visivo, una sensazione fisica… Ma "impulso" è anche un pensiero che sorge nella mente e che prima non c'era, un sentimento, un'intuizione, l'emergere di un nuovo significato.

Nel linguaggio verbale gli impulsi possono essere di natura molteplice, ma soffermiamoci solo sui più interessanti per lo scrittore.

Esaminiamo quattro aspetti della successione degli impulsi:
1. il ritmo a livello di fonemi;
2. il ritmo all'interno della frase;
3. il ritmo delle frasi;
4. il ritmo delle scene.

Infine considereremo brevemente la questione dei tempi della storia e i tempi del discorso, una questione che però riguarda maggiormente le durate che non gli impulsi.

1. Il ritmo a livello di fonemi

Ricordi la famosa espressione del Canto VII della Divina Commedia, quando Pluto recita:

"Papé Satàn, papé satàn, Aleppe"?

Molti commentatori si sono rotti il cervello per interpretare queste parole. Noi non lo faremo. Ci limitiamo a osservare che a dare l'impulso ritmico dei fonemi sono gli accenti delle parole e che grazie a questi la frase assume un andamento di danza concitata (forse quella che meglio si addice a un demonio come Pluto?).

Ovviamente il ritmo non dipende dai significati, tanto che le stesse parole possono essere cambiate senza che esso muti. Da studenti dissacranti ci divertivamo a recitare:

"Pane e salàm, pane e salàm, a fette!"

Il ritmo ha un'importanza essenziale nella poesia, mentre nella prosa adulta di solito non è così determinante, al contrario torna ad avere un certo rilievo in quella infantile. Il bambino è molto sensibile al ritmo creato dalle parole che si succedono (si pensi alle filastrocche e alle canzoncine) e gradisce ritrovarlo anche nel racconto. Con i ragazzi la questione ritmica si fa più complessa e i significati tendono a prevalere, ma in certi momenti anche l'effetto ritmico può rendere adeguate suggestioni.

Riprendiamo il ritmo delle parole di Pluto; esso fa "tatà tatà, tatà tatà, tatàtta", e ora leggi questa frase:

> Antonio entrò e scrutò di qua e di là con rabbia, certo che lei si trovasse in quella stanza. Alla fine la scoprì in fondo a un cassetto: la sua vecchia e tanto amata pipa!

Mi diverte credere che il tuo pensiero sia stato: "ma che c'entra questa frase con il papé Satàn?", eppure sono quasi certo che non ti sia sfuggito il ritmo del "entrò e scrutò di qua, di là, con rabbia".

Non è forse quello del *papé Satàn*?

Percepire il ritmo delle parole all'interno delle proprie frasi è una capacità che dovrebbe essere spontanea nel lettore e nello scrittore e probabilmente non si può insegnarla né averne un controllo costante. Pertanto non ti sto suggerendo di esaminare con un tamburo alla mano il ritmo di ogni tua parola, voglio solo dire che, quando una frase non ti convince e ti "suona male", dovresti osservare se per caso non sia la sequenza ritmica a essere sbilanciata o, al contrario sia troppo meccanica.

"Suvvia non stare a discutere di chi non è qui" è una frase corretta grammaticalmente e sintatticamente, ma è squilibrata nel ritmo. Riesci a sentirlo?

Prova a rileggerla.

E ora: "Suvvia non discutere di chi non c'è" è più semplice e ritmicamente funziona meglio.

Invece: "Parliamo restando seduti tranquilli e chiariamo la nostra questione" è una frase orribilmente meccanica: "tatàta tatàta tatàta tatàta tatàta tatàta tatàta". Ovviamente esagero per spiegarmi, nessuno scrive così (spero!). Devo tuttavia riconoscere che un buon attore riesce a rendere corrette nel ritmo anche frasi come queste (in seguito vedremo come), ma noi non possiamo presupporre che i nostri lettori siano sempre attori consumati.

Dobbiamo poi essere consapevoli che gli impulsi nelle parole non si limitano solo alla distribuzione degli accenti, né che tutti gli accenti producono impulsi della stessa intensità. Vi sono impulsi forti e deboli, così come nella musica ci sono accenti forti e deboli, e alla forza degli accenti concorrono anche altri fattori come il suono del fonema. Tutto ciò contribuisce a creare la struttura ritmica all'interno della frase.

Un accento tonico che cade dopo una consonante occlusiva sorda (p, t) tende a essere più forte di quello che cade dopo una nasale (n, m) – paltò, penò. Allo stesso modo una consonante doppia imprime più forza all'accento della vocale seguente – cànone, cannone. Anche le vocali portatrici di accento non hanno la stessa rilevanza. Le vocali strette (che gli specialisti chiamano "alte" - la 'i' e la 'u') producono un'accentuazione più forte rispetto a vocali aperte ("basse" – la 'a' e la 'e' lombarda).

Giusto per curiosità, prova ad analizzare i fonemi della famosa poesia di Montale, Meriggiare pallido e assorto:

> Meriggiare pallido e assorto
> presso un rovente muro d'orto
> ascoltare tra i pruni e gli sterpi
> schiocchi di merli, frusci di serpi.

Gli accenti delle parole e la loro collocazione tra consonanti di vario effetto fonetico creano una musicalità che evoca meravigliosamente la calura pigra dell'estate marina. È un formidabile gioco di 'rt' e di 'rp', 'st' e di 'sch', di doppie liquide ('l) o fricative ('g') che si accompagnano a una perfetta ritmica degli accenti.

Di solito uno scrittore all'opera è tutto intento a raccontare la storia e non bada a queste sottigliezze. Certamente non è mia intenzione trasformarlo in un farmacista della parola, tuttavia nella scelta di questo o quel termine per indicare qualcosa, una sensibilità aperta agli effetti fonetici e ritmici delle parole aiuta a scrivere meglio.

2. Il ritmo all'interno della frase

Nella frase il ritmo è dato dalle parole. Le parole rappresentano un impulso in vari modi. Nella frase, infatti, concorrono fortemente la loro collocazione e la loro significatività (sia denotativa, sia connotativa).

Termini di basso livello significativo (fare, vedere, dire, cosa, oggetto, ecc.) o con funzioni di pura connessione (allora, quindi, ma, dunque, per, da, nel, ecc.) producono impulsi deboli, al contrario parole essenziali e significative, o anche inaspettate o stravaganti, producono impulsi più forti.

Tutto ciò non è un fumoso discorso teorico, di scarso interesse. Uno scrittore attento comprende (sarebbe meglio dire "sente") come si distribuiscono gli impulsi nella frase e che tipo di andamento si produce: un climax con successiva caduta, un arco regolare, una spinta verso la fine della frase…

Un esempio per ciascuno delle tre forme:
- Un bradipo! Ecco che cos'è il mio capufficio. Niente altro che un animale lento e pigro.
- Il mio capufficio non è altro che un bradipo, solo un animale lento e pigro.
- Il mio capufficio non è altro che un animale lento e pigro. Un bradipo, insomma.

In tutt'e tre le frasi la maggior parte delle parole hanno un significato comune, di basso livello (capufficio, mio, lento, pigro, animale) o di pura connessione. L'unico termine che emerge per originalità ed estraneità al normale conteso di un ufficio è "bradipo". Questa parola attira su di sé l'attenzione e rappresenta nella frase un impulso forte. Ci accorgiamo, però, che la forza della parola cambia in rapporto alla sua posizione. Nella prima frase l'impulso dato da quel "bradipo" all'inizio è più forte che nelle altre due frasi. L'impulso più debole si trova nella seconda frase, dove la parola più significativa è collocata nel mezzo, e quello medio-forte nella terza, con il "bradipo" in fondo.

Anche parole tutto sommato "normali" diventano un impulso rilevante quando rappresentano il fulcro dell'idea o della storia: la parola rivelatrice, la parola che spiega un particolare essenziale…

Un termine come "libro di cucina" non ha in sé nulla che attiri l'attenzione, come invece avviene in presenza di termini inusuali (es. "poponaio"), eppure anch'esso può assurgere al ruolo di un impulso fortissimo, tanto da trasmettere forza all'intera frase, come vedremo meglio più avanti trattando del ritmo delle frasi.

Osserviamo il gioco del "libro di cucina" nelle tre distribuzioni del climax: con il picco all'inizio, in mezzo (frase a campana) e alla fine (frase a 'J'). Immagina che ciascuna delle frasi seguenti giunga dopo che la storia ha narrato l'avventura della ricerca di un documento segreto, da cui dipende l'esito del mondo. Giorni di indagine, di sparatorie e di intrighi, di tradimenti, tutto per scoprirne il nascondiglio. E alla fine…

- Nel libro di cucina! Incredibile! Ecco dove l'agente russo aveva nascosto il documento.
- Incredibilmente il documento era nel libro di cucina! Ecco dove l'aveva nascosto l'agente russo
- L'agente russo aveva incredibilmente nascosto il documento nel libro di cucina!

Quale delle tre frasi ti sembra più energica?

Oltre alla rilevanza di ciascuna frase nella storia, grazie a quel "libro di cucina" rivelatore, esiste anche un andamento ritmico nella frase stessa, che ne determina il dinamismo. Nella prima l'esplosione è all'inizio e poi la frase saltella tra impulsi minori fino a spegnersi (a me viene in mente una palla che cade e rimbalza sempre più piano per poi fermarsi).

Nella seconda l'energia cresce come un'onda e poi decresce esaurendosi.

Nella terza l'energia s'accumula per esplodere alla fine, come una corda sottoposta a tensione crescente finché si spezza di colpo.

La prima e la terza frase mi portano alla mente per analogia a ciò che scriveva Hitchcok a proposito della "sorpresa" e della "suspense" nei film gialli. Egli spiegava così i due termini:

> Due persone stanno conversando tranquillamente seduti a un tavolino, bevono birra e hot dog. A un tratto: boom! Esplode una bomba e lo spettatore fa un salto sulla sedia.
> Questa è la sorpresa

> Due persone stanno conversando tranquillamente seduti a un tavolino. Lo spettatore sa che sotto il tavolo c'è una bomba che sta per esplodere. Vorrebbe gridare ai due: 'Presto! Scappate! C'è una bomba!', ma loro continuano a chiacchierare tranquilli, ignari di quanto sta per succedere. Lo spettatore non salta sulla sedia, ma stringe i denti e s'aggrappa ai braccioli.
> Questa è la suspense

Illuminante, vero?

Riprendiamo il discorso. Il ritmo è dato dagli impulsi nel tempo, ma come la musica non contempla un flusso continuo dei suoni, bensì comprende anche i silenzi come parte essenziale del suo ritmo, allo stesso modo la distribuzione delle pause in una frase e tra le frasi modifica grandemente il decorso ritmico. Ed è proprio quello che fanno gli attori quando devono recitare una frase ritmicamente squilibrata. La maggior parte delle volte, ma non sempre, è lo scrittore che segnala le pause con la punteggiatura.

[Qui è necessario un veloce chiarimento. C'è una punteggiatura "strutturale", che serve a dividere in unità logiche il discorso, e c'è una punteggiatura "espressiva" che serve a spezzare il flusso delle parole in unità ritmiche. Spesso le due cose coincidono, ma non è raro che si contraddicano. Nella frase. "Domani verrò da te, se il tempo è bello, e non ho il mal di denti" la prima virgola è strutturale e divide una frase principale da un'ipotetica; la seconda è invece espressiva e serve a creare uno stacco, dando un rilievo diverso a quel "e non ho il mal di denti". Nella prospettiva strutturale questa seconda virgola sarebbe addirittura un errore perché contraddirebbe la 'e' seguente. In questo capitolo, che tratta dello stile, mi riferisco principalmente alla punteggiatura espressiva.]

Lo scrittore, dunque, spesso segnala le pause con la punteggiatura. In questo modo può anche correggere squilibri o zoppicamenti ritmici. Osserviamo come si trasformano le frasi sbilanciate presentate nel paragrafo precedente.

"Suvvia non stare a discutere di chi non è qui"
diventa:
"Suvvia. Non stare a discutere di chi… non è qui".

Il punto (ma poteva essere anche solo una virgola) rende il ritmo più regolare, mentre i tre puntini creano una sospensione forte, come a sottolineare un'esitazione in chi parla.

"Parliamo restando seduti tranquilli e chiariamo la nostra questione" può essere migliorata con la punteggiatura:
"Parliamo restando seduti tranquilli. Chiariamo la nostra questione"

Talvolta, al contrario, eliminare la punteggiatura che strutturalmente sarebbe necessaria aiuta a creare un ritmo incalzante: "E mi avvicinai e parlai e sbuffai, piansi imprecai supplicai… Niente. Neppure si degnò di guardarmi".

3. Il ritmo delle frasi

In un racconto le frasi si susseguono le une alle altre con durate, intonazioni e funzioni diverse. Questo insieme risulta così articolato nel flusso della lettura, il quale, non va dimenticato, è un flusso che scorre nel tempo e pertanto responsabile degli eventi ritmici che produce.

Un esempio macroscopico.

> — Buongiorno, signori!
> Silenzio.
> — Vi ho salutato, perché nessuno mi dà risposta?
> Un mormorio imbarazzato.
> — Va bene. Lo so di non essere ben accetto in questo club...
> Qualcuno tossicchia.
> — Accidenti! Un buongiorno lo si dà anche ai cani!
> — Buongiorno — dice una voce.

Che effetto vi hanno fatto quegli incisi brevissimi tra i dialoghi? Che l'effetto vi piaccia o no, che lo troviate intrigante o al contrario insensato, dobbiamo in ogni caso riconoscere che si tratta di un determinato effetto ritmico.

Considerate invece questa descrizione che apre il mio libro *Va' con i tuoi artigli*.

> La luce dell'alba biancheggiò incerta sopra gli ultimi veli di nebbia, mentre gli alberi della savana cominciarono a proiettare lunghe ombre contorte sul terreno. In quel paesaggio piatto e privo di colori spiccava un unico grande masso roccioso, che s'innalzava aguzzo e solitario come un gigantesco dente grigio. Ai suoi piedi, riparati dai venti gelidi dell'ovest, un branco di dromeosauri sedeva in cerchio, immobile e silenzioso, attendendo che dalla parte della foresta bruciata i primi raggi di sole giungessero a riscaldare il loro sangue intorpidito.

Un ritmo lento, assonnato come i dinosauri prima del sorgere del sole. A creare quest'atmosfera sono soprattutto i periodi lunghi e, all'interno, le lunghe frasi che lo compongono.

Annoto per inciso che in presenza di frasi lunghe diventa indispensabile utilizzare la punteggiatura strutturale, altrimenti la lettura può facilmente perdersi nel labirinto delle parole.

Un altro esempio tratto da un mio racconto, *Le lacrime del drago*, per bambini di 6-7 anni...

> Il principe di Zaffiro aveva sei anni e una grande passione: fare le corse con i ragazzi del borgo. Ma anche se lui era principe e gli altri no,

> Zaffiro arrivava sempre ultimo.
> Come mai?
> Semplice, lui era il più piccolo della compagnia e aveva le gambe corte. Tutto qui.

Si può notare una certa alternanza di frasi lunghe e corte che creano animazione nel racconto, senza giungere alla concitazione di una sequenza composta solo di frasi corte, magari condensate in un unico lungo periodo come nell'esempio che segue:

> Il fotografo alza il flash, lo guarda, lo scuote, ci soffia dentro, lo pulisce con lo straccio, manda un bimbo a cercare un cacciavite, il cacciavite è troppo grosso, ne manda a cercare uno più piccolo, questo va bene, ma la vite gira a vuoto e non si leva, poi la vite si leva, cade nell'erba, tutti a cercare la vite nell'erba, la si trova ma non si trova più il cacciavite, chi l'ha preso?, c'è seduto sopra il maestro Stecchetti, riporta il cacciavite, aspetta che il bambino ritorni, non ritorna, è andato a fare pipì, imprecazioni del fotografo «perché il flash non funziona?», c'è la spina elettrica staccata, manda uno ad attaccare la spina, la spina è attaccata, ahi! ahia!: il fotografo ha preso la scossa... [da *I misteri della vecchia scuola*]

Avrai sicuramente notato che anche gli a-capo contribuiscono a creare ritmo. L'a-capo produce enfasi e mette in rilievo la frase (ricordi l'esplosione iniziale della sorpresa di cui ho parlato?), tuttavia crea un rallentamento. Osserva come cambia l'effetto del brano precedente se al posto delle virgole ci fossero stati dei punti a-capo:

> Il fotografo alza il flash.
> Lo guarda.
> Lo scuote.
> Ci soffia dentro.
> Lo pulisce con lo straccio.
> Manda un bimbo a cercare un cacciavite.
> Il cacciavite è troppo grosso...

Scritto così, il brano appare spezzettato in una serie di azioni rigide (chissà perché mi viene in mente Totò in quella celebre pantomima in cui imita una marionetta!), un effetto ben lontano dalla rapida e confusionaria scena del fotografo.

Oltre alla lunghezza e allo spezzettamento a opera della punteggiatura, le frasi possono produrre un ritmo che coinvolge l'intera pagina anche sulla base del contenuto che esprimono.

Qui non mi è facile riportare esempi perché ci stiamo avviando verso le arcate ritmiche, le quali, per definizione, sono relative a grandi porzioni narrative, come un intero racconto o addirittura a un libro. Restando al livello delle frasi, posso dire che una buona alternanza di frasi di azione o di dialogo con frasi di spiegazione o di descrizione, crea un ritmo vario e piacevole per il lettore.

Un'intera pagina, se non un intero capitolo, composto di frasi d'azione invece di risultare vivace e interessante, finisce per annoiare peggio di pagine e pagine di spiegazioni o di descrizioni.

Il cattivo risultato di un affollarsi di frasi che esprimono azione è peggiorato se le frasi non si legano in un'unica azione più complessa. Ad esempio:

> Luca si diresse pigramente alla macchina del caffè. Prese un libro dallo scaffale e uscì per andare dal direttore. Aveva un gran mal di piedi e si tolse per un momento la scarpa. Guidò la macchina fino al garage più vicino. Quando venne Armando a bussare alla porta, lo insultò…

L'errore di un tal modo di scrivere è evidente, meno banale è però osservare che un tale procedimento può creare uno stile estremamente sintetico che, se ben calibrato, risulta affascinante.

> Mangiai. Alfredo non si sentiva da mesi. Dovevo fare qualcosa. Portai la macchina dal meccanico per una riparazione. Bussai alla porta dell'appartamento di Alfredo. Scesi al bar per un l'ennesimo bicchierino. Scaraventato fuori, sbattei la faccia sul pavimento.
> Finalmente Alfredo aprì la porta e mi disse:-Che vuoi da me?
> La serratura del mio appartamento non s'apriva. Il fabbro mi fece un paio di chiavi nuove. Mi sistemai un cerotto sul viso e mi ficcai sotto le coperte. Mentre stavo addormentandomi pensai: 'Ah, che cavolo di giornata!'

Le frasi sono molto scollegate tra loro, tuttavia si riesce in qualche modo a individuare un percorso. Molti eventi sono stati omessi, lasciando al lettore immaginarli:

- Il protagonista ha la necessità di contattare Alfredo.
- Per raggiungere Alfredo serve l'auto, ma prima dev'essere riparata.
- Alfredo non è in casa o fa finta di non esserci.
- Il protagonista è un ubriacone e il barista lo scaraventa fuori.
- Dopo la frase scortese di Alfredo, se ne torna a casa.
- Chiama un fabbro per riparare la serratura.
- Il fabbro se ne va e il protagonista entra in casa.

È ovvio che con i bambini non si possono sottintendere troppe cose. È necessario utilizzare narrazioni molto esplicite, e ciò vale in buona misura anche nella narrativa per ragazzi.

Ciò non vuol dire che talvolta, soprattutto per effetti umoristici, non si possa ricorrere a questa forma stilistica:

> Ho quindici anni: esami di terza media. Gioco a pallone tutto il giorno.
> Ho sedici anni: esami di terza media.

4. Il ritmo delle scene

Con questa espressione intendo il susseguirsi delle scene con gradi di accentuazioni diversi.

In narratologia il termine "scena" si oppone a "sommario", "estensione", "ellissi" e "pausa", di cui tratterò più avanti nel capitolo. Qui, ai fini della discussione, uso il termine "scena" in modo simile a come viene utilizzato nel teatro (altri preferiscono denominarla "sequenza", ma io riservo questo termine a unità narrative più piccole, che si compongono a creare la scena, in modo simile alle frasi che si susseguono per creare un periodo). La scena è pertanto un'unità narrativa che presenta un certo grado di completezza e che solitamente si svolge tutta nello stesso luogo e più o meno con gli stessi personaggi. Ad esempio l'Amleto inizia con scene che riportano un titolo che ne indica il luogo e qualche volta il tempo:

- Scena I: Piazzola davanti al Castello di Elsinore [personaggi: Bernardo, Francesco, Marcello Orazio]

- Scena II: Sala nel castello di Elsinore [il re, la regina, Amleto, Polonio,
Laerte, Voltimando, Cornelio]
- Scena III: Elsinore, stanza in casa di Polonio [personaggi: Laerte, Ofelia]

Una volta stabilito il significato della parola "scena", almeno a grandi linee, possiamo giudicare di come si sviluppa il loro ritmo. Anzitutto, così come nella musica il primo fattore del ritmo è la durata delle note, analogamente in narrativa il ritmo delle scene è determinato dalla loro "durata". Quando il tempo di lettura risulta molto più lungo di quanto non sia l'azione descritta, esso produce una narrazione dilatata, con un ritmo lento. Ciò può essere dovuto a un attardarsi del narratore sui dettagli, così che le azioni sono viste in una sorta di moviola. Ad esempio:

> I duellanti si fissavano dritti nelle pupille e solo un leggero tremito delle dita rivelava l'estrema tensione dei loro nervi. Poi tutto avvenne in meno di un battito di ciglia, ma per loro fu come se l'aria, fattasi densa come sciroppo, rallentasse i gesti allo spasimo. La mano guantata che si apre in un gesto nervoso, il dito mignolo che si protende a cercare il calcio della pistola, lo trova, lo sfiora, e poi l'intera mano scende con un gesto leggero e flessuoso, come quello di una mamma che accarezza la guancia del suo bambino. Ecco, l'indice si distende, si piega nel grilletto, il corpo ruota leggermente a offrire meno spazio al tiro dell'altro, le ginocchia si piegano un poco... Poi l'inferno.

La lentezza ritmica può anche essere causata dalla staticità della scena, descritta nei suoi particolari, ma povera di azione. Un buon esempio è l'inizio dei Promessi Sposi: "Quel ramo del lago di Como...".
Al contrario un affollarsi di azioni in uno spazio narrativo breve crea un effetto di ritmo veloce. In questo caso l'intera scena (o le sue sequenze) occupa un tempo di lettura molto più corto di quello dell'azione reale. Nel libro *Le radici del grande cedro*, così descrivo l'attacco dei coccodrilli ai gimnarchi (grossi pesci del Nilo):

Ma quando il branco dei gimnarchi cominciò a dividersi per infilarsi negli stretti varchi tra un coccodrillo e l'altro, si scatenò un putiferio. I predatori s'avventarono sui pesci con un impeto sfrenato, frustando l'acqua con le lunghe e possenti code e sollevando altissimi spruzzi. In breve l'intera zona del fiume fu coinvolta in un rimescolamento tumultuoso di zampe, di musi e di code, di schiuma e di bolle, e ovunque uno scrosciare d'acqua e uno schioccar di mandibole. Ogni tanto qualche pesce cercava la salvezza in un balzo fuor d'acqua, ma subito una bocca armata di denti spaventosi si levava dallo scompiglio e l'afferrava al volo. I coccodrilli ruotavano su se stessi, mettendo in mostra il ventre chiaro, oppure s'immergevano e risalivano con la preda tra le fauci. Poi, con la medesima rapidità con cui era iniziato, l'assalto finì e il fiume riprese a scorrere tranquillo. I rettili terminarono velocemente il loro pasto, quindi scivolarono via in direzione della riva.

Il secondo elemento che determina il ritmo della musica sono gli accenti delle note; essi si distinguono grossomodo in "accenti forti" e "accenti deboli". Tale accentuazione è determinata da vari fattori che operano insieme o isolatamente: una maggiore intensità di suono, una nota più acuta o una nota dissonante, un timbro che si stacca dagli altri…

Nella narrativa avviene qualcosa di analogo. Scene e sequenze sono diversamente accentuate, intendendo con questo termine, la loro capacità di attrarre l'attenzione del lettore. Possiamo così operare una distinzione tra scene deboli e forti (o fortissime). La scena debole è quella che si limita a fornire informazioni o a mettere in luce aspetti secondari della vicenda e dei personaggi. Al contrario la scena forte è quella con eventi drammatici e decisivi ai fini della storia; si tratta di sequenze con grande intensità emotiva e spesso molto movimentate. Le scene fortissime sono quelle che presentano il massimo della drammaticità o del movimento.

Nello stabilire una traccia per il racconto, si possono condensare le scene in frasette riassuntive, così da poter meglio giudicare il ritmo delle scene che si succedono. Queste frasette le chiamo sequenze. Una buona occasione per riflettere sul movimento delle scene è quello di scrivere un elenco di sequenze con a lato la caratteristica forte o debole di ogni sequenza.

Come ho scritto nella parte didattica relativa al libro *Va' con i tuoi artigli*, uno scrittore sa che una storia composta tutta di scene forti risulta in breve altrettanto noiosa di una storia tutta composta di sequenze deboli. Egli pertanto prova ad alternarle cercando di ottenere un ritmo interessante. (È per tale ragione che spesso la favola non coincide con l'intreccio).

Immaginiamo una storiella (dove ovviamente le scene sono molto brevi) e vediamo, sulla base di quanto detto, come analizzarla. Consideriamo le seguenti sequenze in ordine di tempo:

    1 - Lisa riceve l'incarico di portare la cuginetta Pina ai giardini (debole)

    2 - Ai giardini Pina scompare improvvisamente (forte)

    3 - Lisa teme che Pina sia caduta nel lago e si dispera (fortissima)

    4 - La folla accorre e tra la gente c'è anche Pina (debole)

    5 - Lisa riporta Pina a casa (debole)

Due sequenze deboli alla fine fanno cadere di tono il racconto proprio nella fase conclusiva. Uno scrittore sensibile al ritmo probabilmente eliminerebbe la sequenza 5. Così la storia funziona meglio, infatti c'è un graduale crescendo di tensione che si risolve nel finale. Usando le sequenze in ordine dalla 1 alla 4, la storia inizierebbe così:

> La zia chiamò Lisa e le disse: — È una bella giornata, potresti portare Pina ai giardini. Dopo vi preparo una bella cioccolata calda.
> Pina batté le mani tutta contenta e Lisa, che avrebbe tanto preferito guardare i cartoni in TV, sospirò. Non poteva deludere la cuginetta.
> Così infilò il suo cappotto giallo e...

Se tuttavia volessimo catturare l'attenzione del lettore in modo più immediato, preferiremmo partire dalla sequenza 2 e inserire la 1 più avanti. Otterremmo una serie forte – debole – fortissima – debole.

La storia allora comincerebbe così:

Possibile che una bambina di tre anni possa svanire così nel nulla?
Lisa si guardò intorno con il cuore che le pulsava nel petto. Niente.
Non c'era più! Un attimo fa Pina era lì che stava giocando con i sassi, e
ora... Ma dove caspita era andata? Lisa si rivolse a due donne anziane
sedute sulla panchina di fronte. No, davvero non avevano visto nessuna bambina. Lisa ebbe un moto di stizza. Ah , perché non era rimasta
a casa a guardare i cartoni?
La zia aveva detto: — È una bella giornata, potresti portare Lisa ai
giardini...

Come vedi, partendo dalla sequenza forte l'avvio è più interessante.

Non insisto oltre su questo punto perché altre cose verranno
dette quando andremo ad esaminare il problema dell'ideazione della
storia. Qui mi limito soltanto a osservare che il carattere ritmico
delle scene si può ritrovare anche nella sequenza di unità più grandi,
come i capitoli.

In questo caso si può parlare di ritmica dell'arcata narrativa,
quella che va dall'inizio alla fine del libro. Poiché anche le grandi
parti non hanno tutte né la stessa forza né la stessa durata, a buon
diritto si può parlare di andamento ritmico.

5. Il tempo della storia e il tempo del discorso

Se scrivo: "Lucio rimase in prigione per quattro anni", secondo
il tempo della storia sono passati quattro anni, il tempo del discorso
è di pochissimi secondi, giusto il tempo di leggere la frase. Ora,
nel considerare il rapporto tra i due tempi, sono possibili soluzioni
diverse:

1) il tempo del discorso e quello della storia più o meno si equi-
   valgono. (scena, compreso il dialogo);
2) il tempo del discorso è decisamente più breve di quello della
   storia. (sommario);
3) il tempo del discorso è decisamente più lungo di quello della
   storia. (estensione);

A questi tre tipi di rapporto tra durate si possono aggiungere altri due casi:

4) il discorso sospende la storia (pausa, come avviene nelle riflessioni, nelle descrizioni…);

5) il discorso resta sottinteso e non viene riportato (ellissi, come in espressioni del tipo "tre anni dopo…" in cui è lasciato al lettore immaginare ciò che avvenne in quei tre anni).

Poiché anche il rapporto tra i tempi è soggetto alla moda di un'epoca, oltre allo stile personale dello scrittore, possiamo osservare che la narrativa contemporanea tende fortemente a eliminare il sommario e a svilupparsi più come scena. La raccomandazione che ormai si trova un po' dappertutto nei forum e nei manuali di scrittura creativa è *show, don't tell*, mostra, non dire. Tale raccomandazione tende a indurre lo scrittore a non riassumere ciò che succede, ma a descriverlo. È una buona raccomandazione, purché non se ne faccia un feticcio. Non tutto può essere condotto come una *soap opera* televisiva caratterizzata da una lentezza narrativa esasperante, protratta in ogni particolare. Se scrivo che "Anselmo andò a comprare le sigarette, ma tornò a mani vuote perché tutti i tabaccai erano chiusi", sarebbe divertente che qualcuno m'accusasse di *tell* solo perché non ho descritto le peripezie di Anselmo per le vie cittadine! Come sempre l'applicazione di un principio deve basarsi sul buon senso e sugli scopi per i quali viene impiegato. La decisione di raccontare mediante una scena, oppure riassumere in una spiegazione, di applicare un'ellissi o un'estensione, o anche di sospendere la vicenda per proporre una descrizione, deve dipendere da vari fattori: l'importanza che attribuiamo a quell'evento nello svolgimento complessivo della storia, gli effetti espressivi che desideriamo produrre, la necessità di inserire elementi fondamentali per la comprensione, il voler creare la giusta atmosfera in cui far accadere gli eventi, ecc.

Riparleremo ancora nella terza parte del problema di equilibrare discorso e storia e quando inserire ellissi, sommari o pause. Per ora limitiamoci a registrare che esistono modi diversi di raccontare utilizzando il criterio del rapporto tra i tempi. Sono altre potenzialità che dobbiamo imparare a riconoscere nelle nostre letture e a impiegare nei nostri scritti.

Mi diverte l'arguta considerazione di Umberto Eco che formula l'ipotesi per cui certe lungaggini sono inserite dallo scrittore per invitare il lettore a girare le pagine senza leggere, creando così uno stacco utile a mettere in rilievo la ripresa della storia. (Ho il sospetto che la sua lunghissima e noiosa descrizione della cattedrale nel *Il nome della rosa* avesse proprio questa funzione!).

CAP. 6: RIDONDANZE E ORNAMENTAZIONI

Nel determinare lo stile di un autore ha sicuramente molto rilievo il modo in cui questi crea un andamento ritmico del suo narrare. La maniera in cui accosta parole, articola le frasi, distribuisce le scene e la forza che riesce a imprimere loro sono elementi fondamentali dello stile, ma all'impressione generale contribuiscono anche le ridondanze e le ornamentazioni.

1. Le ridondanze

Si può intendere la ridondanza come la duplicazione dell'informazione. Tuttavia questa duplicazione raramente si presenta nella stessa identica forma; quasi sempre l'informazione viene ripetuta più o meno modificata, con parole diverse e con forme diverse. In questo modo, anche se l'informazione principale resta sempre la stessa, la ripetizione può portare con sé un arricchimento o una specificazione del significato.

Nel linguaggio parlato le ridondanze sono molto frequenti e spesso necessarie, poiché in questo tipo di comunicazione le informazioni scorrono e non possono essere recuperate; se sfugge qualcosa non si può tornare indietro per riprenderla (in questo periodo c'è una ridondanza, la riconosci?). Un flusso orale della lingua senza alcuna ridondanza risulta molto difficile da seguire, anche quando, tutto sommato, il linguaggio utilizzato è abbastanza colloquiale.

Per tale ragione lo scritto che vuole replicare il linguaggio parlato non può fare a meno di utilizzare una certa quantità di ridondanze, soprattutto se la sua destinazione è quella di essere recitato. Tale situazione si verifica spesso con bambini più piccoli che non sanno leggere e il cui contatto con lo scritto avviene normalmente attraverso la lettura dell'adulto. Le ripetizioni, oltre a facilitare la comprensione, diventano un mezzo con cui essi memorizzano l'informazione mediante una sorta di gioco ritmico, e per questo motivo poesie e filastrocche sono da loro tanto amate.

Se le ridondanze sono utili e spesso anche necessarie, la loro sovrabbondanza genera noia e disinteresse. Chi legge o ascolta, di fronte a un numero elevato di ridondanze, percepisce che buona parte del suo tempo si consuma nel ricevere informazioni ormai già acquisite.

Non sempre le ridondanze hanno però lo scopo di replicare l'informazione, esse possono venire efficacemente impiegate per ragioni espressive.

Nella semiologia tradizionale quest'uso delle ridondanze viene chiamato *isotopia*: si tratta di una serie di espressioni che ruotano tutte intorno a un'idea base. Ecco un esempio in cui l'idea base è il freddo di un certo luogo:

> Il gelo pendeva dagli angoli dei balconi in forma di lisce e lucide candele, mentre l'asfalto della strada brillava di minuscoli coriandoli di ghiaccio; sopra ogni cosa il vento soffiava leggero e tagliente come una lama, i cui fendenti arrossavano la pelle dei viandanti.

Chiaramente qui ogni immagine serve a rafforzare l'idea del freddo mediante ridondanze diversificate. Nella scrittura per bambini questo genere di ridondanze ha una duplice funzione: rinforzare l'idea e fornire occasioni di apprendimento. Spesso nella narrativa per bambini le funzioni espressive si congiungono con quelle cognitive, vale a dire che oltre al piacere degli effetti estetici il bambino impara termini nuovi, modi nuovi per significare cose che già conosce o anche nuovi indici di un'idea (quali indici conosce un bambino del freddo? Forse il fenomeno che le particelle di ghiaccio rendono luccicante l'asfalto gli è sconosciuto).

Vediamo un esempio di ridondanza utilizzata a scopi espressivi tratto dal mio *L'apprendista stregone*, ed. Mursia, in cui l'andamento da filastrocca ha anche degli intenti sottilmente morali.

Martino, l'apprendista stregone, è stato incaricato dal mago di pulire l'antro, ma è molto deluso e amareggiato perché il mago finora non gli ha insegnato nulla. Nel dialogo interiore che segue Martino parla con il suo stesso cuore; da una parte c'è il bambino che si lamenta per la fatica e la noia del suo incarico e dall'altra il cuore che lo richiama al suo dovere (come a dire: "smetti di lamentarti e finisci il tuo lavoro"). Ecco come si svolge il dialogo:

> — Cuore mio, ogni sospiro già conosci.
> — Su, ragazzo, vai a pulire!
> — Le mie lacrime trasporta questo secchio...
> — Su, ragazzo vai a pulire!
> — La mia vita spazza via questa scopa...
> — Su, ragazzo varia pulire!

La ripetizione della frase, in modo assolutamente identico, ha uno scopo espressivo abbastanza evidente: il bambino ribadisce la sua insoddisfazione con frasi diverse nel tentativo di impietosire il suo stesso cuore, ma il cuore, ripetendo la medesima frase, ribadisce la necessità che il dovere sia compiuto, senza perdersi nell'autocommiserazione.

Un altro esempio tratto dallo stesso libro. Poco più avanti il bambino e il cuore osservano costernati le schegge della scopa fatta a pezzi che si trasformano in scope a loro volta.

> — Guarda, Martino!
> — Le schegge! Si agitano le schegge!
> — Si alzano le schegge!
> — Diventan scope le schegge!
> Dieci, cento, mille scope! E tante e tante gambe! E tante e tante braccia! E ogni braccio un secchio!
> — Ferme! Ferme! Streghe dannate, ma dove correte?

Qui la ripetizione della parola 'schegge' ricerca un effetto di meraviglia spaventata, dove non sono estranei anche fattori legati alla sonorità delle doppie 'g'.

Un tipo particolare, che forse non si può neppure definire ridondanza, è la ripetizione non dell'informazione, ma del modo in cui è espressa.

Sempre dall'*Apprendista stregone*, dialogo di Martino e il mago. Il mago ha salvato Martino e il ragazzo gli chiede di essere assunto come apprendista.

> — Maestro ti prego, portami con te.
> — Vuoi diventare mago?
> — Sì, se tu m'insegnerai.
> — Ma saprai pazientare?
> — Sì, sarò paziente.
> — Ma saprai ubbidire?
> — Sì, saprò ubbidire.
> — Ma saprai anche giudicare?
> — Sì, lo saprò fare.
> — E allora vieni con me.
> Così va Martino ad apprendere la grande arte dei massimi segreti.

Forse questo brano ti ricorda quello molto più famoso del "Ma nonna che occhi grandi hai... È per vederti meglio. Ma nonna..."

Accanto a queste forme espressive della ridondanza, esistono anche funzioni legate alla comprensione di una parola o della frase. Gli esempi di questo genere sono molti e facili da trovare, sia nei testi per adulti, particolarmente in manuali o testi scientifici, sia nelle opere per bambini. Un periodo come il seguente si giustifica proprio per la funzione esplicativa della ridondanza.

> Era un bambino caparbio, molto ostinato, che una volta pronunciato un sì o un no lo manteneva a lungo e in ogni situazione. Non c'era verso di fargli cambiare idea.

La ridondanza qui gioca un ruolo sovrano. Il termine 'caparbio' potrebbe essere sconosciuto al bambino, e allora gli si accosta il sinonimo 'ostinato', che ha maggiori probabilità di essere già noto. Ovviamente ci si può chiedere. "Ma allora perché non usare subito 'ostinato', evitando la ridondanza?" In realtà ci possono essere varie ragioni: sostenere un ritmo, rinforzare l'idea, utilizzare una parola meno comune per darle rilievo, desiderare di arricchire il lessico del bambino...

La ridondanza compare anche subito dopo il sinonimo con la

frase "una volta pronunciato un sì o un no...". Infine l'ostinazione è ribadita pure dalla la frase successiva: "non c'era verso di fargli cambiare idea".

Credo sia opportuno sottolineare che procedimenti come questo vanno usati con grande moderazione, per non rendere la storia un brodino lungo e insapore. Il problema dell'isotopia è capire quando fermarsi.

La frequenza delle ridondanze dipende anche dal genere dello scritto. Come ho detto, un'opera teatrale, destinata a essere recitata, o un libretto per bambini piccoli, che dipendono dalla lettura dell'adulto, conterranno sicuramente più ridondanze esplicative di un romanzo per ragazzi o per adulti.

Nel caso dei bambini che non sanno leggere, qualche parola non molto comune può essere inserita nello scritto anche senza ricorrere a una ridondanza esplicativa, si può confidare nel fatto che certamente il genitore lettore provvederà a spiegare quando il bambino non capisce. Attenzione però: anche se si può evitare la ridondanza esplicativa, non è questo un procedimento che si possa utilizzare spesso; non vorremmo certamente che il lettore debba interrompersi continuamente per spiegare una quantità di termini difficili.

Concludo ora l'argomento con una raccomandazione che troverete più volte in questo lavoro (si tratterà di una ridondanza dettata dal bisogno che il consiglio non venga dimenticato; come vedi il procedimento ha una funzione anche con gli adulti): descrivi il più possibile ciò che succede, invece di spiegarlo; le spiegazioni possono risultare noiosamente ridondanti, gli eventi sono quelli che sono, e anche quando si ripetono non sono mai la stessa cosa.

2. Le ornamentazioni

Perché sul nostro tavolo da pranzo mettiamo una tovaglia colorata e non un semplice telo?

Perché mettiamo quadri alle pareti?

E perché infiocchettiamo i regali di Natale?

La risposta a queste domande è semplice: desideriamo fare più bello il nostro ambiente. Ma tale risposta conduce a una domanda filosofica per la quale non esiste un pensiero univoco.

Che cosa è il bello?

O almeno, che cosa è il bello per me e per te?

L'ornamentazione inevitabilmente segue e tende a realizzare il nostro ideale soggettivo del bello. Che questo ideale abbia poi una certa corrispondenza con le concezioni estetiche dell'epoca e del luogo in cui viviamo è cosa ovvia, ma, tutto sommato, meno importante per chi scrive. Lo scrittore è immerso nella cultura come un pesce nell'acqua, e un pesce non ha bisogno di analizzare l'acqua per accorgersi se sta sguazzando in un fiume limpido e puro o in una pozza di discarica. Allo stesso modo lo scrittore, quando si mette a raccontare qualcosa, lo fa come a lui pare meglio, saranno i critici a giudicare e a collocare la sua estetica in un quadro di riferimento più ampio.

Torniamo all'ornamentazione. Vi sono state civiltà per cui l'ornamentazione rappresentava solo un orpello, tanto appariscente quanto inutile ai fini pratici. I Greci, ad esempio, ritenevano bello ciò rispettava una certa armonia di proporzioni, non certo il bello era tale per gli abbellimenti aggiunti, che al contrario avrebbero "sporcato" la purezza della forma. Nel XVII secolo, invece, in pieno stile barocco o agli inizi del XVIII, periodo rococò, l'ornamentazione era considerata l'essenza stessa del bello; la forma pura dei Greci era intesa come spoglia e povera.

Io non amo molto l'ornamentazione, soprattutto quando è fine a se stessa, tuttavia non ho niente in contrario se uno scrittore ha quello stile. Ci sono tre casi in cui però sono intransigente e non riesco a tollerarla.

Eccoli:

1. la leziosità;
2. l'ornamentazione che vuole coprire il vuoto di idee;
3. la comprensione sacrificata all'estetica.

1. La leziosità

Questo è un difetto che colpisce soprattutto gli scrittori per bambini (intendo quelli meno bravi, Rodari non cadde mai nella leziosità). Molti credono che il parlare e lo scrivere con i bambini debba essere ricco di "cosette fiabesche, piccine, belline, tutte rosa e graziosette", ciò che non rientra in queste categorie, per costoro, è da correggere o da bandire come se fosse una violenza alle innocenti animucce dei tesorini.

Intendiamoci, non sono uno che sadicamente racconta al bambino di tre anni:

"La mamma entrò nella stanza del figlio e vide che vomitava sul tappeto dei giochi."

Un poco di eufemismo non ci starebbe male:

"La mamma entrò nella stanza del bambino e s'accorse che aveva il mal di pancia"

Non sarà proprio quello che volevamo dire, però probabilmente va bene lo stesso senza provocare conati anche nel piccolo lettore.

Guarda le fiabe, anche quando descrivono scene truculente (vedi in Pollicino, quando l'orco estrae il coltello per mangiarsi un bambino) cercano di accrescere la suspense della storia, ma non arrivano mai a descriverne particolari impressionanti (segare le gambe al cadavere, il rosicchiare un braccio, assaporare il sangue dalla gola squarciata…). Gli eufemismi dunque vanno bene, ma la leziosità è altra cosa. La leziosità riduce tutto a uno zuccherino nauseante. Ricordi l'inizio della Vispa Teresa?

"La vispa Teresa avea tra l'erbetta / al volo sorpresa gentil farfalletta…."

Chissà perché l'erba è diventata erbetta e la farfalla farfalletta, inoltre l'aggettivo "gentile la qualifica ulteriormente (come se una farfalla potesse essere ingombrante e impetuosa come un rinoceronte).

Ma se la Vispa Teresa è perdonabile, poiché risale agli inizi dell'Ottocento, quando il Romanticismo la faceva da padrone e la letteratura infantile era agli esordi, non è perdonabile lo scrittore di oggi che usa un linguaggio da vecchia zia.

Ma costui ha mai dato un'occhiata a quello che guardano i nostri fantolini alla televisione?

Quand'ero consulente presso un'importante casa editrice, esaminavo quotidianamente i dattiloscritti di tante persone che scrivevano per bambini. Ebbene, forse non avrò svolto il mio lavoro con diligenza, ma che altro fare, se non chiudere il manoscritto dopo poche righe e inviare una cortese lettera di rifiuto a chi cominciava così:

> La bambinetta giocava con i fiorellini del prato, quando la sua dolce mammina disse: 'Tesoruccio, vieni che ti metto il vestitino rosa, quello con le ranocchiette e i pesciolini!' Il bambino guardò la mamma con i suoi teneri occhioni azzurri e disse sorridendo: — Sì, mammina, quel vestitino mi piace tantissimo. Grazie mammina d'avermelo comprato — quindi allungò le sue manine per abbracciare la cara donna.

Davvero sono condannabile per non aver letto oltre? Forse sì. Chissà quanti capolavori non hanno visto la luce a causa della mia intransigenza.

Per piacere, fate che un bambino sia un bambino, che i fiori siano fiori e non fiorellini, e la nonna sia la nonna e non la nonnina. E ancora: buttate nella spazzatura certi luoghi comuni per cui giornata diventa per forza una bella giornata di primavera, ogni pianto è un pianto a dirotto e inconsolabile e ogni capretto è per forza un dolce e tenero capretto. (Con molta cattiveria. sto scrivendo il giorno di Pasqua. Si può essere più cinici di così?).

Ancora una volta voglio temperare e specificare le mie affermazioni. Quando dobbiamo andare a tavola, mi rivolgo alla mia nipotina di cinque anni in questo modo: "Andiamo a lavare le mani", però capita anche che dica: "Andiamo a lavare le manine". L'uso del diminutivo ha lo scopo di comunicare alla bambina il senso di tenerezza che mi suscita. A volte la sollevo e le dico che è la nipotina più bella del mondo e io il nonno più bello del mondo, che c'è di male? Un nonno sta comunicando con sua nipote, ma lo scrittore che rapporto ha con i bambini che leggono le sue storie? Perché mai deve bamboleggiarli a distanza? Se lo scrittore (lezioso) incontrasse per la strada uno dei suoi giovani lettori e gli si rivolgesse con tanti "tesoruccio", "ma che belle manine che hai", dov'è la tua mammina?"… probabilmente la gente lo metterebbe in fuga scambiandolo per un pedofilo!

Attenti alle leziosità, dunque.

2. Quando l'ornamentazione vuole coprire il vuoto di idee

Qui abbiamo a che fare con quel difetto che si riscontra anche nella vita reale e non solo nelle storie: si confonde la sostanza con la forma. Anzi, la forma oscura la sostanza per mascherarne la banalità o l'inadeguatezza. Ci sono persone che quando comprano qualcosa, prima badano al bell'aspetto e solo dopo alla funzionalità (se pure vi badano).

Mia mamma, per altri versi una cara donna, aveva proprio questo difetto. Un giorno della mia lontana giovinezza, tornando a casa dall'Università, mia madre mi accolse esultante. Aveva ordinato le nuove poltrone per quando si guardava la TV. Me le descrisse magnificandole: il colore allegro ma non sfacciato, l'elegante forma rotonda, con la spalliera che girava per metà intorno al piano di seduta… Alla fine del panegirico, io ingenuamente domandai se erano comode.

La povera donna mi lanciò un'occhiata rapidissima di sgomento, ma si riprese subito. "Comodissime!" s'affrettò ad assicurarmi.

Due giorni dopo arrivarono, piccole, tonde ed eleganti proprio come aveva detto la mamma. Provai a sedermi e… Beh, non la faccio lunga: basti pensare che la spalliera, oltretutto morbida, era tanto bassa che arrivava all'altezza delle anche, al di sotto delle reni. Pertanto, quando volevi appoggiare la schiena, la spalliera si schiacciava e tutta la parte superiore del corpo veniva proiettata indietro. L'unico modo per restare in equilibrio senza massacrare i muscoli dorsali sarebbe stato quello di aggrapparsi ai braccioli, ma i braccioli la poltrona non li aveva...

Questo è quello che successe a me, che ero un ragazzo molto magro e leggero. Puoi ben immaginare ciò che avvenne quando si sedette mia madre che pesava centotrenta chili!

Il giorno dopo le bellissime poltroncine si trovavano sul camioncino del negozio per far ritorno al luogo d'origine. Al loro posto mia mamma comprò due poltrone grandi e alte che sembravano gli scranni del papa, ma questa volta le aveva provate ed erano veramente comode.

Questa storiellina di vita vissuta è una metafora di chi s'innamora delle parole, le trova tanto belle che le usa in abbondanza, senza mai chiedersi se esse funzionano e hanno proprio il significato che serve all'idea da comunicare.

Mi piacerebbe molto darti qualche esempio, ma non avendone sottomano smetto di scrivere e vado in internet a frugare tra i racconti che gli utenti (oggi si usa 'users') inviano ai forum. Sono sicuro che non impiegherò molto tempo. Torno subito.

Eccomi. Ci ho impiegato esattamente venticinque secondi per pescare il primo pesce e, bada bene, appositamente non ho scelto un esempio infimo. L'autore inizia il suo scritto così:

> Il sapore della montagna mi avvolgeva, era parte di me, ne ascoltavo l'anima, ne vivevo ogni istante. [*al di là delle belle parole, riesci a cogliere un reale pensiero?*]

Ributto la canna nel lago. Trovo una regina seduta sul trono con in braccio la piccola principessa, mentre fuori...

> La città era colma del canto lugubre delle spade, che invocavano il loro tributo di sangue [*sembra bello, ma si poteva scrivere più semplicemente e con più efficacia che "in città la battaglia infuriava sanguinosa e il clangore delle spade giungeva fino alla reggia". Se non sei convinto, rifletti su questo: i colpi di spada non richiamano neppure connotativamente il canto umano, e anche se così fosse il suono secco, con le sue complesse risonanze metalliche, non avrebbe niente di lugubre in sé; le spade poi non chiedono alcun tributo, sono oggetti atti*]

a ferire, per aggressione o per difesa, non chiedono proprio niente.
L'autore utilizza a piene mani accostamenti traslati e metaforici per
presentare un evento che sarebbe stato già dinamico e drammatico in
sé, ma a lui deve essere apparso troppo inerte se ha sentito il bisogno
di intensificarlo mediante artifici retorici.]

Ancora un pesce. Stavolta un pesce più grosso. L'indiano…

Stava scendendo ormai verso la radura, volando di pino in pino, di
tronco in tronco come un'entità invisibile forgiata da millenni di tecniche di caccia ed era già in posizione con l'arco teso pronto a scocca-
re la freccia sull'enorme capobranco, quando, sopra le sue piume, un
grosso ramo si spezzò per il peso della neve ricordandogli in un attimo
quell'incognita di imprevedibile che differenzia e ammorbidisce la
monotonia della vita. [*prova a ridurre questo periodo al nudo contenuto visivo: …aveva già teso l'arco, pronto a colpire il capobranco,
quando sopra di lui un ramo, carico di neve, si spezzò. Tutto qui, il
resto sono chiacchiere scritte solo per rendere interessante l'evento*]

Ma allora, ti chiederai? Dobbiamo gettare tra l'immondizia
ogni parola fantasiosa o poetica, ogni metafora e ogni traslazione
di senso?

Ci mancherebbe altro! Metafore e traslazioni servono a evidenziare coloriture e suggestioni che sono già insite nei significati,
ma non possono e non devono sostituirsi a questi. "Il sapore della
montagna mi avvolgeva"… ma nell'idea di montagna puoi trovarvi
connotato il sapore? E nell'idea del sapore vi trovi una qualche significato che riconduca anche traslativamente al verbo avvolgere?

Che cosa voleva dire l'autore con quella frase? Forse che si sentiva immerso nell'atmosfera luminosa e solenne della montagna? E
poi, il sentirsi parte di qualcosa, il coglierne l'anima può voler dire
tutto o niente. Sono frasi ad effetto ormai logorate dall'abuso. Ci
sono momenti nella vita in cui ci si sente davvero intimamente uniti
a qualcosa, una partecipazione profonda a un'esistenza comune, un
senso di continuità quasi organica. Sono questi i momenti felici in
cui non ci si considera entità chiuse in se stesse e separate dal tutto,
al contrario ci scopriamo aperti verso un mondo di forme che sot-
tintendono un'unica sostanza. E allora, se questo è il sentimento,

metafore e traslazioni dovevano esplicare tale sentimento restando però nell'ambito di ciò che ci offre la montagna. Potevo scrivere che a un tratto mi sentii roccia tra le rocce, albero tra gli alberi, oppure che il mio respiro si fuse nel vento e penetrò tra le foglie e tra i rami, tra picchi e gole, come se fosse il respiro della montagna stessa. O ancora: i miei occhi salirono lungo i pendii della montagna e mentre lo sguardo sfiorava le rotondità dei castagni e il verde profondo degli abeti ebbi la sensazione di guardare il mio corpo stesso; io e la montagna, un'unica carne e un'unica roccia, il miracolo mistico della compenetrazione…

Insomma, i riferimenti poetici possibili sono tanti anche senza uscire dall'universo di riferimenti che ogni cosa porta con sé.

Sempre cercando in internet mi sono imbattuto in questo brano, scritto da un dilettante:

> Un grumo di fumo quasi solido, che rimanda tenui bagliori perlacei alla luce fioca dei lampioni. Se lo porta alla bocca. Poi sbuffa di piacere.

Osserva: qui, a differenza degli esempi presentati sopra, non c'è una parola fuori posto, non una di più non una di meno. Se riporto le frasi al loro contenuto scarno, mi accorgo che perdo qualcosa d'importante: è notte e c'è un uomo che attende sotto un lampione fumando una sigaretta. Questo l'evento, ma lo scrittore, con le sue parole, desidera spostare l'attenzione del lettore su quel fumo che sale verso l'alto, probabilmente l'unica forma che emerge nell'oscurità. Proviamo ad analizzare le singole espressioni:

- *un grumo di fumo quasi solido* (la densità del fumo lo fa apparire come qualcosa di persistente, di fisso, di qui l'uso esatto del termine "grumo")
- *tenui bagliori perlacei* (la luce è fioca – lo scrive subito dopo - e probabilmente azzurrina, il fumo è di un azzurro "perlaceo" appunto; esatto anche il termine "bagliori")
- *se lo porta alla bocca* (noi sappiamo che è la sigaretta che l'uomo porta alla bocca, ma lo scopo del gesto è proprio quel-

lo di aspirare il fumo; la frase sintetizza ed evidenzia bene il desiderio dell'uomo di avere la bocca piena di fumo)

- *Poi sbuffa di piacere* ("sbuffa" un dato uditivo che rompe in modo soffice il silenzio del luogo; questa frase è la diretta conseguenza della precedente, che già lasciava intuire il piacere dell'atto)

È così che si crea l'atmosfera. Poche e precisissime parole. Prova a cercare qui una ridondanza o una leziosità. Non ne trovi, ma prova anche a togliere una sola parola e giudica se ottieni lo stesso effetto.

Cerca di farti sensibile a ciò che rende molto diversi qualitativamente gli esempi precedenti da quest'ultimo. Poi, se vuoi avere delle lezioni di precisione descrittiva, torna a rileggere qualche canto della Divina Commedia. Sebbene ci troviamo in ambiente poetico, raramente trovi parole inserite solo per "abbellire".

> Un vecchio bianco per antico pelo [*una sintesi descrittiva meravigliosa!*]
> Poi si rivolse a quel muso rabbioso/e disse: 'Taci, lupo maledetto!/ Consumati dentro te stesso con la tua rabbia…" [*il personaggio c'è già tutto*]

Oppure:
> Nessuna corda d'arco spinse mai una freccia / a volare tanto veloce per l'aria, / quanto era veloce la piccola nave che io vidi / venire in quel momento verso noi sull'acqua… [*una similitudine, un'immagine offerta con parole del tutto normali, eppure quanta efficacia!*]

Cerca le idee, approfondiscile, trova ciò che di non ancora detto vive nelle cose, e quando avrai tratto dal fondo della tua mente un pensiero di valore, comunicalo così com'è, nel modo più preciso che ti è possibile, senza alcun abbellimento. Sarà bello di per sé, di una bellezza vera.

Ai suoi tempi mia moglie è stata truccatrice e un giorno mi disse qualcosa che m'impressionò e che ricordo ancor oggi.

"La donna che sa truccare il suo viso non è quella che lo vuol rendere più bello. È quella che attraverso il trucco ne attenua i difetti mettendone contemporaneamente in luce i pregi".

3. la comprensione sacrificata all'estetica

Qui ci troviamo di fronte a qualcosa di veramente irritante. Ci sono scrittori che fanno di tutto per rendere ermetico il loro scritto (l'ermetismo, come movimento estetico non ha fatto molta strada), nella convinzione che il lettore sia deliziato dal risolvere rebus a ogni frase, altri lo rendono incomprensibile ritenendo che solo in tal modo sia possibile distillare un qualche sublime nucleo estetico, che il significato oscurerebbe. Questi ultimi sono generalmente anche grandi ammiratori in campo figurativo dell'arte astratta e vorrebbero usare la parola così come il pittore usa colori e pennellate. Essi non considerano che la macchia informe, il tratto senza significato, la forma che non è segno, sono parte dell'esperienza quotidiana: si pensi alle macchie sul muro, ai ciuffi d'erba, ai rami degli alberi o alle nuvole... tutte immagini delle cose, non segni convenzionali delle cose.

Le parole, al contrario, non sono le cose, ma le indicano, le denotano, e dalle parole noi desideriamo estrarre il significato. Se desideriamo un'arte povera di denotazione (ma ricca d'altro!), allora dedichiamoci alla musica, oppure, con moderazione, alla poesia. Quest'ultima può ricercare effetti puramente sonori, utilizzando le parole solo per la musicalità che portano in sé o per le immagini che evocano. Se v'interessano degli esempi di poesie fondate tutte sul suono andate in internet e cercate le opere di Filippo T. Marinetti, ma non state tanto a guardare la scrittura, le poesie sonore non devono essere lette, vanno ascoltate. In internet potete trovare molte poesie sonore recitate dagli autori stessi.

Purtroppo l'estetica dell'incomprensibilità ha convinto molti scrittori che qualcosa del genere potesse essere proposto anche nella narrativa. Il seguente esempio è tratto da un racconto per adulti di un dilettante. Non imitarlo, non imitarlo anche se fosse stato un grande nome della letteratura, soprattutto se scrivi per bambini.

> Poi accadde. Intenti a ripassare, nell'enoteca 'Al Ponte', una verticale di Brunello della Fattoria dei Baffi Vinelli Piccioncini, non s'avvidero dell'ingresso del vate Bergamelli in persona. Rimase estasiato ad ascoltarli, anche lui con l'acquolina organolettica: mai avrebbe sospettato che si potesse declamare la sua opera! Calde lacrime irrigarono le sue gote: fondendosi con l'acquolina, diedero vita ad un impareggiabile elisir dal bouquet equilibrato, con apprezzabile gradazione alcolica. I quattro bardi si trovarono invitati a cena nel miglior locale della città, con degustazioni che indussero loro orgasmi esofagei multipli. Il grande Bergamelli li scritturò per un tour di presentazioni della sua nuova guida.

Ti affascina questo stile? Io lo trovo repellente. Si potrebbe però obiettare che qui non ci sono molte ornamentazioni. È vero, ma il pensiero estetico ha molti altri modi per soffocare la comprensione. Qui il "bello" dovrebbe determinarsi in uno stile che l'autore ritiene intelligente, ricercato e non banale, peccato che la comprensione ne soffra al punto che il lettore non masochista smette di leggere dopo una decina di righe.

Intendiamoci, non intendo dire che il testo non si capisce, ma quante volte devi interrompere la tua lettura per trattenere il significato delle parole e delle frasi?

Io credo d'essere un buon lettore, ma quando trovo "orgasmi esofagei multipli" la stranezza dell'espressione mi fa scordare che cosa avevo letto poco prima. Non è che l'espressione non abbia senso, solo che attira eccessivamente su di sé l'attenzione, e quando ciò avviene in continuazione, beh, il risultato lo vedi da te.

Quando studiavo chitarra classica il mio maestro mi ripeteva spesso quello che diceva il grande Segovia ai suoi allievi: l'esecuzione deve scorrere senza che mai l'ascoltatore si accorga della sua difficoltà; egli deve avere l'impressione che nel brano tutto sia semplice e facile.

Lo stesso consiglio credo si possa dare agli scrittori, per bambini come per adulti. Fate in modo che la caratterizzazione dei personaggi, i dialoghi, le ambientazioni, le azioni e le spiegazioni si snodino senza apparente difficoltà. Non cullatevi troppo nella convinzione che se un passaggio è oscuro lo sia forzatamente a causa del contenuto altamente concettuale.

Cerca di essere lineare nel tuo scrivere. Per quanto possibile la narrazione deve scorrere senza intoppi, per comunicare nel modo più chiaro l'idea.

Questa è ovviamente una mia opinione. Certamente sono esistiti scrittori di alto livello che vanno digeriti a piccolissime dosi, ma, e questo è a mio parere il punto decisivo, non hanno scelto la complessità per mascherare la povertà di contenuto. Al contrario! È stata la ricchezza e la profondità del contenuto che ha obbligato l'autore a un linguaggio che non poteva essere semplificato più di tanto. Ora è possibile che un autore, rendendosi ermetico anche nelle cose semplici, si crogioli nell'idea di svelare i grandi misteri della vita. Ne conosco non pochi di personaggi siffatti, cerca di non aumentarne il numero.

Talvolta sono le suggestioni visive a oscurare il significato complessivo. Nella poesia ciò avviene costantemente e di proposito (come in Garcia Lorca, un poeta che io amo moltissimo).

Vedi le espressioni che usa, per esempio, nel suo celebre Lamento per Ignazio (Le cinque della sera). Ecco alcune espressioni "sibilline":

"E l'ossido seminò cristallo e nichel"

"Le campane d'arsenico e il fumo"

"...e l'arena grigia del sonno / con salici sullo steccato."

Sono tutte espressioni di grande suggestività, ma è difficile comprendere il significato esatto che hanno nel contesto se non creare associazioni di drammaticità e di costernazione di fronte alla morte. Questo almeno a una lettura non esegetica.

Tutto ciò va bene, ma, per favore, non raccontare una storia, soprattutto per bambini o ragazzi, utilizzando procedimenti simili!

Ti immagini un racconto che inizi e si sviluppi come questo che segue?

> L'uomo correva verso un fiume di speranze precipitate, mentre nell'aria il fiele imbruniva alla luce del caprifoglio. Arrivò. Loro non c'erano ancora. Il pianto si spegne sul cuscino, un cervo alza la testa con corna di sole. Ah, come si sgretola la parola in un sogno di piombo!...

Basta così. Vedi, quando cominci a leggere la tua mente si sforza di trovare una linea di senso e se non c'è se lo inventa. Pertanto all'inizio le suggestioni possono risultare anche gradevoli, ma non puoi condurre il racconto in questa maniera. Il trucco a un certo punto si svela e tutto il castello crolla.

CAP. 7: I DIALOGHI

Mi sono sempre meravigliato di come molti dattiloscritti di narrativa per bambini che giungevano in casa editrice proponendone la pubblicazione fossero del tutto privi di dialoghi nella forma di discorso diretto. Una storiella brevissima può fare a meno dei dialoghi, ma non una fiaba o un racconto che superi la dimensione di una pagina. Se scrivo:

> Delia guardò la luna splendente e le chiese se voleva giocare un poco con lei. A un tratto le parve che la luna le strizzasse l'occhio, come a invitarla a salire nel suo giardino di stelle. Delia si addormentò felice e divenne una fata.

Non c'è dialogo e avrebbe potuto esserci, ma la storiella è quasi un aforisma e va bene così. In un racconto lungo, però, non puoi usare continuamente il discorso indiretto, anche fosse solo per ragioni di ritmo. Il dialogo introduce una novità nel flusso del racconto e ne spezza la monotonia. Da tener conto, poi, che attraverso il dialogo i personaggi mostrano la loro personalità tanto quanto nelle azioni che compiono. Per restare nella Divina Commedia, Caronte che grida: "Guai a voi anime prave! / Non isperate mai più veder lo cielo" ci dice tutto del carattere di Caronte.

Non dimentichiamo poi che il discorso diretto è un evento e non un riassunto dell'evento, come invece è quello indiretto, e in quanto tale rientra pienamente nell'idea di "mostrare" ciò che succede, anziché solo parlarne. (Platone chiamava il discorso diretto *mimesis*, "imitazione", poiché il narratore (come l'attore in teatro) imita il parlare del personaggio, mentre il discorso indiretto lo definisce *diegesis*, "narrazione" perché il narratore si limita a raccontare il discorso senza riprodurlo. Questa distinzione corrisponderebbe al moderno *showing* per la mimesis e *telling* per la diegesis, ma non tutti gli autori sono d'accordo su queste distinzioni).

I dialoghi nella forma diretta hanno molte virtù, perché dunque tanti che scrivono non li usano?

Io penso che molti quando scrivono non stiano realmente rivolgendosi al lettore, grande o piccolo, ma si rivolgano soltanto al foglio o allo schermo del computer. Amano vedere le frasi che si compongono. Si soddisfano dell'eleganza (se c'è) di ciò che scrivono, esercitano la loro capacità di trovare l'espressione "giusta" o "bella". C'è insomma una sorta di autocompiacimento, che potrebbe anche andar bene, se non fosse che troppo spesso fa scordar il lettore.

Per altri il problema è diverso. Evitano il dialogo nella forma del discorso diretto perché hanno l'impressione di abbassare il livello del loro scritto. In un certo senso non hanno tutti i torti. Il dialogo mimetico rimanda alle azioni degli uomini, alla loro corporeità, al fatto contingente, allontanando lo scritto dalla sublimazione dell'idea pura. Questo fatto è molto evidente quando ci s'imbatte nel difetto opposto, l'eccesso di dialogo.

A meno di creare un'opera teatrale (che si sviluppa interamente con i dialoghi), in una fiaba o in un qualunque racconto c'è sempre il rischio che il dialogo riporti frasi banali, senza colore né peso nella storia. Il dialogo allunga lo scritto e trattiene il lettore su cose che possono essere facilmente sintetizzate; pertanto devi renderti consapevole che esso, mentre ti offre opportunità di coinvolgimento del lettore, di ritmo e di vivacità, nel contempo è uno strumento pericoloso che può svuotare completamente la tua narrazione.

Quest'ultima riflessione mi porta a una divagazione di carattere generale, che non interessa solo i dialoghi, anche se questi ne sono solitamente i più interessati.

Gli informatici distinguono i linguaggi per il computer in linguaggi di basso e di alto livello, dove le parole "basso" e "alto" non sono un giudizio di valore, ma esprimono uno dei caratteri fondamentali del linguaggio.

I linguaggi di basso livello utilizzano molte istruzioni elementari per comunicare al computer il compito da svolgere (l'assembler è uno di questi linguaggi). Al contrario quelli di alto livello in un unico comando indicano al computer la serie di azioni da compiere (il basic, il pascal, il C++, ecc. sono linguaggi di alto livello). Questa passeggiata in campo informatico non spaventi, è facile trasferirla sul piano della comunicazione umana e con i bambini ci si può divertire a sviluppare qualche gioco.

Anzi, parto da quest'ultimo per spiegare. Agli inizi degli anni ottanta pochi sapevano qualcosa dei computer e dei loro linguaggi, io ero uno di questi, tuttavia avevo qualche informazione in più e cercai di tradurla in attività con i miei alunni.

Così, per interessarli ai livelli di linguaggio, inventai il gioco del Robot. Io, insegnante, ero un robot che gli alunni dovevano istruire affinché andasse ad aprire la porta dell'aula. Il problema del robot era che poteva interpretare solo azioni semplici e pertanto una frase come "apri la porta dell'aula" produceva effetti ridicoli. Il robot è seduto alla cattedra e cerca di ubbidire immediatamente e nel modo più diretto all'ordine ricevuto. Perciò allunga un braccio e tenta invano di aprire la porta che dista almeno cinque metri da lui.

I bambini prima ridono, poi capiscono che devono fornire un'istruzione più elementare per far andare il robot alla porta e così gli comandano: "Vai alla porta". Ma il robot ha le gambe sotto la cattedra e quando si alza sbatte contro il bordo, facendo un gran rumore, ma non ottenendo alcun risultato se non quello di ricadere sulla sedia. Ilarità generale dei bambini. Bisogna scomporre l'azione in comandi ancor più elementari (in altri termini: usare un linguaggio di livello più basso): "appoggia le mani sui braccioli della sedia" "afferrali", "alzati un poco", "spingi indietro la sedia", "voltati a sinistra", "cammina dritto per sei passi"…

Qualcosa di simile avviene nei dialoghi. Vediamo un dialogo di basso livello (eccessivamente basso):

La mamma: — Giulio, hai visto il papà?
Giulio: — Sì.

— Che cosa faceva?
— Usciva dalla porta.
— Dove andava?
— Camminava verso il box.
— E poi?
— Ha tirato fuori le chiavi dalla tasca.
— Per fare che cosa?
— Per aprire la porta del box.
…. ecc. ecc. ecc.

Tutte queste frasi per dire una cosa semplicissima. Anche un bambino piccolo capisce questo dialogo di alto livello:

La mamma: — Giulio, hai visto il papà?
Giulio: — Sì, è partito con la macchina.

Ogni volta che riportiamo un dialogo ci dobbiamo senz'altro collocare tra questi estremi, e ciò dipende non tanto dall'età, quanto dall'esperienza del lettore cui ci rivolgiamo. Se parliamo di cose note al bambino, possiamo fissarci su un livello alto e usare espressioni molto sintetiche.

Ad es. "Il papà è andato a lavorare".

Ma se dobbiamo indicare qualcosa di cui il bambino non ha esperienza, allora occorrono specificazioni più elementari. Ad esempio non si può dire semplicemente: "Il papà ha scalato il Cervino" e chiusa lì. Il bambino vuol sapere molte cose: che cos'è il Cervino, come si è preparato, quando è partito, fin dove è andato con la macchina e da che punto è proseguito a piedi…

Ovviamente se si vogliono ottenere effetti umoristici basterà usare livelli di linguaggio inappropriati. In *Va' con i tuoi artigli* ecco come si svolge il dialogo tra Patryn, il fratello Kobi e la sorella Tya:

[*I tre fratelli si trovano nel deserto e Patryn, il più piccolo, è salito sul crinale di una duna per verificare se si vedono le montagne.*]
— Vedi qualcosa? — gli gridò Tya ancora a metà duna. Kobi si trovava ancora più indietro.
— Sì — rispose Patryn, quindi tacque. Lui era fatto così, del tutto imprevedibile.

— Che cosa vedi? — domandò Kobi, ormai abituato alle stranezze di suo fratello.

— Vedo voi che salite.

— D'accordo, Patryn, ci siamo noi che saliamo, e poi che altro vedi?

— Beh, vedo le dune.

— Oh razza di rimbambosauro! — gli gridò Tya. — Ma le montagne le vedi?

— Le montagne? No, mi pare proprio di no.

Kobi ebbe un moto di delusione. Ma quanto dovevano ancora camminare?

[*Poco dopo anche Tyia e Kobi raggiungono la sommità e scorgono finalmente le montagne.*]

Tya si rivolse a Patryn.

— Ma tu, perché hai detto che le montagne non c'erano?

— Beh, io le montagne non le avevo mai viste, non sapevo che erano fatte così.

— E come credevi che fossero?

— Io pensavo che fossero come dei buchi grandi, con i sassi a punta che scendono dall'alto e da cui continua a gocciolare acqua.

— Sciocco, ma quelle sono le grotte, non le montagne!

— E con questo? Io non ho mai visto neanche le grotte...

L'effetto umoristico di questi dialoghi è affidato alla scomposizione delle frasi. Queste ultime battute di dialogo potevano essere condensate in:

Tya: — Perché hai detto che le montagne non c'erano?
Patryn. — Perché mi sono confuso con le grotte.

Chiaramente tutto l'effetto umoristico si è dileguato. Anche l'eccessiva sintesi produce effetti ridicoli:

— Perché ieri non sei venuto da me?

— Perché per strada ho incontrato un leone che voleva mangiarmi.

— Ah, ho capito. Però un'altra volta telefona.

— Ok.

Bene, stabilito che i dialoghi si devono sviluppare in modo equilibrato al tema, cerchiamo di approfondirne la natura.

Per prima cosa una breve classificazione.

I dialoghi possono essere rappresentati in quattro modi principali (ce ne sono altri che però possiamo trascurare):

1) il discorso diretto legato: è quello mimetico introdotto da una parola introduttiva che vale come etichetta (tag), "disse", "sussurrò", ecc. Ad es.:

> Giulio, entrando nell'aula d'esame, disse:
> — Che mal di pancia!

2) il discorso diretto libero è come il precedente, ma senza il tag:

> Giulio s'accinse a entrare nell'aula dell'esame.
> — Che mal di pancia!

3) il discorso indiretto legato è quello diegetico con il tag:

> Giulio, mentre stava per entrare nell'aula dell'esame, disse d'avere il mal di pancia.

4) il discorso indiretto libero: è come il precedente, ma senza tag. È una forma ambigua in cui non si comprende se le parole appartengano al narratore o al personaggio. Si tratta di una forma abbastanza moderna e vivace, ma occorre prestare attenzione alla sua potenziale ambiguità affinché non risulti fuorviante.

> Giulio s'accinse a entrare nell'aula dell'esame. Che mal di pancia!
> Aprì di colpo la porta con un gesto deciso. Cavolo, o la va o la spacca!
> In fondo che sarebbe successo? Al massimo l'avrebbero bocciato.

Come si vede, in quest'ultimo tipo di discorso sono presenti gli elementi espressivi (punti esclamativi, punti di domanda, segni di sospensione, ecc.). Vengono anche mantenute certe espressioni personali (o la va o la spacca, cavolo).

Non c'è dubbio che sia un modo efficace di riportare il discorso indiretto, ma l'ambiguità su a chi va attribuita la frase può avere delle conseguenze sull'attendibilità di ciò che viene detto.

Consideriamo questa frase:

> Marco entrò nella stanza dove cinque ragazzi fumavano spinelli. Incoscienti, non sanno che è facile passare dallo spinello all'eroina?

A chi appartiene l'opinione espressa? All'autore-narratore o al personaggio Marco? Nel primo caso il lettore può ritenere che l'autore del libro abbia opinioni intolleranti sui giovani e sugli spinelli, nel secondo caso è il personaggio a risultare intollerante e l'autore potrebbe in realtà avere un'opinione opposta.

Altro esempio:

> Adriana compose il numero di Fabio. Un individuo davvero sgradevole!

Chi ci sta informando che Fabio è una persona sgradevole? Ce lo dice il narratore e pertanto dobbiamo credergli? Oppure è un pensiero di Adriana e possiamo ritenerlo falso? (Fabio potrebbe essere una persona amabile e Adriana soltanto una donna invidiosa).

Tralasciamo i dialoghi nella forma indiretta e concentriamoci su quelli mimetici, liberi o legati. I dialoghi hanno molte funzioni, vediamo le principali.

Spezzano visivamente la compattezza della pagina.

Quando vedo tre o quattro pagine di scrittura compatta senza quei bei segnetti di dialogo, mi intimorisco. Temo che il mio pensiero sia trascinato dentro a un gorgo di parole senza poter respirare.

Comunicano il messaggio in maniera più diretta.

Considera la differenza tra "Magda disse: — Non capisco, mi sento frastornata." e "Magda non capiva e si sentiva frastornata.".

Ovviamente funzionano entrambe le frasi, ma la prima è una testimonianza diretta dell'interessata, la seconda è una dichiarazione del narratore, supposto onnisciente. Riprendendo la questione dell'attendibilità nel discorso diretto potremmo anche ritenere che Magda stia mentendo, non così nella frase del narratore. Questo per chi vorrebbe bandire il *telling* sempre e ovunque a beneficio dello *showing*, senza considerare che quest'ultima forma ha un grado di attendibilità inferiore ed è necessario ricorrere alla prima quando si desidera che il lettore sia rassicurato sulla verità dell'affermazione.

Se invece si vuole che il lettore si faccia un'idea propria sulla sincerità/attendibilità del personaggio Magda, non c'è niente di meglio che riportarne le parole dette.

Consentono di riportare le informazioni in modo più vivace e meno noioso.

Dobbiamo spiegare che Antonio per rinnovare la patente deve recarsi presso un'agenzia dove effettuare la visita oculistica; per arrivarci deve percorrere a piedi dieci chilometri, poi, prevedendo già che non gliel'avrebbero concessa senza l'obbligo di indossare occhiali con lenti speciali, doveva prepararsi a spendere una cifra spropositata… Come comportarci? Possiamo dare al lettore queste informazioni semplicemente scrivendole, ma che noia! (infodump). Molto meglio far sì che Antonio incontri un amico al bar e, tra un bicchierino e l'altro, dica tutte quelle cose.

Sono necessari quando riportano informazioni che logicamente il narratore non potrebbe conoscere.

Se sto scrivendo un libro in cui il protagonista narra in prima persona, questi non può conoscere direttamente gli stati d'animo degli altri o eventi che si stanno verificando in luoghi lontani o comunque celati alla sua percezione. Non si può scrivere:

> — Il mio amico Alfredo sentiva crescere dentro di sé un sentimento d'amore nei miei confronti...

Invece si può scrivere:

> Il mio amico Alfredo mi guardava con una luce nuova nello sguardo e io compresi che stava crescendo in lui un sentimento d'amore nei miei confronti.

In alternativa possiamo far parlare Alfredo:

— Io... io sento crescere in me un sentimento nuovo. Credo che stia cominciando ad amarti.

Questo procedimento è utile anche quando la vicenda è narrata da un narratore onnisciente, che tuttavia cerca di limitarsi il più possibile a un determinato e stabile punto di vista (ne riparleremo nella terza parte del libro).

Caratterizzano in modo più efficace e immediato i personaggi.

La persona irosa, buffa, ingenua, saggia, decisa o incerta, ecc., rivela soprattutto nei dialoghi in forma diretta i suoi difetti e le sue qualità, le quali sono colte dal lettore praticamente nel momento in cui operano. Chiaramente in questo modo il lettore si sente autore dei giudizi e non un semplice ricevente passivo delle idee altrui.

Evidenziano i rapporti tra le persone coinvolte (dominanza, sottomissione, rispetto, disprezzo, ecc.)

Non ci sono soltanto le caratteristiche proprie dei personaggi, ci sono anche rapporti che si instaurano tra loro in modo più o meno permanente. Pinocchio e il Mangiafuoco sono personaggi ben caratterizzati, uno allegro e spensierato, l'altro truce e crudelmente autoritario, eppure il dialogo tra loro fa emergere un rapporto impensabile a priori.

Sono stati scritti mirabili lavori teatrali e realizzati grandi film basati interamente sui rapporti quali si determinano attraverso i dialoghi (Il dio del massacro di Yasmina Reza, tradotto in film da Polanski, Chi ha paura di Virginia Wolf, di E. Albee, per citare solo due esempi sommi).

Contribuiscono ad aumentare il coinvolgimento del lettore nella storia.

Quando dirigevo spettacoli teatrali, ero solito spiegare ai bambini che le parole dette da un personaggio all'altro in realtà erano dette anche al pubblico. "Immaginate di parlare al pubblico", non

90

alla fata o all'orco che vi sta di fronte. Qualcosa di analogo avviene anche nella lettura. Il dialogo crea una sorta di immedesimazione come se le cose dette fossero rivolte a noi che leggiamo. Se il personaggio mente e noi lo sappiamo, ci sentiamo quasi offesi dalla bugia e ci indigniamo. Vorremmo intervenire nella storia per sconfessare il bugiardo, dirgli di smetterla di imbrogliare la povera bimba / vecchietta / cagnolino o la mamma che ti vuole tanto bene. Insomma, vorremmo parlare anche noi. La stessa scena raccontata senza dialoghi diretti non produrrebbe lo stesso effetto.

Credo che questo elenco, probabilmente incompleto, delle virtù dei dialoghi ti abbia convinto a inserirli nei tuoi lavori. L'elenco non ha però solo questo scopo; esso potrebbe rappresentare una specie di promemoria sulle funzioni che devono sviluppare i tuoi dialoghi. Se il dialogo non realizza neppure una delle positività viste sopra, allora eliminalo e sostituiscilo con la prosa normale.

Il dialogo, tuttavia, non ha solo virtù. Ci sono anche difetti che possono renderlo inefficace o addirittura disturbante. Esaminiamone i principali.

L'uso eccessivo degli stereotipi

Ritengo che sia il difetto principale, che squalifica completamente il dialogo (oltre che lo scritto in genere). L'uso stereotipo del linguaggio, le frasi fatte, i modi di dire esauriti, le metafore o le similitudini automatiche, per cui ogni donna grassa è una balena e ogni persona furba è una volpe, producono un senso di banalità. Poiché non è illogico che i nostri personaggi utilizzino nel parlare espressioni molto usate nella società in cui sono collocati, potrebbe sembrare che tali espressioni dovrebbero aggiungere, e non togliere, naturalezza allo scritto. Purtroppo, o per fortuna, non è così. L'uso di frasi standard a piene mani (ecco un modo di dire usurato) fa cadere l'interesse del lettore per il personaggio. Il lettore non comprende perché mai l'autore lo fa parlare quando non c'è niente di interessante da ascoltare. Certo, un "Santo cielo!" va bene. Non è necessario che ogni esclamazione debba essere per forza originale, ciò che non va bene è quando il numero degli stereotipi è elevato, distribuito a caso tra i personaggi o, peggio ancora, usato nei punti più intriganti o significativi della vicenda. Cerca di usare il dialogo in modo creativo (che non vuol dire bizzarro).

A un pescatore non faremo dire: "- Ho il morale sotto i tacchi" [*stereotipo*], ma neppure: "- Ho il morale che frigge in una padella" [*bizzarro, l'espressione sarebbe adatta a un cuoco*], più coerente è "- Ho il morale in fondo al mare" [*facendo riferimento a qualcosa del suo ambiente e della sua esperienza*].

Linguaggio e strutture inadeguate

Ho già trattato dei registri linguistici, anche se nei dialoghi il problema di trovare il giusto registro è fondamentale. Non possiamo far parlare realisticamente un bambino di cinque anni come un professore universitario. Ma anche frasi più semplici possono essere fuori registro.

In un romanzo, scritto molto bene e con una trama avvincente, ho trovato questa frase attribuita a una bambina di appunto cinque anni:

| — Mamma, papà sostiene che da grande sarò un'attrice famosa.

Ciò che non va in questa frase è il lessico ("sostiene"). Nessun bambino userebbe quella parola, a meno che non sia abituale in famiglia, ma allora ciò dovrebbe risultare da altre parti del racconto.

A non funzionare, però, non è solo il termine "sostiene", ma la stessa connotazione ipotetico-dubitativa che la parola suggerisce e che non rientra normalmente nella struttura intellettiva del bambino di quell'età. Si "sostiene" un'idea quando siamo consapevoli che altri potrebbero metterla in dubbio, quando esistono alternative ipoteticamente valide, quando si hanno impressioni delle quali non siamo assolutamente certi. Insomma, "sostenere" qui ha il significato di "reputare che l'affermazione contenga più verità di quanta si possa trovare in posizioni diverse".

Proviamo a sostituire il verbo "sostenere" con quello più comune "dire". Ecco che la bambina esclamerebbe:

> — Mamma, il papà dice che da grande sarò un'attrice famosa.

Molto meglio, ma anche questa frase è inadeguata. Il difetto consiste nella costruzione sintattica troppo complessa per una bambina di cinque anni; a quest'età, infatti, i bambini tendono a riportare le parole nella forma del discorso diretto.

> — Mamma, il papà ha detto: "Da grande sarai un'attrice famosa!".

Eppure anche così qualcosa stride. Ecco come il dialogo poteva essere più realistico:

> — Mamma, da grande sarò un'attrice famosa!
> — Davvero? Che bello!
> — Sì sì, l'ha detto il papà.

In quest'ultimo dialogo ho accorciato le frasi in modo che ciascuna riportasse un'informazione soltanto, cosa molto più plausibile a cinque anni. C'è anche un altro vantaggio nel procedere distribuendo le informazioni in più battute di dialogo: si può arricchire facilmente la situazione di particolari utili. Riproviamo il dialogo in questo modo:

> — Mamma, da grande sarò un'attrice famosa!
> — Ma va là, chi te l'ha detto?
> — L'ha detto il papà.
> — Lo sai, papà esagera sempre. Tu devi essere solo una bambina ubbidiente.
> — Da grande faccio l'attrice.
> — Io non so perché ti si debba mettere in mente queste cose…

Il dialogo sta facendo emergere posizioni, idee e conflitti nella famiglia. Il lettore può già intuire la presenza di sintomi di tensione che si aspetta possa crescere fino a esplodere nel seguito della narrazione.

Monologhi travestiti da dialoghi

Il monologo è un discorso all'interno del discorso più grande che è l'opera narrativa. Il dialogo presuppone l'alternanza delle persone che si esprimono e quest'alternanza può avere una frequenza più o meno elevata in rapporto alle persone coinvolte. Ascoltate le normali conversazioni di amici a un pranzo o al tavolino di un bar. A meno che non ci sia tra loro una persona estremamente logorroica o che non stia raccontando di un fatto accaduto (questo sarebbe quasi un monologo), il passaggio del discorso da una persona all'altra è abbastanza rapido.

— Ciao, dove vai, Adriano?
— Vado a casa. Sono stato dal medico.
— Perché, non stai bene?
— Mah, m'è uscito un dolore qui al fianco che non mi fa dormire la notte.
— Sarà stato uno strappo muscolare. Devi metterci sopra il ghiaccio.
— L'ho fatto. L'ho fatto. Ma è stato inutile. Ho anche preso il Baracal.
— Ah, ma quello non fa niente. Devi prendere il Fucilmin, due pastiglie e passa tutto.
— Il dottore mi ha dato queste punture…
— Fa' vedere…

Questo è un dialogo assolutamente reale, anche se ripulito da tanti "ehm", "uh", "già", "eh sì" che costellano il parlato comune. Invece non sarebbero realistici questi monologhi travestiti da dialogo.

— Ciao, dove vai Adriano?
— Vado a casa. Sono stato dal medico perché m'è uscito un dolore qui al fianco che non mi fa dormire la notte. Ho pensato a uno strappo muscolare e ci ho messo sopra il ghiaccio, ma è stato inutile. Ho anche preso il Bacaral, ma non mi ha fatto niente. Ho passato l'intera notte a massaggiarmi il fianco.
— Il Bacaral è troppo leggero. Avresti dovuto prendere il Fucilmin, una pastiglia la sera prima di dormire e una al mattino dopo. In breve passa tutto. Anch'io ho avuto dei dolori, una brutta distorsione al ginocchio che mi tormentava giorno e notte. Ho chiamato il medico che mi ha prescritto il Fucilmin. Due giorni dopo ballavo il valzer.
— Il dottore mi ha dato queste punture. Aspetta che te le faccio vedere. Speriamo che mi facciano qualcosa…

Nelle comuni conversazioni le persone s'interrompono spesso e nessuno ha la pazienza di aspettare che gli altri ci rovescino addosso tutte le informazioni dell'esempio qui sopra. Il dialogo può sbilanciarsi presentando battute di lunghezza molto diversa quando le persone hanno un livello sociale molto distante, oppure la comunicazione è di tipo informativo. Non s'interrompe di frequente il medico che ci sta spiegando che cosa abbiamo o il commercialista che ci informa sulle difficoltà di redigere la nostra dichiarazione dei redditi. Allo stesso modo un ragazzo educato non interrompe il suo professore, anche in un discorso informale colloquiale, come farebbe con un suo compagno.

Un buon modo per giudicare dell'equilibrio di un dialogo è quello di provare a recitare le parti ad alta voce. Non limitarti a leggere ad alta voce. Recita proprio, magari cambiando posizione a seconda dei personaggi che parlano. Se non senti gli squilibri in questo modo, riduci drasticamente i dialoghi nei tuoi racconti, perché probabilmente sono il tuo punto debole.

La comunicazione irreale

Questo difetto grave, che fa decadere l'intero livello dello scritto, si manifesta soprattutto quando attraverso il dialogo vuoi passare delle informazioni al lettore. Va benissimo che il protagonista abbia questo dialogo con l'impiegata di un ufficio di lavoro interinale:

— Come si chiama?
— Alessandro Nacelli
— Dove è nato?
— A Genova il 23 febbraio 1962.
— Dove abita?
— Qui a Milano, in via dei Martiri 19
— È sposato?
— Eh, no. Non ho ancora trovato qualcuna che mi volesse, Eh, eh.
— Uhm, va be'. Quali esperienze di lavoro ha avuto?
— Allora… l'ultimo lavoro non posso contarlo. Mi avevano messo alla reception dell'albergo, ma facevo confusione con le telefonate e dopo due giorni mi hanno sostituito. Il lavoro precedente però è durato di più: quasi un'intera settimana…

Questo è un dialogo che, mentre offre al lettore informazioni utili, rispetta la comunicazione, ma ora immaginiamo che il protagonista parli con sua sorella e il dialogo si svolga più o meno così:

> — Ciao Alex!
> — Perché mi chiami Alex? Io mi chiamo Alessandro Nacelli. Sono nato a Genova il 23 febbraio 1962.
> — E dove abiti?
> — Sto qui a Milano, in via dei Martiri 19.
> — Sei sposato?
> ….

Una conversazione che se fosse reale farebbe pensare che fratello e sorella non si vedessero almeno da trent'anni. Nei libri per bambini, quando l'autore scrive dialoghi che dovrebbero insegnare al bambino l'italiano o, peggio, una lingua straniera si trovano comunicazioni illogiche come queste:

> — La palla nuova è mia.
> — La palla è tua, ma la bicicletta è mia.
> — Giochiamo con la mia palla?
> — Sì, giochiamo con la tua palla sul prato.
> — Io ti lancio la palla.
> — Io prendo la palla.
> — Oh no! La palla è caduta per terra…

Avete mai sentito i bambini parlare così mentre giocano? Rimettiamo a posto il dialogo in modo che la comunicazione funzioni.

> — Hai visto la mia palla nuova?
> — Sì, io invece ho la bici.
> — Bella. Vuoi giocare con me?
> — Sì, a che cosa?
> — Possiamo giocare con la palla, se vuoi.
> — Va bene… Andiamo lì sul prato.
> — Ecco, tieni, prendila…
> — Oh, ma hai lanciato troppo corto!
> — Ah, la mia palla nuova! S'è sporcata tutta di terra!...

La confusione

Chi parla adesso?

Se il lettore si pone questa domanda, allora c'è qualcosa di sbagliato nel dialogo. Se utilizzi a lungo solo i trattini per indicare il dialogo e le frasi non sono molto caratterizzate, ben presto il lettore non sa più a chi attribuire la battuta. Le cose si fanno poi drammatiche se alla conversazione partecipano più personaggi.

In quale modo puoi evitare la confusione?

Il modo più spontaneo è quello di scrivere esplicitamente: "Luca disse: — ….", ma ben presto questo modo di procedere diventa noioso. Non si può ripetere continuamente "disse" senza ingenerare noia. Anche l'uso di termini più o meno sinonimi, come "esclamò", "aggiunse", "rispose", "recitò", "chiese", ecc. diventa rapidamente ripetitivo; ma anche evitando la ripetizione delle parole è possibile che non si eviti quella della struttura. Quest'ultima può essere variata inserendo il "disse" in vari punti della frase.

| Luca disse: — Buongiorno, come va?

| — Buongiorno – disse Luca. – Come va?

| — Buongiorno. Come va? – disse Luca.

Un sistema diverso e più simpatico è quello di far compiere al parlante qualche gesto.

| Luca si sistemò il nodo della cravatta.
| — Buongiorno, Come va?

Quest'ultimo espediente rientra nel discorso diretto libero, senza cadere nell'ambiguità. È spontaneo per il lettore attribuire la battuta all'ultima persona nominata. L'idea funziona anche meglio così:

| — Buongiorno. – Luca s'aggiustò il nodo della cravatta. – Come va?

Un modo indiretto ed efficace per indicare chi parla, se sono due persone, è inserire nella frase detta il nome di chi ascolta.

| — Buongiorno Alessandro. Come va?

Dove si chiarisce bene che a parlare è Luca e non Alessandro.

Tutte cose elementari, queste, ma ho visto tanti dialoghi incomprensibili che mi sento proprio di doverle sottolineare. Invece non voglio sprecare parole con chi scrive i dialoghi senza mettere alcun segno di interpunzione, ad esempio:

| Luca entrò nella stanza e disse buongiorno a tutti!

La frase si capisce, ma continua così per un po' e vedrai che farà il lettore del tuo scritto! Qui non siamo in presenza del discorso indiretto libero, questo è solo un modo errato di riportare il discorso diretto.

Fermiamoci qui. Sono certo che dopo aver letto queste righe sarai in grado di scrivere dialoghi bellissimi. Ovviamente scherzo, se li scrivi bene è perché lo facevi già, ma mettere a fuoco qualche problema di certo non fa male. Ti invito caldamente a scrivere anche per teatro. È un ottimo esercizio per veicolare informazioni in modo vivace sfruttando unicamente i dialoghi.

I dialoghi poi si prestano ottimamente per dar vita al teatro degli equivoci. Già Plauto li inseriva nelle sue commedie. Senza raggiungere neppure lontanamente lo stesso livello, eccoti una mia piccola composizione scritta in questa forma, giusto per divertimento.

UNA QUESTIONE DI BRACCIA

(Il signor Arturo cerca il medico Dallangelo, indicatogli da un amico, per un dolore al braccio che da qualche giorno gli fa male. Non ricorda il numero di casa del medico e quindi legge le targhette dei citofoni lungo la via. Finalmente trova una targhetta con scritto "Da l'Angelo". Più sotto c'è scritto anche "sarto", ma Arturo, convinto che si tratti del medico, non legge altro e suona al citofono. Poco dopo si trova davanti all'appartamento del sarto.)

SARTO: Prego, si accomodi. Le devo dire però che ho molto lavoro, perciò non mi metta fretta. Di che cosa ha bisogno?
ARTURO: (*indicando il braccio*) Sa, mi tira tutto qui...
SARTO: Uhm, vediamo. (*prende il metro*) Provi a piegare il braccio. (*prende le misure*) Mamma mia! Che roba! Ma chi gliel'ha fatto questo braccio?
ARTURO: Beh, ecco... È stata la mia mamma...
SARTO: I soliti dilettanti!
ARTURO: Deve comprendere. Io sono il primo figlio, e la mia mamma allora non aveva molta esperienza. Tuttavia non credevo che...

SARTO: Non credevo, non credevo... Caro signore, certe cose bisogna lasciarle fare a chi ne è capace. Adesso qui non c'è altra soluzione: il braccio è troppo lungo, si deve accorciare.

ARTURO: Accorciare! Ma... ma ne è sicuro?

SARTO: Dico, io! Vuole forse insegnarmi il mestiere? Certo che bisogna accorciare, qui e qui!

ARTURO: (*molto preoccupato*) Ahimè, che cosa mi doveva capitare! E poi, così all'improvviso!

SARTO: Eh, via! Non è poi una cosa drammatica. Vede, basta tagliare da qui a lì, lungo il braccio, poi aprire dietro la spalla e ricucire un po' più su. È un'operazione da nulla. Un attimo e mettiamo tutto a posto.

ARTURO: Un'operazione da nulla?! E... e... vuole farla ora? Così, su due piedi!

SARTO: Beh, può anche sedersi, se le va.

ARTURO: (*tra sé*) Dio mio, questo dottore mi vuol operare senza neppure ricoverarmi! In che mani sono capitato!

SARTO: Su, su, non sia nervoso. Vedrà che in dieci minuti sarà tutto finito.

ARTURO: Ma... io non sono pronto.

SARTO: Lo vedo bene. Si prepari dunque.

ARTURO: Che devo... fare?

SARTO: Si spogli, per favore.

(*Arturo si leva tutto e resta in mutande*)

SARTO: Non era necessario togliere anche i pantaloni, a me bastava la giacca. Comunque, se lei preferisce così...

ARTURO: (*tremando*) Mi affido alle sue mani! La prego, fa... faccia un buon lavoro!

SARTO: Stia tranquillo, conosco il mio mestiere. Ma perché trema tutto? Se aveva freddo poteva tenersi i pantaloni. Va beh, adesso vado a prendere i miei arnesi... (*esce*).

ARTURO: (*si mette in ginocchio e prega*) Santa Scalogna protettrice degli sfigati aiutami tu. Guarda come son ridotto! Mi devono aprire tutta la spalla! E io che credevo fosse un semplice reumatismo!

(*Entra il sarto con in mano un paio di forbicioni*)

SARTO: Ecco! Due o tre sforbiciate e rimettiamo tutto a posto.

ARTURO: Ma che fa! Vuole operare senza neppure addormentarmi?

SARTO: Questa poi! Adesso devo pure cantarle la ninna-nanna? Non sia ridicolo!

ARTURO: (*terrorizzato*) No, no! Stia lontano con quelle forbici! Assassino!

SARTO: Uffa! Sto proprio perdendo la pazienza! Ma che vuole da me? Non ho tempo da perdere, io! Se poi mi fa sbagliare, finisce che le taglio anche tutto il petto!

ARTURO: Il petto?!! Aaah! Per l'amor del cielo! Scappa, Arturo, scappa! (*Arturo fugge via in mutande*)

SARTO: Ehi, signore! I suoi vestiti! Aspetti! Ha dimenticato i suoi vestiti! I suoi... Niente. Se n'è andato. Ditemi voi se un povero sarto può lavorare in questo modo! Il prossimo cliente lo lego alla sedia appena entra!

PARTE TERZA: LA NARRATOLOGIA
CAP. 8: IL NARRATORE E IL PUNTO DI VISTA

Questa parte interessa il discorso sulle tecniche mediante le quali raccontiamo un fatto o un'intera storia. Qualunque sia lo stile dello scrittore, è bene che egli conosca almeno le principali regole di scrittura. Bisogna però dire che in questi ultimi anni le tecniche della narratologia sono andate un po' declinando e certe regole che sembravano paradigmi assoluti si sono molto ammorbidite; ciononostante molte di esse continuano a essere efficaci in tante occasioni, sia scrivendo per adulti, sia scrivendo per ragazzi o per bambini.

Non dobbiamo mai dimenticare che qui il termine "regola" non indica qualcosa di normativo (come invece tendono a essere le regole grammaticali) bensì un principio utile a ottenere certi effetti e a evitarne altri. L'autore è l'unico responsabile a stabilire quando una certa regola vada applicata e quando vada contraddetta o disattesa. Il lettore critico non dovrebbe scordare mai questo principio e farebbe bene ad astenersi dal rilevare come errori le trasgressioni volute, mentre dovrebbe limitarsi a dichiararne l'effetto, positivo o negativo, che riscontra.

L'autore e il lettore

In uno scritto le persone reali sono l'autore e il lettore, le quali di solito non hanno rapporti e neppure si conoscono. L'autore, nello scrivere un libro, di certo ha in mente un lettore medio cui rivolgersi (lettore target o lettore modello) e cerca di comporre un testo adatto a lui. Tuttavia è raro che la figura del lettore, così come l'ha immaginata l'autore, coincida esattamente con quella che s'intuisce leggendo l'opera. In altre parole, lo scritto suggerisce un certo tipo di lettore (lettore implicito) cui è destinato, indipendente da ciò che lo scrittore aveva previsto. La discrepanza può essere più o meno grande in rapporto inverso alla perspicacia e all'esperienza dell'autore. La differenza tra lettore target e lettore implicito diventa più chiara quando l'autore inesperto scrive avendo in mente un certo modello di lettore e però il suo scritto ne suggerisce un altro del tutto diverso. Un esempio dovrebbe esplicare sufficientemente bene.

Se uno scrittore desidera scrivere un testo di avventura per bambine di sette anni e comincia come nell'esempio qui sotto, tutti capiscono che qualcosa non va.

> Il capitano s'appoggiò alla paratia del gavone di prora e si tolse il berretto, lasciando che il vento gli scompigliasse i capelli. Cupi pensieri gli affollavano la mente e una profonda tristezza gravava sul suo animo. Quale sarebbe stata la sorte della filibusta, ora che inglesi, olandesi e spagnoli avevano firmato un accordo? Che ne sarebbe stato dei suoi marinai, abituati ad assaltare navi e a scorrazzare liberi per i mari? Per loro non c'erano alternative: o ritirarsi in qualche villaggio a invecchiare, poveri e malandati nel corpo, oppure, i più giovani, a inseguire la strada feroce e incerta della pirateria.

Si comprende immediatamente che quello scrittore sta sbagliando storia e discorso, certamente non adatti a bambine di quell'età. Ma se vogliamo essere più precisi, possiamo dire che il lettore target che ha immaginato l'autore è una normale bambina di sette anni, ma il lettore implicito, quale si delinea dalla lettura del testo, è un adulto che ama racconti marinareschi e di avventura. Qui tra lettore target e lettore implicito c'è una tale distanza per cui possiamo prevedere il fallimento del libro come opera per l'infanzia (ciò non esclude che possa incontrare un grande successo di pubblico adulto, ma questa è altra questione).

In realtà anche il lettore si crea l'immagine di un autore che difficilmente coincide con quello reale. Dapprima, nel momento in cui va a scegliere un libro di un certo autore, si aspetta che questi scriva certe cose e non altre, le scriva in un certo stile e non in un altro, insomma, si crea l'idea di un autore modello. Ma il testo evidenzierà anche un autore implicito che è quello che scaturisce dall'opera e non è creato a priori dalle aspettative del lettore. Quando si crea una distanza tra autore modello e autore implicito, il lettore resta sempre sorpreso, piacevolmente o spiacevolmente, ma in ogni caso deve calarsi in una proposta di lettura per lui nuova.

Per esemplificare, se cerco un libro per bambini so che scegliendo Gianni Rodari troverò storie originali, fiabe moderne, dove gli eventi fantastici si producono nell'ambiente quotidiano del bambino odierno e anche i personaggi saranno tratti da quell'ambiente, troverò poesia e surrealismo. Gianni Rodari è nella mia mente un certo autore modello, con determinate caratteristiche. Ecco però che se mi capita di leggere *Piccoli vagabondi*, mi trovo un autore che non riconosco: realistico, triste, dai racconti duri, collocati nell'immediato dopoguerra con tre ragazzi che attraversano un'Italia devastata. L'autore implicito qui è ben diverso dalla *Torta in cielo* o *Le favole a rovescio*. Forse *Piccoli vagabondi* non è un brutto libro, ma la prima volta che lo lessi non riuscii ad accettarlo; il mio autore modello non corrispondeva all'autore che emergeva da queste pagine. Eppure nel vero Rodari ci sono varie nature, c'è l'autore della *Torta in cielo* e c'è l'autore dei *Piccoli vagabondi*, ma l'autore reale non conta, una volta che ha scritto la sua opera egli si ritira nell'indistinto e potrebbe anche, come nel caso di Omero, non essere neppure esistito.

In un'opera di narrativa (ma non solo) tra autore e lettore s'inserisce sempre un'altra figura virtuale di grande importanza, che andiamo ora a considerare.

Il narratore

Il narratore è il soggetto attivo della narrazione e risponde alla domanda "Chi parla?".

In ogni vicenda raccontata c'è qualcuno, talvolta reale, ma più spesso fittizio, che la racconta: il narratore. Questo termine, in uno scritto, non indica né l'autore (reale o implicito) del racconto né una persona fisica che legga ad alta voce, bensì si tratta di un personaggio narrante quale si determina nel racconto stesso. Si deve considerare, pertanto, un personaggio fittizio che il lettore ricava per la maggior parte dal modo in cui sono trattati i verbi e dalle informazioni che gli sono date.

Mi spiego meglio. Nel racconto orale, come quello che il bambino può fare alla mamma al rientro da scuola, il narratore è il bambino, una persona reale, in carne e ossa, come si dice di solito.

Nel libro, invece, il narratore è un prodotto dello scrittore implicito che comunica suo tramite a un destinatario (tecnicamente: al narratario). Come vedremo, questo narratore può proporsi in vari modi: come un personaggio presente agli eventi (testimone o protagonista), oppure un personaggio che riferisce di cose lontane, sapute da altri, può essere una voce fuori campo, come una telecamera oggettiva che si limita a mostrare gli eventi, può essere una specie di dio onnisciente che sa tutto e può penetrare nella mente dei personaggi e coglierne pensieri e stati d'animo...

La narratologia classica propone la seguente classificazione del narratore (tra parentesi in corsivo le parolacce tecniche):

Narratore interno:

a) testimone (*narratore allodiegetico*)

b) protagonista (*narratore autodiegetico*)

Narratore esterno (narratore eterodiegetico).

Nel corso di un'opera di narrativa, soprattutto se di una certa dimensione, come un racconto lungo o un romanzo, il narratore può cambiare, ma queste variazioni sono sempre in rapporto con il narratore principale. Un piccolo esempio spiega meglio di tante parole.

> Quella mattina mi alzai molto tardi, ancora intontito dai bagordi della festa. Quando scesi le scale, tutto imbambolato, incontrai la portinaia che ci dava dentro a lustrare il corrimano. La donna, straccio in mano, mi aggredì subito con una delle sue interminabili storie. Mi raccontò che al mercato l'avevano imbrogliata. S'era recata alla solita bancarella, ma non aveva trovato il titolare, il signor Bruno, bensì sua moglie Cesira. Allora era andata più avanti dove...

Il racconto primario è raccontato dallo stesso protagonista che dunque si pone come narratore interno e usa la prima persona, ma quando riferisce la vicenda della portinaia egli si fa narratore esterno e usa la terza persona. Questo cambio è comunissimo e del tutto corretto, mentre non lo sarebbe se nel corso dell'opera mutasse più volte il narratore a livello del racconto primario. Tutto è sempre possibile nella letteratura, ma normalmente non accetteremmo un romanzo unitario in cui un capitolo è narrato dal protagonista, l'altro da un testimone e in un altro ancora a narrare è una voce fuori campo. Un procedimento di questo genere si può attuare in una raccolta di racconti indipendenti e scritti da autori diversi, ma già in raccolte di racconti dello stesso autore ciò potrebbe risultare abbastanza fastidioso, se poi ciò avvenisse in una storia unitaria si otterrebbe una tale frammentazione di episodi narrativi da sconcertare il lettore.

Diamo un'occhiata più da vicino alle varie posizioni del narratore.

Narratore interno testimone

Un esempio celebre è quello della novella pirandelliana *Il treno ha fischiato*, in cui il narratore è un vicino di casa del protagonista Belluca.

Non avevo veduto mai un uomo vivere come Belluca.

Ero suo vicino di casa, e non io soltanto, ma tutti gli altri inquilini della casa si domandavano con me come mai quell'uomo potesse resistere in quelle condizioni di vita.

Aveva con sé tre cieche, la moglie, la suocera e la sorella della suocera: queste due, vecchissime, per cataratta; l'altra, la moglie, senza cataratta, cieca fissa; palpebre murate.

Tutt'e tre volevano esser servite. Strillavano dalla mattina alla sera perché nessuno le serviva. Le due figliuole vedove, raccolte in casa dopo la morte dei mariti, l'una con quattro, l'altra con tre figliuoli, non avevano mai né tempo né voglia da badare ad esse; se mai, porgevano qualche aiuto alla madre soltanto.

Con lo scarso provento del suo impieguccio di computista poteva Belluca dar da mangiare a tutte quelle bocche? Si procurava altro lavoro per la sera, in casa: carte da ricopiare. E ricopiava tra gli strilli indiavolati di quelle cinque donne e di quei sette ragazzi finché essi, tutt'e dodici, non trovavan posto nei tre soli letti della casa.

Altre opere famose di narratore testimone sono i racconti di Sherlock Holmes, in cui il narratore è l'amico medico Watson, o anche *Il Nome della rosa* in cui Adso ottantenne racconta una vicenda in cui il protagonista è Guglielmo da Baskerville, suo maestro.

Che vantaggio c'è ad usare un narratore testimone?

Io penso che questo tipo di narratore sia un'ottima scelta quando si desidera presentare un protagonista in maniera coinvolgente senza assumerne i panni. Ciò può avvenire per due ragioni:

1. Il protagonista è malvagio o squilibrato (come Belluca nel racconto di Pirandello), e di solito si evita che il narratore sia persona di questo genere, poco affidabile o sgradita al lettore.

2. Il protagonista è persona di grande ingegno, coraggio, abilità, ecc. e si vogliono mettere in luce queste qualità senza apparire immodesti, come avverrebbe se a narrare fosse il protagonista stesso. (Questo è il caso di Sherlock Holmes o di Guglielmo da Baskeville).

Tutto ciò in linea di massima. Nulla vieta che l'io narrante sia impersonato da un bieco e crudele assassino, mirando più all'effetto shock che all'immedesimazione del lettore; pensiamo a *Lolita*, dove l'io narrante è un complessato pedofilo, convinto d'avere buone giustificazioni ai suoi turpi progetti. Come si vede, i capolavori scaturiscono spesso dalla trasgressione delle regole, più che dalla loro cieca obbedienza. In letteratura si può fare ogni cosa, purché si sappia ciò che si fa e se ne abbia l'abilità sufficiente a farlo bene.

Solitamente il narratore testimone utilizza solo sporadicamente l'io narrante, lo fa solo quando si mette in scena, per la maggior parte del testo usa la terza persona, poiché racconta le vicende di altri.

Il narratore interno protagonista

A differenza della situazione precedente, qui il narratore utilizza l'io narrante per l'intero scritto, mentre riserva la terza persona solo se deve riportare vicende capitate ad altri, come abbiamo visto nell'esempio della portinaia. Vi sono tuttavia delle eccezioni, la più celebre è quella di *Le mille luci di New York*, di J. McInerney, in cui il protagonista si riferisce a se stesso mediante il tu (tu vai, tu fai, ecc.). Ancora più raro è il caso in cui il protagonista si riferisce a se stesso usando la terza persona e, invece di usare il pronome "io", impiega il suo nome. Non mi vengono in mente intere opere trattate in quest'ultimo modo, tuttavia nei gialli di Agatha Christie, quando l'ispettore Poirot racconta di sé ad altri personaggi, lo fa in terza persona riferendosi a se stesso con il nome (Ad es. "Poirot ascoltò il testimone e poi disse: - Egregio signore, lei è stato molto accurato nella deposizione, ma Poirot non si lascia ingannare tanto facilmente").

Trovare esempi con l'io narrante è facilissimo. I libri gialli usano spesso questa forma per assecondare l'immedesimazione del lettore nell'investigatore. Anche i libri che intendono raccontare fatti straordinari cercando di dar loro l'aspetto di realtà usano di frequente l'io narrante. La Divina Commedia stessa è scritta appunto con l'io narrante.

"Nel mezzo del cammin di nostra vita mi ritrovai…"

Che vantaggi offre l'io narrante?

Ne offre molti, ma in assoluto il principale consiste nel rendere più convincente il resoconto degli stati interiori (sensazioni, sentimenti, pensieri, atteggiamenti, giudizi, ecc.). Siamo più disposti a credere a ciò che prova una persona se è lei stessa che ce lo racconta. Utilizzando l'io narrante lo scrittore non ha bisogno di dover continuamente oggettivare gli stati d'animo con elementi visivi. Dante può scrivere:

> Ahi quanto a dir qual era è cosa dura
> esta selva selvaggia e aspra e forte
> che nel pensier rinova la paura!

Non ha alcun bisogno di descrivere con dati oggettivi la sua stessa paura (il volto pallido, i tremori del corpo, la bocca asciutta, ecc.).

Un altro vantaggio è quello di mettere il lettore a conoscenza solo di ciò che il protagonista sa, questa limitazione favorisce moltissimo l'identificazione del lettore nel personaggio (vedi appunto i romanzi gialli).

L'uso del tu, come nel citato *Le mille luci di New York*, è abbastanza frequente nel linguaggio parlato e ha anch'esso lo scopo di spingere all'identificazione del lettore con il narratore, ma lo fa in modo quasi brutale (troppo per i miei gusti).

Spesso tuttavia si racconta agli amici usando il tu:

> Tu entri dalla porta principale e vedi un individuo che ti viene subito incontro con aria minacciosa. Cerchi di mostrare indifferenza, però ti assicuro, quello ha una faccia che ti fa tremar le gambe dalla paura...

Un esempio tratto da *Le mille luci di New York*:

> Da piccolo, avevi il sospetto che tutti gli altri conoscessero un segreto fondamentale del quale tu venivi tenuto all'oscuro. Gli altri sembravano sempre sapere quello che stavano facendo. Questa convinzione era aumentata con l'aumentare del numero di scuole che eri stato costretto a frequentare. I trasferimenti annuali di tuo padre facevano di te l'eterno bambino nuovo.

Il narratore esterno

Qui è bene sgombrare il campo da un possibile equivoco. Nel mio libro *Il Sacro Perno* esiste un prologo per cui a narrare le vicende del romanzo sarebbe Ului, un vecchio rappresentante della razza dei Silvani, ultimo sopravvissuto. Sempre Ului chiude il libro con una conclusione. Sia nel prologo sia nella conclusione, Ului usa l'io narrante, nel resto del libro però il racconto è in terza persona e Ului non compare nella storia (che per sua stessa dichiarazione è avvenuta molti anni prima e quindi non poteva essere presente).

Come considerare Ului? Un io narrante esterno? Un testimone esterno e distante nel tempo?

Sono questioni mal poste. Ului e il suo narrare rappresentano la cornice entro cui è inserito il vero romanzo. Quella cornice mi era necessaria per fornire inizialmente al lettore informazioni preliminari e per dare nella conclusione un finale che non poteva rientrare nel tempo del racconto. Il vero romanzo dunque si sviluppa tra prologo e conclusione e utilizza ovunque la terza persona del narratore esterno.

Non sto a riportare esempi di narratore esterno, che si trovano ovunque, chiediamoci invece quale sia il vantaggio di assumere un narratore esterno nel proprio racconto.

Come nel caso precedente i vantaggi sono vari, ma a mio avviso il più importante è il senso di oggettività del racconto che si desidera trasmettere. Se l'io narrante rendeva più credibile e attendibile il mondo interiore, il narratore esterno rende più credibile e attendibile il mondo della realtà fisica, non filtrata e colorata dagli occhi del protagonista. Questa è la ragione principale per cui con il narratore esterno è importante oggettivare gli stati d'animo attraverso la descrizione dei comportamenti visibili, giacché questi ultimi sono in questo caso più affidabili delle vicende interiori.

Altri vantaggi importanti verranno discussi quando affronteremo tra poco la questione del punto di vista narrativo.

A conclusione di questa parte desidero far notare come nei libri per bambini inferiori a 7-8 anni, la scelta del tipo di narratore è determinata, più che dalla prevalenza di oggettività (mondo esteriore) o di soggettività (mondo interiore), dal tipo di storia che si desidera raccontare.

La fiaba richiede senza eccezioni un narratore esterno che parli in terza persona. Ugualmente ci si comporta nelle storie fantastiche o di avventura. Nelle vicende quotidiane si preferisce invece l'io narrante o anche, cosa che sarebbe bizzarra nella narrativa adulta, la seconda persona.

Una fiaba, lo sanno tutti, comincia con: "C'era una volta un Re che…", dichiarando subito l'impersonalità della narrazione, effettuata da qualcuno esterno alla vicenda. Questo procedimento è sensato, poiché la fiaba deve fornire subito la suggestione di un tempo lontano e indeterminato, pertanto anche il narratore dev'essere tale.

E se qualche volta capita che esista un personaggio esplicito che narra la storia, essa poi si sviluppa per strade proprie. Tale narratore che (come Ului in *Il Sacro Perno,* o Sherazade nelle *Mille e una notte*) rappresenta solo la cornice della narrazione vera e propria, equivale a una sorta di "lettore ad alta voce" della fiaba.

Le storie di avventura o di fantasia hanno andamenti simili a quelli delle fiabe, da cui normalmente differiscono solo per personaggi e vicende meno tipizzati.

Nelle storie di vita reale, soprattutto quelle destinate ai bambini piccoli, osserviamo il frequente uso dell'io narrante. Ecco come può iniziare uno di questi libretti:

> Ciao, io sono Marcello e sono un bambino di cinque anni. Ti presento papà e mamma...

A differenza della narrativa per adulti, l'uso del tu con i bambini piccoli è frequente. Non è raro trovare libretti che iniziano così:

> La finestra dà sul cortile della scuola. Guarda, ci sono i bimbi che giocano. Vuoi andare anche tu a giocare con loro? Ecco, ti metti il cappottino perché è inverno e fa freddo. Ora t'infili gli scarponcini e vai alla porta. La mamma ti dice: - Hai messo la sciarpa?

Questo uso del tu serve all'autore per interloquire con il bambino, rendendo la narrazione più partecipata.

Un mix di questi sistemi si ritrova nei miei libretti della serie "Entra nella storia". La narrazione è in terza persona, condotta da un narratore esterno, tuttavia in certi momenti c'è l'identificazione esplicita del personaggio con il bambino e i verbi passano alla seconda persona. Ecco un breve esempio tratto da *Il folletto dell'est*:

> Comunque questa volta Gustavo sbagliava. Infatti quando si fu avvicinato...
> *(Attento perché ora entri in scena tu)*
> Quando si fu avvicinato, vide che si trattava di un simpatico folletto, con un buffo berretto in testa.
> *(Quel folletto sei tu, piccolo lettore. Sì, proprio tu che stai leggendo questa pagina. E se adesso non ti disegni e non scrivi il tuo nome non possiamo andare avanti con la storia).*

Le vicende del folletto e del principe Gustavo sono narrate in terza persona, ma poiché il folletto rappresenta dichiaratamente il bambino, alcune azioni sono effettuate da quest'ultimo. Qui le frasi passano al "tu".

Questo procedimento è ancora più esplicito nel racconto della stessa collana *L'isola Rapicella*, in cui il bambino interpreta la parte di un turista e deve intervenire concretamente nella storia con i suoi disegni:

> Bene, ora che sai quasi tutto, prendi una barchetta e naviga verso l'isola Rapicella.
> Disegnati qui sotto a bordo di una barca.
> Sul molo ci sono tutti i rapicesi ad aspettarti. Non hanno mai visto un turista e sono curiosi di vedere come è fatto.
> – Ciao a tutti! – esclami tu appena sceso dalla barca. – Io mi chiamo (*scrivi il tuo nome*) …

Il punto di vista

Il punto di vista, o focalizzazione, identifica il soggetto della percezione e risponde alla domanda "Chi vede?".

L'espressione "il punto di vista" è un francesismo che gli italiani utilizzano abbastanza spesso nella lingua parlata e che non dovrebbe entrare nello scritto, fatto salvo quando si vogliano riportare le parole dette, oppure c'è effettivamente una posizione da cui si può "vedere". Sono tollerabili frasi come: "dal punto di vista del bambino…", "dal punto di vista dell'uomo della strada", mentre non suonano bene frasi come "dal punto di vista dell'alimentazione i salumi sono da consumare con parsimonia", oppure: "dal punto di vista dell'informazione la radio è meglio della televisione". Nelle prime due frasi c'è l'idea della prospettiva da cui si guarda una cosa, mentre ciò manca nelle seconde, che esprimono piuttosto i campi in cui si colloca il giudizio (l'alimentazione, l'informazione).

Nella narratologia il termine "punto di vista" è derivato dagli studi sulla prospettiva e quindi è usato in un senso appropriato all'idea di "guardare", "vedere". In sostanza il punto di vista è la collocazione da cui un soggetto osserva gli eventi, quelli che il narratore s'incarica di raccontare. Talvolta questi due soggetti, chi vede e chi parla coincidono, e talvolta sono distinti. Quando un narratore, che può essere più o meno identificato, riporta solo ciò che percepisce un personaggio, il punto di vista è quello del personaggio, che tuttavia non è il narratore. Al contrario quando il narratore narra in prima persona ciò che sperimenta, narratore e punto di vista coincidono. Il rapporto tra "chi vede" e "chi parla" crea una serie di combinatoria narrativa di grande interesse, ed è quello che esamineremo entro breve.

Chiaramente, assumendo un certo punto di vista piuttosto che un altro, si vedono alcune cose e ne restano nascoste altre, questo fatto (elementare) ha una grande importanza per chi scrive di narrativa e gli "errori" derivanti da un uso sbagliato del punto di vista sono frequentissimi.

Quanti tra gli aspiranti scrittori accetterebbero come corretta questa frase?

> Adriana mi si avvicinò. Stava pensando che io non ero il suo tipo e la cosa m'infastidì.

Molti, temo. Se osservo gli eventi ponendomi all'interno di un personaggio, posso vedere e conoscere solo ciò che vede e conosce il personaggio. Nella frase qui sopra, l'io che narra non può percepire direttamente i pensieri di un'altra persona, per conoscerli è necessario che questa li espliciti o mostri segni rivelatori. La frase sarebbe stata corretta se fosse stata scritta così:

> Adriana mi si avvicinò. Dall'espressione distratta del suo volto capii che non mi giudicava il suo tipo e ciò m'infastidì.

La frase adesso va bene perché c'è un dato osservabile da cui il narratore deduce la scarsità d'interesse della donna: l'espressione distratta. Possiamo dire, a differenza della frase errata, che qui tra il "chi vede e che cosa vede" da una parte e il "chi parla e che cosa conosce" dall'altra non c'è contraddizione. In altre parole si potrebbe affermare che la prima frase è errata perché la focalizzazione impiegata non si adatta al narratore (solo Adriana o un narratore onnisciente può focalizzarsi sul suo pensiero, non colui che corrisponde all'io narrante).

A rigore anche queste frasi sono dubbie.

> Adriana mi si avvicinò. Aveva paura. [non puoi vedere la paura, ma solo gli effetti].

Oppure:

> Entrai nella stanza e furono tutti felici di vedermi [non puoi sentire o vedere la felicità degli altri].

Queste ultime due sono frasi dubbie, ma tollerabili purché non ce ne siano troppe nello scritto. In entrambe la parte "visibile" della scena è sottintesa, ma facilmente immaginabile. Le manifestazioni della paura sono molto note e così pure quelle della gioia, non c'è bisogno di insistere ogni volta sui dati oggettivi, direttamente osservabili, per informare il lettore della paura di Adriana o della felicità degli astanti. In questo caso, nonostante le proteste di alcuni integralisti della focalizzazione, si può usare il *telling* invece dello *showing*. Al contrario pensieri, opinioni, giudizi, ecc. non hanno manifestazioni tanto evidenti e laddove esistono indizi esteriori della loro natura, è meglio che tali indizi siano esplicitati:

> Dal modo in cui corrucciava la fronte, capii che la sua mente stava affrontando oscuri e angosciosi problemi.

> Lo guardò con uno sguardo cupo, in cui si poteva leggere tutto il disprezzo che Fabio provava per quella persona.

Chiarita la natura del punto di vista, passiamo a esaminarne le diverse possibilità, avvertendo che qui il termine "interno" o "esterno" non si riferisce alla storia, come è avvenuto trattando del narratore, ma all'origine della prospettiva , che può essere dentro o fuori il personaggio. Se scrivo:

> Egli era molto infastidito da tanto spreco.

il punto di vista è dentro il personaggio e in tal modo può esserne colto il suo "fastidio".

Invece:

| Egli storse la bocca di fronte a tanto spreco.

Il punto di vista è esterno e mentre lo storcere la bocca è un segno visibile, il fastidio è solo desunto.

Passiamo a vedere vari punti di vista considerandoli nel rapporto con il narratore.

Il punto di vista interno limitato

Quasi sempre questa focalizzazione corrisponde a un io narrante (ma non è sempre così, anche una narrazione in terza persona può adottare una prospettiva interamente centrata nel personaggio, tuttavia in tal caso preferisco parlare di *punto di vista esterno limitato*). Comunque sia il narratore sa esattamente quello che percepisce il personaggio.

Consideriamo queste due frasi:

| Mi sento male

e

| Diego si sente male

Nella prima un io narrante (che per sua natura ha un punto di vista interno) riporta una propria percezione.

Nella seconda frase pare che ci sia un qualcuno (il narratore esterno) che penetra all'interno delle sensazioni di Diego e coglie il suo sentirsi male. Se questo narratore esterno restasse sempre incollato a Diego, avremmo un effetto simile all'io narrante per ciò che concerne i contenuti d'informazione (focalizzazione interna), ma verremmo a perdere il senso di soggettività del discorso e (come vedremo) cambierebbe anche il rapporto identificazione – coinvolgimento del lettore. Per tale ragione preferisco non trattare le due situazioni nello stesso paragrafo.

Se desideriamo che il nostro lettore si identifichi in un personaggio, ne viva le vicende, provi in una certa misura gioia o tristezza quando il personaggio è allegro o triste, allora bisogna farlo entrare dentro di lui e fargli assumere un punto di vista limitato alla visione che il personaggio può ragionevolmente avere. In questo modo il lettore conoscerà soltanto le cose che conosce il personaggio, vedrà le stesse cose, conoscerà i suoi pensieri e le sue emozioni, ma nulla saprà di ciò che non è presente ai suoi occhi e alle sue orecchie. Il punto di vista interno in un racconto è dunque come stare dentro la testa del personaggio, vedere come vedono i suoi occhi e percepire i pensieri e gli stati d'animo del suo intimo. Il lettore è spinto in questo caso a immedesimarsi nel personaggio e condividerne valori e giudizi. (Come vedremo, con un narratore esterno non sarà la stessa cosa).

Utilizzando un punto di vista interno (con l'io narrante, ma anche se si scrive in terza persona) bisogna che lo scrittore stia attento a evitare certi errori di prospettiva.

Dovrà badare a non descrivere mai situazioni in cui il personaggio non è presente, riportare solo quello che sente effettivamente, nessun pensiero degli altri, nessuna sensazione o emozione che non sia quella del personaggio stesso, nessuna informazione che non abbia logicamente il personaggio (il suo nome, dove abita)… Insomma, tu scrittore devi calarti dentro di lui e vivere attraverso di lui gli eventi cui partecipa. Il lettore, dopo qualche pagina, capisce il gioco e anch'egli, se gli va, penetra nel personaggio che gli hai proposto e vive nell'immaginazione la stessa vita che la tua fantasia ha vissuto nel momento in cui scrivevi.

Il vantaggio di assumere un punto di vista limitato interno è evidente: lo scrittore, oltre che a stimolare una maggiore immedesimazione del lettore nel protagonista, può creare un'opera molto più introspettiva di quanto potrebbe fare altrimenti. Ma c'è anche un altro grande vantaggio: la storia potrebbe narrare eventi del tutto comuni, ma resi interessanti dalla psicologia del protagonista. Immagina che cosa potrebbe essere un normale viaggio in treno per un vecchio che ha vissuto la devastante esperienza della deportazione in un campo di concentramento; tutto diventa motivo di ricordo angoscioso: il vagone, gli stridi delle ruote, le grida intorno, il tonfo delle portiere...

Un esempio mirabile (ma ne esistono tanti) di narratore limitato interno è *Lolita* di Nabokov. Pensa se il romanzo fosse stato scritto in terza persona; il professor Humbert non sarebbe stato altro che un pedofilo sporcaccione e la storia soltanto una vicenda squallida.

Il punto di vista limitato interno presenta anche rischi non da poco. Esaminiamone rapidamente i principali.

Appesantimento:

Considerate le possibilità introspettive offerte dal punto di vista interno c'è il rischio di esagerare con pensieri e stati d'animo al punto di scordare la vicenda. La narrazione si fa pesante ed eccessivamente statica, tanto da annoiare il lettore. È il classico caso in cui dopo una ventina di pagine il lettore si chiede: "Ma qui non succede nulla?". Oppure si arzigogola in ricercate finezze psicologiche che fanno smarrire il lettore in un labirinto di inutili complicazioni:

> Voglio andare alla partita, ma so che a Rosanna non piacerebbe. Tuttavia anche lei ieri sera è andata al club femminile ben sapendo che io avrei desiderato che fossimo rimasti insieme. Non voglio esagerare. Riconosco che sia giusto avere un po' di vita propria, perché sono convinto che in una relazione tra innamorati ciò aiuta a rinsaldare il rapporto. Ma in questo caso ho ragione di voler andare alla partita? Una parte di me lo afferma e un'altra parte lo nega. Ma forse sto solo cercando scuse per mettere a tacere il mio senso di colpa? Io non voglio che Rosanna si irriti, ma alla fine rifletto che se si dovesse irritare peggio per lei. No?... ecc. ecc. ecc.

Distacco:

Se il personaggio presenta caratteristiche rifiutate dal lettore e noi scrittori glielo imponiamo con l'io narrante, è probabile che la stessa lettura risulti sgradevole. Con un protagonista brutale, abietto, cattivo o folle al punto da disgustare il lettore, la narrazione in prima persona potrebbe essere percepita come una forzatura inaccettabile.

Anche la differenza di etnia, di età, di cultura e di sesso possono creare situazioni disturbanti che sarebbero attenuate con una narrazione in terza persona (ovviamente la situazione è diversa in opere autobiografiche).

Scrivendo per bambini sono soprattutto le età e i ruoli che ostacolano l'immedesimazione: il bambino possiede una scarsa capacità di sentirsi diverso da quello che è e di assumere le vesti di altri. Così una fiaba con l'io narrante risulterà strana e non ben accetta se quell'io è, mettiamo, un orco, una strega, un vecchio o anche solo una persona di sesso diverso.

Estraneità:

Questo problema riguarda lo scrittore. È difficile usare l'io narrante assumendo un personaggio molto diverso da se stessi. Per uno scrittore maschio è arduo calarsi nella parte di una femmina utilizzando con l'io narrante un punto di vista interno e la medesima cosa vale per una donna nei confronti di un uomo. Quando si scrive per bambini si riesce abbastanza bene a interpretare un personaggio infantile sia perché tutti noi abbiamo avuto esperienza del nostro stato di bambini, sia perché il mondo infantile è più elementare e più facilmente interpretabile (pensieri, emozioni, desideri e paure mancano della complessità che caratterizza l'animo adulto).

Invece è praticamente impossibile usare l'io narrante per un personaggio animale (supposto pensante), desiderando che sia un vero animale e non la mera proiezione di un uomo. Nemmeno un grande scrittore come Kipling si è sentito capace di una simile impresa e i suoi racconti, quelli più vicini al mondo animale, sono scritti in terza persona, sebbene lo sforzo di "entrare nell'animale" di questo autore siano notevoli. Con i bambini non sussistono difficoltà perché gli animali delle storie infantili sono in genere molto umanizzati e si tratta molto più di bambini travestiti che di veri animali.

Dissenso:

L'impiego dell'io narrante offre allo scrittore l'opportunità di motivare le azioni del personaggio dall'interno. Per questa ragione il lettore desidera che le azioni del personaggio siano motivate in modo convincente, se non proprio condivisibile. Tutti noi compiamo atti che derivano da una qualche nostra ragione, più o meno valida, e ci aspettiamo che lo stesso valga per gli altri. Ma quando l'uso del punto di vista interno ci ha spinti dentro la mente del personaggio, facendola diventare in qualche modo la "nostra mente", il problema delle motivazioni diventa decisivo per accettare o rifiutare un racconto.

Nella vita reale noi cerchiamo di interpretare le ragioni che spingono gli altri a compiere determinate azioni e siamo consapevoli che, non potendo conoscerle dall'interno, possiamo sbagliare o non capirle proprio, eppure, ciononostante, accettarle. Ma se per magia qualcuno potesse farci entrare nella mente di queste persone, ecco che potremmo conoscere la vere motivazioni degli atti e allora ci sentiremmo più sicuri nel giudicarli. Questa è proprio la situazione del lettore quando lo scrittore sceglie il punto di vista interno limitato; se lo scrittore, dopo averlo reso partecipe del vissuto interiore, non fornisce le motivazioni degli atti del personaggio o sono poco convincenti, l'incantesimo si rompe e non funziona più. La stessa cosa avviene se le motivazioni sono ridicole, non condivisibili o senza un vero rapporto con i comportamenti.

Possiamo accettare di immedesimarci anche in un assassino se questi riesce a motivarci il suo atto:

> Aveva sterminato la mia famiglia e da quel momento vissi ogni giorno pensando a quale orribile morte gli potessi procurare.

Invece non funzionerebbe:

> Mi piace uccidere e causare grandi sofferenze agli altri. Le mie vittime devono essere innocenti e pure: madri di famiglia, bambini inermi, impiegati contenti del loro tran-tran. Cerco persone amate, desiderabili e apprezzate, così che la loro morte causi più sofferenza in parenti e amici...

Un avvio di questo genere forse può incuriosire il lettore, e comunque per breve tempo, perché ben presto la crudeltà fine a se stessa verrà rifiutata.

Chiarisco meglio: quando si narra in terza persona, non si chiede al lettore di impersonare qualcuno e la vicenda può essere letta senza un eccessivo coinvolgimento emotivo. Il malvagio (estraneo a me), dopotutto, sarà punito e ciò soddisferà il mio senso di giustizia. Ma se il malvagio narra in prima persona deve trovare il modo di farsi accettare dal lettore motivando efficacemente la sua malvagità, al contrario non potrà scattare il processo di identificazione (il transfert, per chi ama i termini più tecnici).

Il punto di vista interno illimitato

Può un narratore avere un punto di vista interno a un solo personaggio e nello stesso tempo sapere più di quello che il personaggio sa?

In effetti ciò è possibile se il narratore protagonista, che racconta utilizzando l'io, narra di eventi avvenuti tempo prima. Se egli usa un flashback e ricorda quando anni prima si era recato in una sala gioco e aveva puntato sul numero 23, nel momento in cui racconta egli sa come andò la giocata e potrebbe descrivere la scena in questo modo:

> La prima volta che entrai in una sala da gioco non potevo immaginare certo che ne sarei uscito con una grossa vincita in tasca, e che nello stesso tempo sarebbe stata la mia rovina. Ero giunto in quel luogo maledetto incoraggiato da amici. "Vieni, vedrai che ti diverti" avevano detto e io ci avevo creduto. Avevo solo vent'anni e le sale grandi, con i pavimenti lustri e le luci ammiccanti ai tavoli da gioco mi intimidivano. Io mi avvicinai titubante a uno di essi e allungai la mia fiche a coprire il numero venti, i miei anni. Forse fanno tutti così la prima volta...

Qui il narratore sa già e anticipa (che poi è quello che conta) ciò che avvenne in seguito: uscì il suo numero e vinse, poi vinse ancora, uscì con un bel gruzzolo, ma intanto aveva preso il vizio del gioco.

Chiaramente questo io narrante, rivelando il futuro, si descrive al lettore come narratore onnisciente, che non ha limiti al suo sapere. Per la verità, anche con un narratore interno onnisciente, diventa difficile se non contraddittorio abbandonare la propria prospettiva ed entrare nella mente di altri soggetti. Ad esempio, proseguendo il precedente racconto:

> Quando uscì il numero che avevo puntato i miei amici fecero festa con me, ma nel loro intimo erano invidiosi e non vedevano l'ora che io perdessi nuovamente tutto. così mi spinsero a giocare e a giocare...

Da una considerazione basata su criteri puramente logici, il fatto che il protagonista, nel momento in cui racconta, conosca quali fossero le intenzioni degli amici nel momento in cui uscì il numero si giustifica immaginando che in un tempo successivo siano stati gli amici stessi a raccontare ciò che provavano quel giorno. L'ellissi di eventi non è cosa rara nella narrativa, tuttavia questo modo di scrivere risulta alquanto farraginoso.

Nella letteratura per bambini si trova abbastanza spesso l'anticipazione di eventi (prolessi), certamente di più che non in quella per adulti. Non è raro trovare libri per bambini che iniziano così:

> Adesso ti racconto come riuscii a imbrogliare una strega malvagia. Stavo passeggiando in riva al fiume, quando...

Si tratta di procedimenti retorici ben noti ma poiché suggeriscono la presenza di un io narrante onnisciente, l'uso eccessivo toglie agilità al discorso e riduce le possibilità di coinvolgimento del lettore.

Rilevo infine che l'uso di una focalizzazione interna illimitata può funzionare con un io narrante, mentre parrebbe improponibile con una narrazione in terza persona. Se proviamo a riscrivere il brano precedente in terza persona ne esce questo:

> La prima volta che entrò in una sala da gioco non poteva immaginare certo che ne sarebbe uscito con una grossa vincita in tasca, e che nello stesso tempo sarebbe stata la sua rovina. Era giunto in quel luogo maledetto incoraggiato da amici.
> — Vieni, vedrai che ti diverti — avevano detto e lui ci avevo creduto.

> Aveva solo vent'anni e le sale grandi, con i pavimenti lustri e le luci ammiccanti ai tavoli da gioco lo intimidivano. Egli si avvicinò titubante a uno di essi e allungò la sua fiche a coprire il numero venti, i suoi anni. Forse fanno tutti così la prima volta...
> Quando uscì il numero che aveva puntato i suoi amici fecero festa con lui, ma nel loro intimo erano invidiosi e non vedevano l'ora ch'egli perdesse nuovamente tutto. così lo spinsero a giocare e a giocare...

Il narratore del brano così riscritto si è trasformato in un narratore onnisciente con focalizzazione zero. La focalizzazione interna, infatti, è tale quando rimane in relazione a un solo personaggio per un periodo sufficientemente lungo, mentre non c'è quando nella stessa scena si muove dal protagonista agli amici, come avviene qui sopra.

Il punto di vista esterno illimitato

Se assumiamo un punto di vista interno al personaggio e guardiamo e giudichiamo la realtà attraverso i suoi occhi, per forza di cose il punto di vista è limitato alla prospettiva del personaggio (salvo in procedimenti di analessi, come abbiamo visto nel paragrafo precedente).

Questa limitazione non l'ha il narratore che si pone al di fuori del personaggio e che, puro spirito divino, può vedere tutto e sapere tutto (viene definito il "narratore onnisciente"). Il termine "esterno" qui si riferisce al fatto che il punto da cui si proietta la visione non è interna a qualche personaggio, ma ne è fuori, sebbene tale visione all'occorrenza abbia la capacità di penetrare nella mente di ogni personaggio per farci conoscere la sua interiorità.

Come essere impersonale il narratore onnisciente fornisce informazioni non legate obbligatoriamente a un certo luogo o a un certo tempo. Egli può descrivere ciò che avviene in una nostra città e poco dopo spiegare che cosa succede in contemporanea in un luogo dall'altra parte del pianeta. Ha il dono dell'invisibilità (non è presente sulla scena), dell'ubiquità (conosce eventi contemporanei e lontani), dell'atemporalità (racconta ciò che avvenne mille anni

fa e subito dopo spostarsi nel futuro per lui non è un problema!).
Insomma conosce ogni cosa e può informarci di ogni cosa, purché
lo voglia e, chiaramente, ciò che sa è sempre maggiore di ciò che
sanno i vari personaggi.

Il suo punto di vista non è fisso (e per questo si definisce anche
focalizzazione zero), ma muta in rapporto alle necessità narrative
e può passare senza problemi da una visione interiore, penetrando
nella mente dei personaggi, a una esteriore, per cui nessun luogo è
impenetrabile alla visione.

Volendo assumere un punto di vista che parte dall'esterno, il
linguaggio deve forzatamente utilizzare verbi coniugati alla terza
persona, altrimenti la prospettiva si sposterebbe inevitabilmente
all'interno di un personaggio, rientrando in tal modo nel caso precedente.

I vantaggi del narratore onnisciente e del punto di vista esterno
illimitato sono notevoli e di immediata intuizione. Adottando questo
modo di narrare, lo scrittore gode della massima libertà.

Può saltare da un personaggio all'altro rivelando gli stati d'animo e i pensieri di ciascuno. Ad esempio, con un narratore onnisciente questo modo di scrivere sarebbe del tutto adeguato:

> Giorgio non poteva approvare ciò che Luca andava dicendo, d'altra
> parte Luca era convinto che Giorgio avesse pregiudizi nei suoi con-
> fronti.

Nell'ambito dell'io narrante un periodo di questo genere con-
terrebbe una discrepanza narrativa. La stessa frase suonerebbe male
se scritta con l'io narrante:

> Io non potevo approvare ciò che Luca andava dicendo, d'altra parte
> Luca era convinto che io avessi pregiudizi nei suoi confronti.

La frase di per sé suona male perché "io" non posso entrare nella testa di Luca. Affinché essa sia accettabile è necessario che Luca
si fosse già espresso, oppure che in precedenza abbia fatto qualcosa
che mi abbia illuminato sulle sue opinioni.

Un altro vantaggio è che il narratore onnisciente, può in qualunque momento fermare la narrazione (tecnicamente "pausa") per fornire al lettore le spiegazioni che ritiene necessarie.

> Nicola fermò l'auto all'incrocio di via Kennedy. Egli ignorava che poco più avanti colui che stava cercando, James, era entrato nel bar per un caffè e ora stava discorrendo con il barista, suo vecchio compagno d'armi... Costui era stato un militare di carriera e aveva partecipato a molte campagne. Conosceva James dai tempi della guerra in Corea e da allora si erano visti spesso...

Periodo improponibile con l'io narrante, a meno di utilizzare fastidiosi salti temporali:

> Fermai l'auto all'incrocio, senza sapere, come appresi più tardi, che poco più avanti James era entrato nel bar....

Se poi voglio spiegare qualcosa del barista la faccenda si fa ancor più ardua.

Il narratore onnisciente ha anche il vantaggio di poter spostare la narrazione in luoghi diversi senza dover ricorrere a espedienti artificiosi.

> Lucio raccolse le carte dalla scrivania e le lanciò per aria, quindi uscì dall'ufficio mandando al diavolo l'impiegato. Nello stesso tempo sua moglie stava litigando con la parrucchiera. Aveva sollevato la boccetta di un orribile profumo e ora ne stava rovesciando il contenuto per terra.

Due luoghi diversi, stesso tempo. Per il narratore onnisciente spostare il punto di vista da un luogo all'altro non presenta alcun problema e il lettore l'accetta senza protestare.

Con un io narrante quel periodo andrebbe a sbilanciare le percezioni virtuali del lettore che non capirebbe più se si sta trovando in un ufficio o nel laboratorio di un parrucchiere.

Utilizzando l'io narrante certe libertà, che sono ovvie nel narratore onnisciente, risultano fuori luogo; magari non sono errori macroscopici se capitano raramente, ma se si ripetono più volte in un romanzo, il lettore riceve un'impressione di confusione e anche di poca aderenza alla veridicità del racconto stesso. Con l'io narrante è necessario un controllo maggiore di ciò che si va a scrivere, mentre il sistema del punto di vista esterno e illimitato è rassicurante e comodo per lo scrittore.

Anch'esso, tuttavia, non è esente da rischi. Vediamone alcuni.

Annullamento del lettore:

Con questa espressione intendo un pericolo che è presente anche nell'io narrante, ma che con il narratore onnisciente si fa più probabile. Poiché il narratore sa tutto, lo scrittore è tentato di riempire ogni spazio narrativo, anche il più piccolo, senza lasciare al lettore nulla da scoprire per conto proprio. Ogni atto è spiegato, ogni motivazione espressa, ogni sentimento – sensazione – emozione esplicitata, ogni pensiero chiaramente esposto. Il lettore è annullato nella sua intelligenza e personalità, così che, ridotto a una specie di contenitore entro cui rovesciare la storia, perde completamente il piacere della lettura. A tale procedimento è stato dato recentemente il nome di *infodump*, informazione rigurgito. Un esempio esagerato per far capire:

> Giovanni aveva fretta perché Andrea aspettava giù in strada. Giovanni non avrebbe dovuto darsi pensiero perché dopotutto l'amico, preoccupato di far tardi allo stadio, era giunto con una decina di minuti d'anticipo sull'orario fissato. Ma a Giovanni, seppure non avesse alcuna colpa, non andava di farlo attendere davanti al portone, né intendeva farlo salire nel suo appartamento, oltremodo in disordine a causa della donna delle pulizie che s'era presa l'influenza. Pertanto balzò dalla sedia e si diresse a grandi passi verso l'attaccapanni. Prese con furia il cappotto e se lo infilò brontolando tra sé; non gli piaceva fare le cose in fretta, ma si sentiva quasi moralmente impegnato a non lasciare l'amico in strada, il quale, peraltro, non era affatto infastidito da ciò. Costui era stato militare in Afghanistan e certamente aspettare dieci minuti in strada non gli poteva procurare grande disagio. Piuttosto Andrea era preoccupato perché aveva sentito che il percorso per giungere allo stadio era molto trafficato quel giorno. Intanto Giovanni era alle prese con i bottoni del cappotto, le cui asole erano incredibilmente strette, eppure gliel'aveva detto al sarto che...

Ahimè! Chiedo scusa per questo polpettone, ma a noi interessa capire perché è tale. Sebbene in questo brano orrendo il punto di vista resti ancorato su Giovanni, con rapide puntate nella testa dell'amico e in quella del sarto (abbastanza disturbanti), il difetto di questo narratore onnisciente è soprattutto quello di voler spiegare ogni minimo particolare. Il lettore è subissato di informazioni di cui farebbe volentieri a meno.

Scarsa concretezza:

Il narratore onnisciente, poiché può entrare nella mente dei personaggi, può cedere più facilmente alla tentazione di nominare le cose anziché mostrarle (ricordi il principio *show, don't tell*?). Se un autore scrive di un personaggio non protagonista:

> Dopo aver letto il foglio, lo piegò e lo mise in tasca, incerto sul comportamento da tenere nei confronti delle accuse che vi erano contenute.

Ciò rientra pienamente nelle prerogative del narratore onnisciente, tuttavia avrebbe dato più concretezza al fatto scrivendo:

> Lesse il foglio, lo piegò e lo mise in tasca con gesti nervosi. Erano accuse gravi e non sapeva come comportarsi. Scosse il capo: ci avrebbe pensato più tardi.

Quei "con gesti nervosi" e "scosse il capo" rendono più concreta l'incertezza, la rendono percepibile e quindi oggettiva. In assoluto il narratore onnisciente non avrebbe bisogno di tale attenzione, ma se omettesse sistematicamente i segni percepibili il suo scritto perderebbe i contatti con la realtà. Il lettore avrebbe l'impressione che lo scrittore, invece di raccontargli un fatto, gli voglia propinare un mero sommario.

Squilibrio:

Potendo conoscere e raccontare ogni cosa, c'è il rischio che il narratore onnisciente dedichi troppo spazio a questioni marginali e che non hanno alcun ruolo nella vicenda. Si tratta di un errore simile a quello che compie l'io narrante quando insiste eccessivamente sui dati introspettivi, qui invece l'eccesso è quello dei particolari e delle informazioni che vengono dati non tanto per l'utilità che hanno nella storia, quanto per un gusto barocco di riempimento: poiché il narratore onnisciente sa tutto, allora diciamo tutto. Anche i particolari presenti nel luogo (un vecchio divano, un quadro storto, una casacca abbandonata su una sedia...) non vengono selezionati in modo che descrivano solo ciò che caratterizza l'ambiente, ma sono enumerati in grande copia, tanto che l'ambientazione si riduce solo a una pletora di oggetti.

Mi è capitato recentemente di leggere questa frase:

> Si sfregò il volto con vigore e si passò le mani tra i capelli biondi prima di biascicare qualcosa in direzione del ragazzo seduto allo scrittoio.

Il personaggio ha la mente annebbiata per i fumi dell'alcol e con i gesti descritti cerca di recuperare un poco di lucidità. Ma se questa era l'intenzione, per quale scopo l'autore specifica che i capelli erano biondi? In effetti questo era un bisogno dell'autore, che desiderava in qualche modo descrivere il personaggio, ma non certo un bisogno del lettore. La frase, scostandosi dalle ragioni narrative che la giustificano, rende squilibrato il pensiero (qual è il vero intento dello scrittore? Rendere più credibile il personaggio mediante gesti plausibili, oppure informare sul colore dei capelli?).

Instabilità:

Il narratore onnisciente può abusare dei suoi cambi di tempo e di luogo e confondere non poco il lettore. Non ti sono mai capitati film in cui la narrazione va avanti e indietro nel tempo (analessi e prolessi) e tu a un certo punto ti sei chiesto: "ma siamo... adesso o nel passato?".

Nel racconto scritto solitamente l'autore usa segnali più o meno espliciti per indicare i salti temporali e il lettore sa quasi sempre se si trova nel presente della storia, nel passato o magari nel futuro, tuttavia se i salti sono frequenti l'impressione è quella di procedere a balzi di canguro, avanti e indietro e, soprattutto se chi legge è un ragazzo, abbandonerà ben presto la lettura. Con i bambini lascia perdere del tutto i flashback e le anticipazioni, essi infatti non hanno ancora un concetto di tempo ben solido, tanto da sopportare oscillazioni. Ad esempio anche con ragazzini di 10/11 anni non puoi scrivere:

> Luciana camminava con il suo fidanzato nel viale alberato, ma non parlava, era tutta assorta nei suoi ricordi... Ecco, la mamma la chiama:
> — Vieni piccina mia! Vieni è arrivato papà! Dagli un bacio grosso grosso…
> Povero papà, da quanti anni era morto? Diciotto? Venti? Non lo ricordava più.

Con ragazzi più grandi questi ritorni temporali si possono usare, tuttavia devono essere abbastanza espliciti. Il piccolo brano qui sotto poteva essere scritto così:

> Luciana camminava con il suo fidanzato nel viale alberato, ma non parlava, era tutta assorta nei suoi ricordi. Le venne in mente quand'era piccola: la mamma che la chiama: — Vieni piccina mia! Vieni è arrivato papà! Dagli un bacio grosso grosso…
> Povero papà, da quanti anni era morto? Diciotto? Venti? Non lo ricordava più.

Un richiamo al passato così breve non sbilancia la storia, perché il lettore conserva la memoria di dov'era giunto con la narrazione e il flashback si propone come una breve parentesi che non altera la comprensibilità della frase. Diversa è la situazione in cui lo stacco cade a metà scena, dura per molte righe e poi viene ripresa la scena dal punto in cui era stata interrotta. Questo non va bene perché il lettore perde il senso di continuità, proprio come una lunga parentesi nel mezzo della frase.

Un discorso analogo può essere fatto per i cambi di luogo. Se sono troppo frequenti provocano un senso di instabilità, il lettore non sa mai se può "accomodarsi" nel mezzo della scena a osservare ciò che succede oppure se sarà improvvisamente proiettato chissà dove.

Gli sbalzi di localizzazione, se abbastanza mediati, sono tollerati meglio anche dal bambino a partire dai cinque anni, perché il senso dello spazio si forma molto prima di quello del tempo. L'importante è mantenersi a questa regola: più il bambino è piccolo e più i cambi di luogo devono essere esplicitati.

Con ciò non intendo riferirmi agli spostamenti di locazione in sequenza lineare, come quella di un viaggio. Non c'è alcuna difficoltà a raccontare di un orsetto esploratore che viaggia per il mondo e attraversa vari paesi. Mi riferisco invece alla focalizzazione su personaggi diversi che si trovano in luoghi diversi, ad esempio:

> Biagio arrivò molto presto in ufficio e si mise immediatamente al lavoro. Aveva almeno dieci pacchi che dovevano essere spediti subito ed era solo a dover preparare le carte per il trasporto. Intanto, al bar sotto la sede della ditta, il suo direttore stava litigando con il capo magazziniere. Avevano sempre qualche ragione per bisticciare, un pacco non consegnato, un indirizzo sbagliato, un ordine incompleto... Intanto Biagio batteva sui tasti del computer come un forsennato, aveva i polpastrelli in fiamme, ma le carte dovevano essere pronte entro mezz'ora.

In questo esempio il "teletrasporto" dell'attenzione dall'ufficio al bar e ritorno è molto unitario e non crea alcuna instabilità poiché gli ambienti e i personaggi sono logicamente collegati. Inoltre l'excursus è stato assolutamente breve e mediato dall'avverbio "intanto".

Come ho scritto per gli spostamenti temporali, anche per quelli spaziali è fondamentale che il loro inserimento nella scena sia piuttosto breve e ben mediato. Se invece desideriamo descrivere più ampiamente ciò che succede in un altro luogo o in un altro tempo (o entrambi), allora dobbiamo almeno concludere la scena precedente o addirittura il capitolo, prima di raccontare ciò che avviene altrove. È davvero antipatico per il lettore che la scena cambi prima che la precedente sia giunta a un punto di chiusura logica (una chiusura che può anche essere sospesa, che interrompe volutamente in modo brusco il racconto, ma tale per cui il lettore percepisce in ogni caso che l'interruzione ha uno scopo preciso).

Hai notato che la lunga frase tra parentesi l'ho messa alla fine della principale? Qualcosa di analogo deve avvenire anche nella narrazione. Ma torniamo alla chiusura che, come ho scritto, può essere di sospensione anziché di conclusione, pensa ai capitoli che finiscono con una frase tesa a rilanciare l'interesse. In *Va' con i tuoi artigli* alcuni capitoli chiudono proprio così:

> I cuccioli si sparpagliarono intorno e si misero ad esaminare le foglie. Neppure un'ora dopo avevano le code cariche di lumache e ritornavano al rifugio, per ripartire poco dopo. Questo avanti e indietro continuò monotono per tutta la mattina, e nessuno di loro sospettava che, proprio quel giorno, sarebbe avvenuto qualcosa di nuovo e di straordinario, tale da mutare per sempre la loro vita. [*fine primo capitolo*]

> Tutta la foresta era sinistramente silenziosa e i dromeosauri procedevano oppressi dall'angoscia, ma nessuna fiamma scaturì dal suolo per incenerirli. Il pericolo assunse invece una forma diversa e inaspettata. [*fine secondo capitolo*]

In un altro mio romanzo *Le radici del grande cedro* le scene si sviluppano contemporaneamente in due luoghi diversi: uno in Egitto, dove i ragazzi vivono le loro avventure, e il secondo a Sarepta in Cananea, dove il Re padre è alle prese con la sua corte. Qui la stabilità è raggiunta in un modo molto semplice: gli eventi a Sarepta sono narrati sempre all'inizio di capitolo, poi, terminata la scena, c'è lo stacco di una riga vuota e la narrazione si sposta in Egitto. Dopo un paio di capitoli, il ragazzo che legge ha compreso il codice (fra l'altro elementare) e il procedimento non gli causa più alcun problema.

Riprenderemo ancora questo discorso quando tratteremo delle scene e della loro successione. Per ora basti il consiglio di non spezzare il racconto con troppe traslazioni e, quando sono necessarie, devono essere brevi o inserite in punti di passaggio tra una scena e l'altra.

Il punto di vista esterno limitato, relativo e assoluto

Qui abbiamo a che fare con un narratore onnisciente, il quale decide autonomamente di presentarsi in forma limitata, una limitazione per la quale il punto di vista risiede in questo o quel personaggio. Tale personaggio può cambiare, non è fisso come il punto di vista interno, ma ogni cosa è considerata secondo la prospettiva del personaggio in luce in quel momento. Il narratore conosce i suoi stati interiori e i suoi eventi, ma nulla dirà di ciò che sperimentano gli altri. In definitiva, anche se conosce più cose del personaggio, limita il suo sapere cercando di non espanderlo troppo.

Un narratore onnisciente che decide di autolimitarsi può scrivere in questo modo:

> Il temporale colpì tutta la zona del Cremonese con estrema violenza.
> Con fulmini e grandine che distrusse gran parte del raccolto.
> Adriana osservava preoccupata il cielo. Si sarebbe dovuta recare a scuola, ma come percorrere quei due chilometri di campagna? Cercò nella cassapanca i vecchi stivali di gomma, che suo papà usava quando andava a pesca. Li trovò e il ricordo di lui la colse all'improvviso, dolce e doloroso insieme…

In una storia contadina dell'anteguerra, possiamo ritenere ragionevolmente che Adriana non avrebbe potuto sapere che il temporale fosse tanto esteso. Qui il narratore esterno si è concesso un attimo di onniscienza, ma poi rientra in Adriana e non se ne distacca per un tempo abbastanza lungo.

Il brano che segue invece non sarebbe rispondente a un narratore onnisciente che assume il punto di vista limitato:

> Paolo piangeva perché credeva che la palla fosse sua e non era disposto a lasciarla nelle mani della sorellina Sofia. Costei viveva nella convinzione che tutto ciò che afferrava diventava di fatto suo e non voleva cedere la palla per nulla al mondo. Paolo era più forte e avrebbe potuto strappargliela dalle braccia, ma temeva i rimproveri della mamma e non sapeva che fare. Così piangeva. Se la cosa andava bene con i più piccoli, perché non avrebbe potuto funzionare anche con lui che aveva otto anni?

Questo narratore entra in brevissimo tempo in questo e quel personaggio, non mostrando di accettare limitazioni. Anche nella scrittura per bambini piccoli si può commettere lo stesso errore (almeno nella prospettiva del narratore autolimitato):

> Il dì che Giallone, lupo buffone,
> pensando d'aver ragione,
> si sdraiò a pancia in giù,

la gallina Serafina
quella stessa mattina,
di lui s'innamorò.
  Sarà lei la sua sposa?
  Ma a chederlo non osa...
E Giallone s'arrovella
come metterla in padella?

Detto questo, devo però aggiungere che nella scrittura per bambini molto piccoli ogni frase è praticamente un'unità chiusa in sé e certi passaggi improvvisi dei punti di vista sono percepiti meno bruschi. Una scrittura di questo genere con i bambini va benissimo:

Il papà è a pescare ma non prende niente.
La mamma è andata al mercato ma non ha comprato niente.
Tutti e due ritornano a casa a mani vuote. Che cosa si mangerà oggi?

C'è da chiedersi perché mai uno scrittore debba assumere la prospettiva di un narratore onnisciente e poi limitarlo ai dati di un solo personaggio. La risposta è semplice: una situazione ibrida può ottenere i vantaggi dell'io narrante e del narratore onnisciente. Il punto di vista esterno limitato rinuncia tanto o poco della sua onniscienza e però riesce a interpretare meglio e a rendere più convincente gli stati d'animo del protagonista. Questo almeno è quanto avviene nel punto di vista esterno limitato relativo. Con tale espressione intendo riferirmi a quella situazione in cui il narratore applica la sua conoscenza diretta solo a quegli stati interiori che riguardano il personaggio, di cui assume il punto di vista, e non a quelli di altri.

Al contrario nel punto di vista esterno limitato assoluto il narratore s'impone di riferire solo dati oggettivi, percepibili con i sensi e niente altro. In altre parole, il narratore esterno è una specie di occhio galleggiante sulla scena e mai penetra nella mente dei personaggi, anche se sono protagonisti. Il suo compito è solo quello di descrivere, mai interpretare. Molta narrativa moderna, soprattutto americana, è di questo tipo.

Ci si rende subito conto che lo scrittore che adotta la limitazione assoluta perde in profondità ma guadagna in obiettività e in coinvolgimento del lettore. Fai attenzione, però, a non confondere il coinvolgimento con l'identificazione, di cui ho accennato in riferimento al punto di vista interno limitato. Il coinvolgimento scatta quando il lettore si confronta con i personaggi del libro, cerca di conoscerli e di interpretarli, ne valuta giudizi e pregiudizi e trae le proprie conclusioni, mentre manca quando il lettore è un ricettore passivo che, seppure affascinato dal modo di scrivere e di raccontare dell'autore, non ha alcun bisogno di produrre pensieri propri e di mettere a confronto le proprie idee con quelle dei personaggi.

L'identificazione è invece un processo psicologicamente più profondo. La propria personalità, durante la lettura, si è trasferita parzialmente nel personaggio e si è fusa con esso. In una certa misura le sue vicende diventano le nostre e godiamo dei suoi successi, mentre ci rendiamo infelici dei suoi insuccessi. Se il coinvolgimento è un fatto prevalentemente intellettuale, in cui le emozioni rientrano nella sfera del conoscere e del confrontarsi, l'identificazione è un fatto istintuale dove le emozioni rientrano soprattutto nella sfera della vita animale: piacere – dolore, gioia – tristezza…

Chiudo questa breve parentesi e riprendo il discorso.

Lo scrittore può spingere la limitazione del punto di vista anche oltre l'assoluto. Possibile?

Certamente. Non conosco una parola per definire il punto di vista di questo narratore esterno che fa conoscere al lettore ancor meno di quello che conosce il personaggio. È come se lo scrittore ponesse davanti agli occhi pannelli che oscurano questo o quel tratto di realtà, una realtà invece conosciuta per intero dai personaggi in scena.

Non mi sto riferendo a certi espedienti narrativi che bloccano la scena di proposito nel punto emotivamente più intenso, ad esempio:

> La vanga toccò qualcosa di metallico. Il vecchio cuore del pirata fece un balzo nel suo petto: non c'erano dubbi. Finalmente aveva trovato lo scrigno di capitan Morgan. Ah, quanta fatica, quanti pericoli per giungere fino a questo momento! L'intera sua vita era stata vissuta per

> quell'unico sogno. Estrasse lo scrigno dalla terra e ne fece scattare il lucchetto arrugginito con il coltello.
> Quindi con la mano tremante per l'emozione ne sollevò il coperchio. Gli occhi si riempirono di meraviglia e dalla bocca gli uscì solo un "oh" rauco.
> [*una riga di stacco*]
> La nave, con le vele gonfie, filava veloce sull'oceano increspato, mentre gli uomini cantavano l'antica canzone dei marinai che finalmente tornano a casa...

Qui il lettore è stato bloccato proprio nel momento rivelatore: che cosa ha trovato il vecchio pirata nello scrigno? E perché si meraviglia e lancia quel "oh"? Forse per la preziosità del tesoro? Oppure per la delusione? Insomma, che c'è dentro quel benedetto scrigno?

Il lettore lo saprà più tardi, nel frattempo è stato spedito sulla nave che rientra nel porto.

Ecco, il punto di vista oscurato (ho trovato un buon termine!) non ha nulla a che fare con questa sospensione. Non è un espediente narrativo ma proprio una prospettiva dell'opera. Nell'esempio proposto il lettore sa che l'argomento sarà ripreso e la sua curiosità soddisfatta. Nel punto di vista oscurato talune cose saranno svelate, ma molte altre resteranno celate al lettore, il quale dovrà elaborarle facendo ricorso al suo acume e alla sua immaginazione. Si tratta, insomma di un puzzle di cui non sono date tutte le tessere.

> Il pescatore tornò a casa recando con sé l'oggetto misterioso impigliatosi nella sua rete, non capiva che cos'era, ma era certo che il visir l'avrebbe pagato almeno cento scudi e forse anche duecento. Però non disse nulla alla moglie, e aveva le sue buone ragioni per non farlo. Nemmeno il giorno dopo le spiegò il motivo per cui non sarebbe uscito in mare con la barca, ma si sarebbe diretto in città.

Al lettore non viene spiegato il motivo per cui il pescatore non disse nulla alla moglie, egli dovrà ricavarlo da sé in base a ciò che già conosce (in altra occasione la moglie s'era già dimostrata pettegola, oppure avida...), se non ha elementi utili dovrà immaginarlo (forse il pescatore sapeva che la moglie avrebbe riconosciuto l'oggetto, o forse semplicemente voleva tenere per sé il ricavato della vendita senza dirlo alla moglie…). In quest'ultimo caso sarà il seguito della storia che fornirà indizi per stabilire l'ipotesi giusta, anche se la verità non sarà svelata esplicitamente.

Molti romanzi moderni e in particolare i gialli celano un buon numero di informazioni al lettore, ma io credo che ciò vada fatto con moderazione e con molta capacità di distribuire le informazioni che invece si vogliono dare. Con il contributo o meno del lettore, alla fine il puzzle va completato, non si possono lasciare buchi tali da rendere incomprensibile il disegno nel suo insieme.

Si può usare il punto di vista oscurato con i bambini?

Non so e non credo sia mai stato tentato. Però penso sia possibile realizzare racconti in cui il bambino sia chiamato a esprimere le sue opinioni e a formulare semplici ipotesi. Ad esempio:

> Martino entrò in cucina e aprì il cassettino del tavolo. Vide qualcosa di lungo e lucente e senza pensarci lo prese e se lo portò in camera sua.
> Che cosa pensi che fosse: un cucchiaino per il caffè? un mestolo di legno? un forchettone per l'arrosto? un colino per il tè?
> Martino non sapeva bene a che cosa servisse quell'oggetto, ma ne inventò subito l'uso. Prese un foglio di giornale e lo lanciò in aria, quindi con un colpo deciso dell'oggetto lo trapassò da parte a parte.
> — Muori, mostro malvagio! — gridò trafiggendo il foglio una seconda volta.
> Chi poteva essere il mostro: una piovra, un serpente velenoso, un vampiro, uno zombie?

In questo piccolo brano sono disseminati indizi che permettono di trovare la risposta giusta. Nel primo caso il bambino dovrà individuare tra le cose scritte ciò che è lungo, che è lucente e di uso non troppo comune. In seguito l'ipotesi potrà essere confermata dall'uso che Martino fa dell'oggetto (serve a trafiggere). Anche il mostro è determinato, tra tutti solo il vampiro può volare e può essere rappresentato da un foglio lanciato in aria. Per analogia, un racconto così condotto mi fa venire in mente certe immagini cartonate con le finestrelle, dove l'oggetto è nascosto e occorre aprire la finestrella per scoprire che cos'è. Anche questo è un modo nascosto per narrare qualcosa.

CAP. 9: I PERSONAGGI

Tratta con rispetto i tuoi personaggi. Essi vivono dentro di te una vita autonoma e possono rivelarsi tanto tuoi grandi amici quanto degli stupendi piantagrane. La narratologia li analizza, li disseziona e, così facendo ne spegne la vita. Se tu partissi a creare i tuoi personaggi prendendo le mosse dalla narratologia, saresti come un novello Frankenstein che ricuce parti di un essere vivente per ricostruire l'uomo. Il processo è destinato a fallire, al più creeresti un mostro.

Ma allora che motivo ha di essere questo capitolo?

Poiché dei personaggi tratterò ancora nella parte dell'ideazione, ci si può chiedere se la loro analisi, così come ci invita a fare la narratologia, sia utile. Io credo di sì, ed è questa la ragione del presente capitolo. Analizzare i propri personaggi dopo averli fatti vivere nel libro, almeno per un po', ti aiuterà a capirli meglio e a correggerne o completarne aspetti che nel momento dell'ideazione e della scrittura ti erano sfuggiti.

Nella considerazione dei personaggi i vari studiosi hanno presentato modelli d'indagine diversi. Io mi avvalgo di quello che soggettivamente trovo più illuminante e che riprendo da Wikipedia, modificandone un po' l'ordine di presentazione e discutendone brevemente con parole mie.

Comincio a distinguere il ruolo che il personaggio ha nella storia (il critico russo Vladimir J. Propp è stato il primo a trattare di questo, anche se il suo campo d'indagine si limitava alla fiaba classica).

Protagonista:

I protagonista è colui attorno al quale ruota tutta la storia e che rappresenta l'agente principale della vicenda. Apparentemente la determinazione del protagonista non dovrebbe presentare problemi, ma non è affatto così; lo scoprii a mie spese nello scrivere il romanzo *Va' con i tuoi artigli*. Ero giunto a circa un terzo del libro, quando mi accorsi che sempre più il mio personaggio principale cedeva pian piano e fermamente il ruolo di protagonista a un altro personaggio. Ti racconterò in altre pagine questa storia, per ora mi basta avvertirti di prestare attenzione a quanto il tuo protagonista sia saldo in questo ruolo e quanto gli altri personaggi tendano a eroderlo.

Antagonista:

Di solito l'antagonsta è il "cattivo" della storia, o comunque quello che più di tutti ostacola l'antagonista nel raggiungimento dei suoi scopi. Una volta non c'erano dubbi: il protagonista era l'eroe positivo o al più la povera vittima, mentre l'antagonista era il malvagio, l'oppressore, la figura detestabile. Oggi una tale visione sarebbe fuori tempo. Già in qualche modo a partire da Fantomas, ma soprattutto con Arsenio Lupin, per giungere ai vari Diabolik, il protagonista è proprio quello che dovrebbe essere il "cattivo", mentre l'antagonista, rappresentato solitamente dal commissario, è colui che dovrebbe essere il buono. Meglio dunque ritenere antagonista il personaggio (o i personaggi) che semplicemente ostacolano il protagonista, indipendentemente dalle qualità morali. Poiché capita spesso che la figura dell'antagonista, grazie a certe qualità "nere", risulti al lettore più originale e intrigante del protagonista, devi esaminare con molta obiettività se nel tuo racconto non stia avvenendo uno scambio di ruoli.

Aiutanti:

Gli aiutanti sono personaggi minori che aiutano il protagonista nella sua azione. Quasi sempre l'aiuto è diretto (ad esempio la fatina di Cenerentola o i nani in Biancaneve), ma talvolta, sebbene sia raro nelle fiabe, esso giunge indirettamente e anche senza consapevolezza da parte del protagonista (ad esempio i cacciatori che scoprono i cigni nel *Lago dei cigni*).

Avversari:

Gli avversari possono esere considerati gli aiutanti, più o meno consapevoli, dell'antagonista. Anch'essi sono personaggi minori che ostacolano direttamente o indirettamente il protagonista.

Oggetti:

Questa strana denominazione attribuita a personaggi si spiega con il fatto che può trattarsi tanto di una cosa quanto di una persona. L'oggetto è ciò che si desidera ottenere, un tesoro o la principessa da sposare. Può anche trattarsi di un oggetto negativo, come qualcosa di pericoloso da evitare o da eliminare (si pensi al *Signore degli anelli* in cui l'oggetto è appunto un anello da distruggere nel fuoco del vulcano).

Accanto a questi ruoli classici io aggiungerei quello che mi piace denominare "contorno", indicando con questo termine personaggi assolutamente minori, che non rientrano in alcuno dei ruoli già visti e che sono introdotti allo scopo di caratterizzare l'ambiente. Può essere l'autista del taxi o un gruppo di gnomi giocherelloni, un pagliaccio che danza nella strada o i corvi che svolazzano nella foresta. Pur trattandosi di personaggi minori, senza peso nella storia, non devono essere trascurati, perché sono loro che impediscono ai personaggi principali di muoversi in un mondo spopolato.

Un altro aspetto di grande importanza è la definizione dei vari personaggi. Qui, a differenza delle categorie precedenti, si può avere una fusione di definizioni, per cui un personaggio può essere piatto e dinamico, o statico e tutto-tondo.

Statico:

Il personaggio statico rimane identico a se stesso per l'intera storia, soprattutto nel vissuto interiore. Moltissime storie hanno come protagonisti personaggi statici. In genere sono così i romanzi di avventura, in cui l'eroe presenta caratteristiche psicologiche che non mutano dall'inizio alla fine (vedi ad esempio i libri di Salgari, o anche quelli di Verne).

Non bisogna però confondere il personaggio statico con quello piatto, anche se spesso entrambe le definizioni si accompagnino nello stesso personaggio.

Dinamico:

Questa definizione riguarda un personaggio all'opposto dello statico. Qui il personaggio cambia lungo il corso della vicenda e approda a modi di pensare e di vivere differenti dall'inizio della storia. Una tale definizione non si applica necessariamente solo al protagonista, anche gli altri personaggi possono mutare (un esempio classico è l'Innominato nei *Promessi Sposi*). Nei miei tre romanzi di avventura ho cercato il più possibile di rendere dinamici i protagonisti, con l'idea che la vicenda dovesse trasformare il carattere dei personaggi stessi. Così nel *Il Sacro Perno* il protagonista Irin passa da una situazione di ragazzetto di paese, sconsiderato e timoroso, a quella di ragazzo consapevole della sua importanza nel mondo, saggio e coraggioso. In *Va' con i tuoi artigli*, il giovane dinosauro Kobi passa da una situazione di cucciolo a quella di piccolo capo, preoccupato di imitare il padre, per terminare infine a diventare individuo consapevole della propria personalità indipendente. La trasformazione più spinta si trova in *Le radici del grande cedro*, dove il giovane ladro Kafer, scapestrato e un po' cinico, si trasforma in un personaggio altruista e pienamente consapevole della sua appartenenza a un popolo (in questo romanzo Kafer è accompagnato dal giovane principe Eshmun che, al contrario, in tutta la vicenda cambia pochissimo).

Tipico:

Non tutti gli autori utilizzano questa definizione, facendola rientrare in quella dei personaggi piatti. Io credo sia invece utile tenere le due definizioni distinte. Il personaggio tipico è quello reso standard dalla narrativa classica, come nelle fiabe: l'orco, la strega, la principessa…, o come le maschere nella Commedia dell'Arte, o anche in romanzi celebri: don Abbondio, l'Azzeccagarbugli, Tartarin di Tarascona, Pinocchio… Questi personaggi sono generalmente statici e piatti, trattandosi di figure con caratteristiche codificate da tempo, c'è però una tendenza nella letteratura infantile contemporanea a cambiare le definizioni tipizzate. Ad esempio nel mio *Sulla scopa della strega*, la strega conserva alcune caratteristiche tipiche (è vecchia, ha il sacco per mettervi i bambini, vola sulla scopa), tuttavia è buona, sensibile e generosa. Lo stesso avviene per l'orco, che piange e piange non potendo sposare la formica, o la principessa, prepotente e petulante… In una mia fiaba, la principessa Pomello d'Oro è presentata così:

> C'era una volta una principessa di nome Pomello d'Oro ed era così brutta, ma così brutta che perfino i servitori, quando le portavano da mangiare, si bendavano gli occhi per non vederla. E non dovete pensare, cari bambini, che Pomello d'Oro fosse vittima di qualche incantesimo malvagio, gettato magari da una strega non invitata alla festa di battesimo. No, Pomello d'Oro era brutta per i fatti suoi, come capita a molte persone, che pure non sono principesse.

Piatto:

Taluni autori accomunano il personaggio piatto con quello tipico, in realtà la definizione di personaggio piatto si applica a coloro che, senza appartenere alla tradizione letteraria, hanno caratteristiche standard, quelle che siamo abituati a immaginare secondo il pensiero comune. Di solito sono descritti in modo poco dettagliato e non c'è alcun approfondimento della vita interiore.

Quasi sempre emerge una sola caratteristica, che si accompagna a qualche altro tratto standard. Ad esempio tale è il negro servile, in gonnellino di foglie che parla a base di "buana e io bovero negro", oppure la mamma bella, buona, gentile, angelo del focolare, il papà grande, forte e coraggioso. Tutte le nonne hanno i capelli bianchi (oggi, poi!) e il bastone, e tutti i nonni sono bravissimi a raccontare storie! (cfr. più avanti il personaggio Mary Sue).

Talvolta però i personaggi piatti non sono stereotipi e possono presentare caratteristiche sorprendenti, che tuttavia mancano di profondità:

> Si alzò in piedi e parve all'improvviso diventare altissimo. Nei suoi occhi ardeva una luce penetrante e autoritaria. Mi fece un cenno con il capo invitandomi a entrare nella stanza della donna. [*Il personaggio viene subito abbandonato e di lui non verrà detto altro, tuttavia non si può affermare che le qualità con cui è presentato siano del tutto comuni.*]

Tondo:

Questo personaggio può essere statico o dinamico, ma non è mai anche piatto (sarebbe una contraddizione) e difficilmente è tipico. La sua caratteristica è la profondità e le diverse angolazioni di prospettiva con cui viene descritto dall'autore. Spesso sono tali il protagonista e l'antagonista, tuttavia non è raro che anche taluni personaggi minori siano trattati a tutto tondo, seppure in poche battute:

> Alla seconda curva incontrai un uomo con il basco e gli stivali a mezza gamba, che veniva nella mia direzione lungo la strada polverosa. Scambiammo un breve saluto e qualche commento sulla siccità che ormai imperversava da diverse settimane. Nei giorni seguenti lo incontrai ancora altre volte, sempre alla stessa curva, e una parola tira l'altra finché entrammo in una certa confidenza. Mi spiegò che lui era un contadino particolare, che a differenza degli altri amava la cultura e i libri, verso i quali provava un amore straordinario, tanto da averne la casa piena. Quando gli chiesi che libri preferisse, egli rifletté un momento, poi mi diede questa risposta straordinaria: — Se io fossi un libro — disse — non vorrei essere alcuna pagina; io vorrei essere la costa, discreta e silenziosa, che le abbraccia tutte.

C'è una mia definizione di personaggi che mi piace aggiungere:
Ombre:

Con questo termine vorrei indicare tutti quei personaggi che non sono né stereotipi né sorprendenti, ancor meno dettagliati di quelli piatti. Sono appunto figure prive di particolari, proprio come ombre, che hanno il compito di rendere popoloso e credibile l'ambiente. Normalmente sono così quelli che ho definito "di contorno" ma non necessariamente. Possono essere personaggi che interagiscono più o meno con le azioni del protagonista, ma sono del tutto o quasi privi di dettagli.

Un esempio:

> Anziani domestici dall'aspetto cadaverico, vestiti con antichi costumi, andavano e venivano furtivamente come spettri

dove i dettagli sono talmente ridotti da non poterli classificare neppure come personaggi piatti. Oppure:

> L'oste s'avvicinò al nostro tavolo, aveva la faccia devastata dal vizio e l'alito cattivo…

Non è necessario dire di più dell'oste per far capire che la locanda non offriva nulla di desiderabile.

Una terza componente che riguarda la narratologia è il tipo di caratterizzazione che prevale nella descrizione del personaggio.

Caratterizzazione fisica:

La caratterizzazione fisica in sostanza è la descrizione dell'aspetto fisico del personaggio. A scuola si insegna che la descrizione di un personaggio debba seguire un ordine: dall'alto al basso, oppure dal generale al particolare, dalla struttura del corpo per giungere al viso, poi alle braccia e alle gambe… Le intenzioni di questo insegnamento sono buone, perché ragazzi e bambini quando descrivono una persona saltellano tra le caratteristiche come tante cavallette. Tuttavia io sono convinto che non sia la strada giusta.

Oggi, in una società che comunica prevalentemente per immagini, non è più necessario descrivere il personaggio in molti particolari, affinché il lettore ne possa costruire un'immagine mentale precisa. I lettori contemporanei hanno nella testa un tale database di immagini che basta qualche semplice riferimento perché ne tirino fuori la figura che va bene per loro. Descrizioni come la seguente sono probabilmente ritenute eccessive dal lettore attuale:

Era un uomo di bassa statura, alquanto tozzo ma robusto, con i muscoli che ne disegnavano la maglietta aderente. La testa ovale era incorniciata da capelli neri e ricci, che gli cadevano sulla fronte, gli occhi, neri, mediterranei, erano sempre in movimento come se cercassero intorno qualcosa di necessario, il naso scendeva in un leggero arco e la bocca, dalle labbra strette, aveva un'espressione seria e tesa. La barba non rasata…

Il consiglio che mi sento di dare è pertanto quello di descrivere, almeno inizialmente, solo quei particolari che suscitano nel lettore un qualche stimolo e lasciar perdere gli altri. C'è sempre tempo per dire che il nostro personaggio è biondo o che è magro, a meno che queste non siano le caratteristiche più sorprendenti. Conviene invece parlare di ciò che risulta più appariscente o che meglio definisce il personaggio.

Ecco alcuni esempi:

Il volto si perdeva in una fitta barba castana, da cui emergevano le mezze lune rosse e carnose delle labbra, simili a grosse fette di pomodoro.

Ciò che colpiva immediatamente in Andrea era la statura: alto, segaligno, con un busto lungo che si reggeva su gambette sottili come esili trampoli filiformi.

Le mani! Dio che mani! Mani da strangolatore! Mani da lottatore di sumo! Mani che avrebbero potuto afferrare per il corno un rinoceronte e costringerlo a inginocchiarsi. Non avevo mai visto nulla di simile e ancora adesso, sebbene all'epoca abbia frequentato Bartolo per molti giorni di seguito, l'unica immagine chiara che mi è rimasta di lui sono quelle mani gigantesche.

Vi sono sempre occasioni per dettagliare meglio il nostro personaggio. Se non ha nulla di sorprendente nel suo aspetto, ci si può limitare a due o tre caratteristiche generiche: "Era alto e muscoloso e ti comunicava subito un'immagine di salute", "Antonio era molto vecchio, magro e curvo", "Il marinaio era un po' più alto della media e aveva occhi di colore azzurro cobalto". Poi, se ne vale la pena, si potranno aggiungere altri dettagli nel corso della storia.

Caratterizzazione psicologica:

In questa voce sono compresi tutti gli stati d'animo, i pensieri, le aspirazioni e le aspettative, le paure, le simpatie o le antipatie, i dati caratteriali, la moralità, ecc. Più della caratterizzazione precedente, che in genere richiede una trattazione descrittiva diretta, quella psicologica può avvenire sia in forma diretta sia in forma indiretta.

Anche se gli stati psicologici non sono direttamente percettibili, il narratore onnisciente può dichiararli apertamente:

> Gianni aveva una paura maledetta delle lumache...

> In questi casi Sandro era solito pensare che le cose sarebbero senz'altro andate male...

> Era un individuo iroso, attaccabrighe, però era anche onesto e capace di grande generosità

Questi sono esempi di caratterizzazione diegetica, raccontata.

Invece sono una caratterizzazione mimetica, mostrata, frasi come:

> Quando la maestra lo chiamava alla lavagna, gli bastava udire il proprio nome pronunciato ad alta voce perché il suo volto s'arrossisse tutto.

> Era piacevole conversare con il dottor Fabio, perché quando parlavi si protendeva in avanti sulla scrivania in segno di grande attenzione.

> Più di una volta mia moglie mi mise in imbarazzo rivolgendo parole dure e offensive a persone che avevano semplicemente gettato in strada una cicca di sigaretta.

Queste tre descrizioni non dichiarano le caratteristiche interiori, ma di esse ci mostrano immagini da cui possiamo desumerle in modo sufficientemente preciso: timidezza, disponibilità, rigidità morale. Molto dipende dallo stile, dalla lunghezza dello scritto, e ancor più dal grado di articolazione e di approfondimento dello stato psicologico, ma in genere è un buon consiglio quello di affidarsi maggiormente alle descrizioni, più che alle dichiarazioni.

Caratterizzazione culturale:

Questa categoria comprende non solo il grado e il tipo di cultura del personaggio, ma anche l'etnia, il ceto sociale, la professione, gli hobby, ecc. Io credo che rispetto alle altre caratterizzazioni, sia la più difficile da trattare, soprattutto negli aspetti etnici e culturali. Ciò è ovvio per le culture che non ci appartengono: io troverei molto difficile caratterizzare culturalmente con efficacia e precisione un iraniano o un aborigeno, al di là degli standard o dei pregiudizi razziali. Ma la difficoltà sussiste anche quando descriviamo persone della nostra stessa cultura, perché si rischia di non riuscire a cogliere ciò che è più discriminante.

Quali sono le differenze morali tra un occidentale e un asiatico?

Difficile rispondere, ma è anche difficile rispondere alla semplice domanda "quali sono le caratteristiche morali salienti della nostra società?".

Quando si è immersi come pesci in un ambiente culturale, risulta sempre arduo coglierne punti di forza, difetti, pregiudizi o idee. Solo i più grandi scrittori riescono a osservare e giudicare la propria cultura dall'esterno e contemporaneamente dall'interno. Ne capiscono intimamente le ragioni e nello stesso tempo sono capaci di giudicare dall'esterno, in modo oggettivo. Ecco perché le loro opere sono di grande levatura, tale da innalzare la narrativa ad alta letteratura. Purtroppo devo confessare che se mi riesce facile inventare avventure e situazioni psicologiche, mi è impossibile imprimere ai miei racconti caratterizzazioni etniche e culturali che riescano a convincere il mio stesso senso critico.

È questo il mio limite, che mi precluderà per sempre la scrittura di un capolavoro letterario da tramandare ai posteri, ma per fortuna la narrativa offre anche altre opportunità (sorriso).

Per concludere, la narratologia ci offre in rapporto ai personaggi, una serie di strumenti di analisi. Se si prende l'abitudine di effettuare la revisione del proprio scritto utilizzando un certo metodo, quest'analisi risulterà preziosa. Mentre giudichi del grado di staticità o di dinamicità di questo o quel tuo personaggio, in te nasceranno nuove idee e le tue pagine si riempiranno di figure vive, di quelle che restano nella mente del lettore, piccolo o grande che sia.

In rapporto ai personaggi, ci sono due espressioni scherzose che girano nel web per indicare una debolezza narrativa alquanto fastidiosa: *Mary Sue* e il suo corrispondente maschile *Gary Stue*.

Viene chiamato Mary Sue un personaggio femminile che incarna tutti gli ideali positivi riconosciuti dallo scrittore e dalla nostra società. Ne trascrivo un elenco:

- Mary Sue è bellissima, sana, forte, coraggiosa e bravissima in tutto ciò che fa.
- Mary Sue è adorabile, ammirata, amata da tutti, solo i malvagi non le vogliono bene.
- Mary Sue è dotata di uno o più poteri che altri non hanno, forza, intelligenza sovraumana, oppure è magica, o può leggere il pensiero…
- Mary Sue è la beniamina dello scrittore, che riserva a lei più tempo, che la mette sempre in luce anche a danno degli altri personaggi.
- Mary Sue è senza difetti, tutt'al più ha qualche piccolo e innocuo vezzo che la rende ancor più interessante.

Chiaramente Gary Stue è la sua degna controparte maschile, con tutti gli attributi del caso.

CAP. 10: GLI AMBIENTI

Di proposito uso la parola "ambienti" al posto di "luoghi" per sottolineare che qui non intendo limitarmi all'ambiente fisico, ma desidero occuparmi dell'ambiente generale in cui i personaggi sono immersi. L'ambiente, infatti, si compone di luoghi, ma anche delle persone e delle loro attività, del clima e dei rapporti della gente con animali e piante, della cultura, delle usanze, ecc.

Molti considerano l'ambiente come un contenitore, più o meno articolato e ricco di particolari, in cui i personaggi si muovono. L'ambiente diventa così una scatola, che può essere affascinante, se lo scrittore ci sa fare, ma pur sempre una scatola, o, se si preferisce, l'apparato scenico in cui si muovono i nostri personaggi.

Io ti consiglio di mutare radicalmente prospettiva.

Non pensare all'ambiente come "ciò che sta intorno", consideralo e trattalo invece come uno dei tuoi personaggi, con le sue particolarità, con le sue funzioni e con i suoi ruoli.

Nel momento in cui questo diverso orientamento di prospettiva ti riesce, all'ambiente potrai applicare tutte le categorie appena viste riferendoci ai personaggi. Ripercorriamo pertanto l'identico percorso, mettendo al centro dei riflettori il "personaggio ambiente".

I ruoli:

Protagonista / antagonista:

Vi sono romanzi interi dove il vero protagonista della storia è l'ambiente, i personaggi vi si muovono come aiutanti o come nemici, ma non sono loro il cardine della narrazione. Pensiamo a tutti quei libri o film in cui la lotta di un popolo oppresso si esprime in maniera corale. Ci sono i personaggi, ovvio, ce ne sono di principali e di secondari, ma le loro vicende sono episodi di un tutto molto più grande. Un popolo, una nazione, o anche solo una tribù o un clan, sono "ambiente" e la loro azione è l'azione dell'ambiente. Non è necessario limitarsi a considerare l'ambiente solo come insieme dei dati naturali: laghi, fiumi, montagne e foreste ecc., o artificiali: strade, piazze, case, stanze ecc.

L'ambiente protagonista, tuttavia, può essere anche indipendente da una qualsiasi configurazione umana, immaginiamo il racconto della formazione della Terra, o l'avventura dell'acqua da fiume a mare a nuvola a pioggia...

Spesso l'uomo lotta per sopravvivere nell'ambiente o al contrario è l'ambiente che si difende dall'uomo. I ruoli di protagonista / antagonista sono netti come è netta la loro contrapposizione, ma spesso non è chiaro chi sia realmente il protagonista e chi l'antagonista. Nell'*Uomo e il mare* di Hemingway, in *Moby Dick* di Melville o anche in *Ventimila leghe sotto i mari* il rapporto scontro non è tanto tra uomini, ma tra uomo e ambiente. Una mirabile narrazione con l'ambiente protagonista è anche l'eruzione del Vesuvio raccontata da Plinio. In genere i romanzi catastrofici migliori presentano l'ambiente come primo attore, mentre gli uomini appaiono figurine che si dibattono per la sopravvivenza. Un grande narratore di fantascienza catastrofica è J.B. Ballard: se non hai mai letto nulla di questo autore ti consiglio senz'altro *Terra bruciata* o *Deserto d'acqua*, o anche *Condominium*, sebbene qui ci sia un'originale commistione tra luogo e ambiente sociale.

Nella letteratura classica infantile, un romanzo in cui l'ambiente ha sicuramente un rapporto almeno di coprotagonista con l'uomo è *Robinson Crusoe*.

Nella letteratura infantile contemporanea l'accento si è sicuramente spostato sull'ambiente considerato nella prospettiva ecologica, ma qui esso non interpreta tanto il ruolo di protagonista/antagonista, quanto quello di oggetto, come vedremo.

Paradossalmente, ma non tanto, l'ambiente spesso è il vero protagonista nei libri per bambini molto piccoli, dai due ai 5 anni. Qui troviamo storielle di peso narrativo quasi inesistente che però servono per far conoscere al bambino l'ambiente in cui vive. Ecco allora la casa da riordinare, la strada con le sue regole, la gita al lago, la passeggiata in montagna, e poi: gli animali del bosco, le piante del mio giardino, ecc. ecc. Quasi sempre in questi libretti ci sono uno o due bambini che fungono da elemento unificatore. Questi bambini si muovono negli ambienti per scoprirne le caratteristiche, indagarne le funzioni e utilizzarne gli aspetti utili, ma in definitiva è l'ambiente che si apre ai loro occhi e in questo senso è lui il vero protagonista.

> Matteo e Lisa guardano sotto l'armadio della scuola. Quante cose stanno lì sotto! Un piccolo bottone. Chissà da dove arriva. Forse dal grembiule di una bambina, forse dal colletto di una camicetta. Ma guarda, c'è anche un areoplanino di carta… E una scatoletta vuota… Ma quanta polvere! Presto, diciamolo alla maestra… Oppure… Perché non puliamo noi? Io so dov'è l'armadietto delle scope…

Aiutante / avversario:

È difficile che l'ambiente non interpreti uno dei due ruoli o entrambi. Anche nelle storie fortemente centrate sui personaggi, l'ambiente può aiutare od ostacolare il protagonista. Nei romanzi in cui la vicenda si sviluppa in un viaggio (così sono i miei *Il Sacro Perno*, *Va' con i tuoi artigli* e *Le radici del grande cedro*), in cui proprio la varietà di ambienti impedisce che uno di essi diventi protagonista o antagonista, i ruoli di aiutanti o avversari emergono con chiarezza, anche se possono presentarsi con un'articolazione di livelli e di aspetti. In *Va' con i tuoi artigli* il vulcano entra in eruzione e rappresenta un pericolo mortale per Kobi e i suoi fratelli, eppure sarà proprio il vulcano ad aiutare Kobi a liberarsi dal tirannosauro che li perseguita. Nel *Sacro Perno* Irin e gli amici sfuggono ai troll grazie al fango della palude, che rende loro difficile il procedere, ma che ostacola ancor di più i pesanti inseguitori.

I fattori dell'ambiente, insomma, possono essere avversari per un aspetto e aiutanti per un altro. Credo non sia necessario insistere su questo punto, invece mi preme dire qualcosa rispetto all'ambiente – personaggio. Si può obiettare che l'ambiente, salvo quello animale o umano, non ha coscienza e che pertanto ritenerlo un personaggio sia un'indebita forzatura. Io credo che ciò nasca da un'errata interpretazione del termine "personaggio". Permettimi dunque una piccola divagazione.

Quando chiesero a Turing come si fa a sapere se una macchina, come un computer evolutissimo, abbia o no una coscienza, il grande studioso propose quello che in seguito rimase noto come il "test di Turing".

«Mettete in una stanza una macchina e nell'altra un uomo» propose. «In una terza stanza mettete una persona con il compito di esaminatore. L'esaminatore non sa in quale stanza stia la macchina e in quale l'uomo, però può porre loro domande attraverso una comunicazione scritta, allo stesso modo uomo e computer rispondono con uno scritto. L'esaminatore può porre qualsiasi domanda e quante domande vuole, se alla fine non sarà in grado di dire quali sono le risposte dell'uomo e quali quelle del computer, dobbiamo attribuire a entrambi una coscienza».

La coscienza in questo test non è dunque determinata da somiglianze fisiche o da qualche pregiudizio culturale o religioso, ma unicamente dalla qualità dei comportamenti. Ciò significa, per portarci nel campo della narrativa, che un personaggio è tale quando ha un comportamento da personaggio, non perché ha una qualche metafisica coscienza. Chi ci aiuta o chi ci ostacola è personaggio, o in ogni caso è personaggio ciò che interagisce con noi. Solo ciò che è inerte può essere ritenuto unicamente "campo" o semplice "cosa" e non personaggio, anche se, per caso, si tratti di un campo che riteniamo dotato di coscienza (ad esempio le persone che vanno e vengono lungo una strada cittadina, una folla allo stadio, un esercito in marcia, una famiglia riunita in picnic…). A differenza del personaggio, che ci induce a qualche azione, il campo è soltanto oggetto di osservazione, che si limita a definire la scatola in cui i personaggi sono collocati.

Oggetto:

Ricordi che trattando dei personaggi ho definito questo termine come ciò che si desidera ottenere, un tesoro o la principessa da sposare? L'ambiente come oggetto narrativo diventa ciò che dobbiamo proteggere, salvare, conquistare o al limite sfuggire o distruggere. I romanzi di tipo ecologico hanno normalmente il personaggio ambiente da preservare o da recuperare, e in questo non v'è molta differenza dall'eroe delle fiabe che lotta per liberare la principessa dalla torre o dal maleficio che la imprigiona. Tutto ciò è molto chiaro, ma come condividere l'idea dell'ambiente come oggetto da distruggere?

La prima risposta che mi viene in mente è la possibilità che il nostro protagonista umano sia un essere malvagio, il quale (se non siamo proprio così perfidi da far trionfare la distruzione!) alla fine subisce la punizione della sua cattiveria, oppure si ravvede in punto di morte [bello sforzo!].

La seconda risposta, credo più sensata, immagina un ambiente fortemente degradato ecologicamente (una discarica abusiva, un lago fortemente inquinato con le fabbriche intorno…) o socialmente (i bassifondi di una grande città, certe baraccopoli…). Questi sono ambienti in cui l'uomo non dovrebbe vivere e che sono da sfuggire (ricordi il film di Zavattini Miracolo a Milano, dove alla fine i barboni lasciano la baraccopoli ed emigrano in cielo?), oppure da abbattere o impedirne la nascita (anche qui gli esempi non mancano: basta pensare a tutti quei film e racconti dove la gente si mobilita per impedire che in un certo luogo sorga un grande albergo o un supermercato, anziché un parco per anziani e bambini).

Certo, l'ambiente come personaggio-oggetto non agisce e ciò sembra in contraddizione con quanto ho scritto più sopra a proposito della coscienza, ma a differenza di un "campo" qui il personaggio ambiente induce comunque le persone all'azione e in questo senso non è semplicemente lì, indifferente e senza rapporti, ma interagisce. Il suo degradarsi o il suo conservarsi o l'evolversi sono anch'es-

150

se azioni che hanno un effetto: l'ambiente come oggetto è dunque un personaggio a pieno titolo, come Biancaneve o Cenerentola.

Le definizioni

Statico/dinamico:

L'ambiente è un personaggio statico quando non muta nel corso della storia. Attenzione, "statico" non vuol dire "inerte" (altrimenti non sarebbe personaggio). Come ho scritto trattando delle persone, statico è la caratteristica di chi permane sempre identico a se stesso per l'intero percorso narrativo. Nel mio libro *I segreti della vecchia scuola* l'ambiente (una scuola in disuso) resta tale fino alle battute finali, quando viene demolita. Essa però è il deposito delle storie che offre a chi le sa trovare, non è pertanto inerte. Ma anche ambienti più vigorosi (vedi quelli catastrofici di Ballard) o l'isola di Robinson Crusoe mutano pochissimo e pertanto vanno definiti statici.

L'ambiente dinamico è ovviamente quello che si modifica. Nelle storie di viaggio gli ambienti si succedono grazie agli spostamenti dei protagonisti umani, ma si può affermare che nel complesso si tratta di un ambiente statico (anche se di natura multiforme), che non si accompagna a una trasformazione complessiva; è un po' come camminare per le vie di una città: le strade cambiano, ma la città permane immutata.

Qui trovo necessario un chiarimento. Un ambiente può mutare provvisoriamente (ad es. il mare è tranquillo, poi subentra una tempesta e quindi ritorna il sereno), ma ciò non rappresenta un grande livello di dinamicità. Si tratta più che altro di episodi così come una persona oggi è allegra e domani è triste, senza per questo cambiare la sua natura. Il personaggio dinamico, persona o ambiente, è tale perché presenta nel corso della vicenda mutazioni di tipo permanente, se non addirittura irreversibili. Nel libro di Landsale, *L'anno dell'uragano*, in cui narra un fatto realmente accaduto nel 1900, la città di Galveston fu praticamente rasa al suolo da un uragano. Era,

151

a detta di Landsale, una bella città situata su un'isola di fronte alla costa del Texas, che gareggiava per fascino e importanza con New York; dopo l'uragano non risorse più allo splendore di prima e oggi è una piccola città di cinquantamila abitanti. Ecco, l'ambiente in cui si svolge il romanzo di Landsale è proprio quello che ho definito un ambiente dinamico.

Non solo l'ambiente fisico può avere i caratteri della staticità o della dinamicità. Le stesse definizioni si applicano agli ambienti animali o umani. La scomparsa di una specie animale o vegetale, oppure la sua crescita abnorme (pensiamo alle alghe nell'Adriatico), sono trasformazioni che si possono presentare in maniera permanente, così come le mutazioni nella psicologie di massa, nella sensibilità generale di un popolo, ecc. Almeno all'interno del tempo complessivo della storia sono modificazioni di tipo stabile o di lunga durata.

Quest'ultima specificazione ha forse bisogno di un chiarimento. La durata temporale in cui si verificano i fatti della storia, da pochi minuti a secoli, è una sorta di cornice chiusa e in un certo senso assoluta. Al di fuori di questa cornice c'è il vuoto, il nulla; anche i rimandi nel passato o nel futuro presenti nella narrazione, sono solo tempi della storia, non sono un "prima" o un "poi" indipendenti. Pensa alla narrazione come a un organismo vivente: "C'era una volta…" ecco la fiaba è nata; poi seguono eventi che si succedono in un tempo narrativo: "…Cenerentola avrebbe tanto desiderato recarsi al ballo, ma non aveva un abito…", "…mentre scendeva di corsa le lunghe scale della reggia perse la sua scarpetta di cristallo…", ecc.; infine la conclusione: "…e vissero per sempre felici e contenti". Prima di quel "C'era una volta" e dopo quel "felici e contenti" non c'è nulla. Nessuno indaga sui nonni di Cenerentola, né si chiede che fine abbiano fatto i suoi nipoti, e se qualcuno lo facesse, avrebbe inventato un'altra storia.

Torniamo alle modifiche permanenti. Se gli abitanti di un quartiere sono riusciti a impedire la nascita di una sala giochi nel piccolo parco per i bambini e ne raccontiamo la storia, all'interno di questa

152

c'è un prima, costituito da una minaccia (il progetto della sala giochi) che anima i pensieri e le preoccupazioni della gente, e c'è un poi in cui la minaccia è stata scongiurata e il quartiere ora vive sereno e soddisfatto dell'esito della sua lotta. Questa è la cornice della storia, una storia che può essere raccontata bene, oppure male, ma che inizia con certi stati d'animo e si conclude con altri. C'è stata dunque una trasformazione che all'interno della storia narrata assume un carattere permanente (a noi non importa se dieci anni dopo vogliono trasformare il parco in un posteggio per auto o in un ospedale, ciò non rientra nella narrazione, o meglio nella fabula, come vedremo tra breve).

I cambiamenti momentanei non sono in grado di rendere l'ambiente dinamico, almeno nel senso con cui l'abbiamo usato finora. La polizia che interviene a sgomberare la manifestazione degli abitanti del quartiere, può suscitare collera e disperazione, a questa possono seguire eventi di violenza, ma anche se questi episodi sono molto movimentati e persino drammatici, ciò non serve a definire l'ambiente "dinamico".

Mi rendo conto che solitamente quando definiamo un ambiente statico o dinamico, ci basiamo più sugli eventi che non sulle trasformazioni. Per il parlare comune un ambiente statico sarebbe quello in cui non succede quasi nulla, invece l'ambiente sarebbe dinamico se è ricco di eventi. Non è così che intendo il rapporto statico-dinamico, e allora, per togliere ogni dubbio (spero), ti propongo un piccolo plot.

> Uno scienziato con la sua macchina del tempo raggiunge un piccolo villaggio medioevale. La macchina si rompe ed egli è costretto a vivere nel passato. La gente del villaggio è molto chiusa e sospettosa con gli stranieri, ma lo scienziato spera di essere ben accolto grazie al suo sapere e ai benefici che può dare alla collettività. Prepara medicine, crea per loro i fiammiferi, inventa piccole macchine meccaniche per agevolare il lavoro... Ma ogni cosa che fa viene distrutta o rifiutata ritenendola opera del demonio. Nonostante le spiegazioni dello scienziato, tutti lo considerano uno stregone al servizio del diavolo e, dopo mille avventure rocambolesche, lo catturano e lo mettono a morte. Il villaggio può ritornare alla vita di un tempo.

Bene, come definiresti quell'ambiente, statico o dinamico?

Ovviamente statico, nonostante lo si possa arricchire di tanti episodi drammatici (le accuse, il processo, la fuga dello scienziato e l'inseguimento, la cattura, la prigionia e l'esecuzione...). A ben guardare, è proprio la staticità dell'ambiente sociale che crea il dramma, è l'incapacità della gente ad accettare il nuovo che mette in moto la storia, un ambiente che permane ostinatamente identico a se stesso, ancorato ai suoi pregiudizi come una conchiglia allo scoglio.

Dopo questa parentesi possiamo riprendere il discorso sulle altre definizioni.

Tipico/piatto/tondo:

Su queste tre definizioni non c'è molto da discutere. L'ambiente è *tipico* quando è esattamente quello che ci aspettiamo in un genere narrativo. In una storia western sarà un ambiente assolato, con grandi spazi, canyon e praterie, con mandrie di bufali o di bovini, ci saranno cow-boy, indiani, sceriffi e pistoleri, ci sarà il saloon con il pianista e le ballerine... In una fiaba c'è la reggia, con i monarchi, i ministri i soldati e i cortigiani, c'è il villaggio e il bosco, e ci saranno briganti e orchi, fate e principesse, principi e cavalieri...

L'ambiente *piatto*, analogamente a quanto scritto a proposito dei personaggi, è un ambiente quale può apparire a uno sguardo esterno e superficiale. È l'ambiente visto dal turista, che ne osserva luoghi e persone, ma non riesce a penetrare il rapporto intimo tra i vari aspetti che lo costituiscono (le persone, gli animali, l'interazione con la natura...). Moltissima narrativa fa uso di ambienti piatti e a proposito mi piace ricordare come si sia evoluta la fantascienza aliena dalle sue origini (intorno al 1920) a oggi. Fino alla metà del secolo gli ambienti alieni erano composti semplicemente di strane piante, di animali orrendi e pericolosi e popoli mostruosi più o meno malvagi. Pian piano, gli autori più consapevoli abbandonarono questo modo piatto di ideare ambienti e cercarono sempre più di integrare l'ambiente naturale e fisico con quello sociale in un tutto verosimile e convincente, oltre che illuminante, giacché spesso quegli ambienti si rivelavano una reinterpretazione del nostro stesso mondo. Più che racconti e romanzi qui dovrei citare i grandi autori, soprattutto, Philip Dick, Ray Bradbury, Fritz Leiber e molti altri.

Definendo l'ambiente piatto ho anche accennato all'ambiente tondo. Per esplicitare il mio pensiero riprendo per un momento l'ambiente western, si tratta di un ambiente talmente tipizzato dalla cinematografia, che diventa difficile trasformarlo in un ambiente tondo. Indiani semiselvaggi e pionieri coraggiosi, foreste e praterie... Come si può non fermarsi alle immagini stereotipe e calarsi invece nelle radici più profonde dell'ambiente?

La stessa cinematografia ce l'ha insegnato: confronta gli ambienti di *Ombre rosse* (comunque un capolavoro del genere) con *Balla coi lupi* o *Corvo rosso non avrai il mio scalpo*, ma anche i film di Sergio Leone, in cui i personaggi sembrano essere ritagliati dall'ambiente stesso, e vedrai come nel primo film l'ambiente è un contenitore, mentre negli altri più recenti è qualcosa che effettivamente condiziona il modo di comportarsi e di pensare dei personaggi umani.

Nei racconti per bambini chi ha saputo meglio coniugare ambiente e storia è stato a mio parere Rodari, al contrario [già sento urlare i fan] piuttosto povero sotto il profilo dell'ambiente è Collodi. Il suo capolavoro, Pinocchio, è un capolavoro di personaggi, non di ambiente, che appare abbastanza in ombra. Nella letteratura giovanile un genio dell'ambientazione a tutto tondo è Tolkien, non c'è bisogno di discutere molto. Invece nella narrativa per bambini piccoli (3-5 anni) è raro che l'ambiente si sollevi oltre il livello dello stereotipo; d'altra parte è giusto così: a quell'età gli stereotipi non esistono. Il bambino piccolo vive ogni cosa come una novità e l'acquisizione di ciò che noi consideriamo "comune" e "non degno di nota" è per lui "nuovo" e anche "affascinante".

Paolino può rubare la marmellata in una cucina normalissima, non c'è bisogno che sia circondato da chissà quali meraviglie, e neppure siamo costretti a immaginare una società di piccoli ladri o attribuire alla marmellata il potere di guarire la principessa del Catai. Per un bambino di quattro anni il fatto che Paolino rubi la marmellata è un evento sorprendente in sé.

Le caratteristiche

Caratterizzazione fisica:

Riferita agli ambienti, la caratterizzazione fisica non è altro che la descrizione del luogo e di chi ci vive. Anche qui sono raccomandabili i consigli dati a proposito dei personaggi. Non è necessario soffermarsi su tutti i particolari, soprattutto se sono poi trattati in modo generico. Bisogna invece sforzarsi di ritrovare quelle caratterizzazioni che fanno un certo ambiente diverso da tutti gli altri. A costo di ripetermi desidero rinforzare l'idea: l'ambiente è qualcosa di più di un "campo". Un campo può essere descritto in modo generico, inserendovi semplicemente quei dati necessari alla storia. Se vogliamo raccontare di un gruppo di turisti sperduti nel deserto, che aspettano il passaggio di qualche carovana per essere salvati, è ovviamente necessario dire dove si trovano, ma a meno di intenti particolari, se ci preme raccontare soprattutto il loro vissuto psicologico e i rapporti tra le persone in quella situazione drammatica, non è necessario dettagliare e caratterizzare eccessivamente il luogo. Un generico deserto di dune e di sabbia, oppure una distesa di ciottoli piatti può andar bene. Nel bellissimo film *La parola ai giurati* tutta la storia si sviluppa in una banalissima aula che fa da "campo" e non si sente alcun bisogno di una qualche caratterizzazione ambientale.

Se invece desideri che il tuo non sia soltanto un campo, ma un vero ambiente, allora devi proprio sforzarti a far emergere il tuo acume di osservatore e la tua creatività di scrittore.

Qualche esempio di pennellate d'autore:

> Si stendeva un'immensa pianura completamente deserta, che non offriva allo sguardo alcun punto di riferimento, così che l'occhio pareva precipitare nel vuoto. [Michael Ende, *La storia infinita*]

156

> Non vi erano alberi o corsi d'acqua in vista; la campagna era ricoperta di un'erba bassa e morbida, e immersa in un pacifico silenzio interrotto soltanto dal sussurro della brezza sulle creste e dalle romite grida di uccelli raminghi. [J.R.R. Tolkien, *Il Signore degli Anelli*]

> Guardarono il tramonto, e il tramonto aveva il colore della sabbia. [J.L. Borges, *Storia universale dell'infamia*]

Caratterizzazione psicologica:

Non possiamo certamente parlare di psicologia riferendoci a ciò che nell'ambiente è inanimato, mentre ciò è lecito trattando di animali e persone. Esistono atteggiamenti psicologici diversi in specie diverse: la psicologia dei cani non è quella dei gatti e allo stesso modo non è quella dei lupi o delle tigri... Se il nostro ambiente prevede una fauna di foche e di orsi, certamente i nostri protagonisti umani dovranno fare i conti con le loro attitudini, gli istinti, i modi di affrontare il pericolo o di sfuggirlo, la loro aggressività, ecc. Se poi l'ambiente è soprattutto umano, si pensi a una città, gli aspetti psicologici comuni nella popolazione sono spesso molto evidenti. Una città come Milano o Londra presenta tipologie psicologiche varie e diffuse, spesso poi localizzate in quartieri, ma sicuramente c'è molta differenza da città come Istanbul o Pechino. Gli atteggiamenti della gente, le paure, le aspettative e le ambizioni sono diverse e un bravo scrittore riesce a caratterizzarle con precisione ed efficacia.

V'è poi un'altra caratterizzazione psicologica di direzione diversa che ritengo debba essere inserita qui. Si tratta dell'effetto psicologico che l'ambiente esercita su chi ci vive o semplicemente lo osserva. Un'idea di questo genere era già presente in una delle frasi che ho scritto poco sopra: "l'occhio pareva precipitare nel vuoto", dove viene descritto un effetto relativo alla psicologia della percezione.

Ma vi può essere ben altro, osserva come scrive Lovercraft:

> Non si sentiva e non si vedeva nulla a parte l'immensa distesa di fango nero: e proprio la totale immobilità e omogeneità del paesaggio faceva sorgere nel viandante un senso di paura opprimente.

> Sui volti della folla era impressa un'espressione di pazzia che nasceva da un terrore schiacciante, e sulle labbra correvano parole così tremende che nessuno voleva soffermarsi a verificarle.

> Mi parve di essere sull'orlo del mondo e di guardare oltre il bordo, in un abisso incommensurabile di notte e caos.

Questi sono sentimenti espliciti che scaturiscono dalla presenza di determinati ambienti, tuttavia spesso è la descrizione stessa che, senza dichiararli, suscita nel lettore questo o quel sentimento. Alcuni esempi molto significativi:

> Lastre di ghiaccio precipitavano rombando come slavine giù per le dirupate pareti di roccia, tormente di neve infuriavano fra le guglie delle cime rivestite di ghiaccio, si rovesciavano urlando in abissi e crepacci e poi si sollevavano di nuovo, spazzando con furia le ampie distese dei ghiacciai.

> La pianura andava da un orizzonte all'altro, come uno sterminato giardino colmo di profumi inebrianti e di colori di sogno.

> Dietro il muro, nero come la pece, alcune torri sbilenche si levavano nel cielo grigio.

Ciascuna di queste descrizioni intende suscitare sentimenti abbastanza precisi: il senso di piccolezza e di fragilità dell'uomo a confronto con le forze fredde e scatenate della natura, nella prima descrizione; il senso del magico e dell'armonia fiabesca, nella seconda descrizione; l'angoscia di un ignoto cupo e ostile, nella terza.

Ancora una volta, descrivere e lasciare al lettore l'esperienza dei sentimenti è meglio che non suggerirglieli apertamente.

Caratterizzazione culturale:

J.B. Ballard, un autore che a me piace molto, non scrive più di fantascienza [peccato!] però mirabili sono anche i suoi libri "normali". Egli ha scritto il formidabile *L'impero del sole*, da cui è stato tratto un film di successo. Ebbene, al di là della vicenda del bambino protagonista, il vero grande antagonista è l'ambiente culturale giapponese alla fine della seconda guerra mondiale, e in particolare quella cultura che generò i kamikaze (altra presenza formidabile nel libro).

La caratterizzazione culturale dell'ambiente è qualcosa di estremamente necessaria quando si scrive di ambienti umani, siano essi grandi città o villaggi della foresta amazzonica, quando si colloca la vicenda nel medioevo o ai giorni nostri. Sono gli aspetti culturali diffusi nell'ambiente (valori, ideali, pregiudizi, conoscenze, religione, ecc.) che inquadrano i nostri personaggi e rendono le loro azioni nobili o detestabili, adeguate o folli.

Normalmente l'omicidio è considerato immorale e malvagio, ma in molte culture, antiche e anche moderne, la vendetta è considerata azione giusta, quando non è ritenuta addirittura nobile e necessaria per ottenere la considerazione sociale.

Il soldato che deruba i compagni morti è spregevole, la spia che ruba i piani segreti del nemico è un eroe, i ladri che penetrano di notte in una banca sono talvolta oggetto di ammirazione per l'ingegnosità e il coraggio, il ladro di biciclette nel dopoguerra di De Sica genera compassione, i "soliti ignoti" che penetrano in un appartamento per rubare un piatto di fagioli fa ridere... Azioni simili generano atteggiamenti molto diversi e di ciò occorre tener conto quando i nostri personaggi si muovono in un ambiente caratterizzato.

Anche se si scrive per bambini, è importante essere ben documentati e soprattutto occorre evitare falsità stereotipe, quelle per cui gli indù sono tutti fachiri o i preti tutti santi. Mostrare il ragià che va a spasso su un elefante può andar bene, ma non bisogna che il bambino giunga a credere che oggi in India ci siano i ragià che usano gli elefanti al posto delle automobili. E non occorre essere pedanti per evitare fraintendimenti. Basta la presenza di figure umoristiche, di una conduzione scherzosa o fiabesca della narrazione, per evitare che nel bambino si instaurino false credenze.

> C'era una volta nella lontana India un ragià saggio e generoso che ogni mattina saliva sul suo elefante per recarsi a visitare la ragazza più bella del villaggio...

Oppure:

> Da quel dì che cadde giù dall'elefante... il ragià portò in testa un gran
> turbante...

Il bambino capisce subito che siamo in un ambiente in cui può succedere di tutto, anche i ragià che cadono dagli elefanti. Invece una caratterizzazione condotta nel modo seguente non va bene:

> L'India è un paese molto lontano da noi, con tanta gente che vive in povertà. Ci sono città grandi, molto più grandi delle nostre, con splendide ville e baracche malsane. Lì vive un ragià che ogni giorno in groppa al suo elefante si reca a trovare la ragazza più bella del villaggio...

Qui le informazioni reali si mescolano con le immagini fantastiche e disorientano il piccolo lettore che non riesce più a capire dov'è la finzione e dov'è la realtà.

Possiamo chiudere qui il discorso sull'ambiente come personaggio, ma c'è ancora altro da dire su ciò che esso può apportare al modo stesso di raccontare una storia. In seguito riprenderemo l'argomento.

CAP. 11: FABULA E INTRECCIO

La distinzione tra *fabula* e *intreccio*, in sé abbastanza ovvia, risale ai critici letterari russi che usarono per primi tali parole in opposizione di significato.

La *fabula* non sarebbe altro che l'insieme delle vicende della storia quali si sviluppano in ordine cronologico. Un esempio lapidario: "la signora Pina sfilò il portafoglio dalla giacca del marito e si recò al mercato", questa è la fabula che espone due azioni in successione: "prendere il portafoglio", "andare al mercato".

L'*intreccio* sarebbe invece l'insieme delle vicende nell'ordine con cui sono presentate nella narrazione. Talvolta l'intreccio coincide con la fabula, ma più spesso l'ordine è diverso. Riprendiamo la nostra frasetta: "La signora Pina si recò al mercato con il portafoglio sfilato dalla giacca del marito". Ci sono ancora le due azioni "prendere il portafoglio" e "andare al mercato", ma non sono scritte secondo l'ordine cronologico. Ovviamente questo è solo un piccolissimo esempio, di norma le parole "fabula" e "intreccio" non si riferiscono a una semplice frase, ma all'opera narrativa nel suo insieme.

Io credo che taluni termini narratologici siano utili maggiormente a chi studia la lingua e la letteratura che non allo scrittore. Certi concetti sono alquanto intuitivi, ma disporre di un nome tecnico che li designa può favorire la comunicazione, rendendo più agevole e preciso il discorso. Gli scrittori hanno meno bisogno di distinzioni e di definizioni e vanno più "a naso", ed è per questa ragione che la narratologia è in forte declino presso gli autori e permane maggiormente nelle aule scolastiche. Tutto ciò non per denigrare l'utilità della narratologia, ma per confinarla nel ruolo in cui può apportare davvero dei benefici a chi scrive. Vediamo la cosa più da vicino.

Prima che i critici russi distinguessero la fabula dall'intreccio, da secoli gli scrittori inventavano le storie e poi le raccontavano con un ordine diverso da quello cronologico. Del resto sarebbe alquanto difficile narrare un intero racconto senza mai riprendere eventi anteriori che forniscano le ragioni di ciò che si sta narrando. Per riprendere l'esempio scheletrico della signora Pina, io posso raccontare secondo l'ordine della fabula (prende il portafoglio poi va al mercato), ma a un certo punto dovrò per forza spiegare perché la signora Pina s'è comportata così: forse il marito era molto avaro, o forse la signora Pina non trovava la sua borsetta, oppure la signora Pina è una che spende in modo sconsiderato e il marito non le dà i soldi... In ogni caso dovrò necessariamente riferire di cose che sono successe prima del prendere il portafoglio e recarsi al mercato.

La nozione di fabula e di intreccio non è dunque qualcosa di nuovo per gli scrittori, che chiaramente hanno in mente l'ordine cronologico degli eventi e poi decidono l'ordine narrativo per esporli. Fabula e intreccio sono sempre compresenti in un'opera narrativa, poiché la loro opposizione è puramente logica. L'intreccio, infatti, è ciò che appare al lettore, mentre la fabula è un riordino mentale di ciò che si è letto, in questo senso la fabula non è qualcosa che si dà, ma che si ricava da una riflessione sul testo. Nelle storie più semplici l'intreccio può svilupparsi cronologicamente così che la fabula è già pronta e il lettore non ha da riordinare nulla.

Tornando a noi autori, viene spontanea la domanda: dal momento che l'opposizione tra i due termini è solo una distinzione puramente teorica di significato, a che cosa ci serve averli distinti? La domanda potrebbe essere riformulata in modo molto più ampio: a che ci serve la narratologia?

Come ho scritto, la narratologia è nata dal terreno della critica letteraria, soprattutto da quella che si è ispirata alla corrente filosofica dello strutturalismo. L'idea base dello strutturalismo era quella di cercare le "strutture" delle cose, vale a dire ciò che si poteva riconoscere come modello operante in esse, tralasciando ciò che appariva contingente e legato al singolo oggetto. Il filosofo strutturalista è molto più interessato alle somiglianze tra le cose che non alle differenze. (banalizzando, un po' come dire che invece di descrivere le differenze tra un cane e un gatto, egli preferisce spiegare che cosa rende cani e gatti simili tra loro in opposizione ad altri animali). Ma, e qui sta il primo problema, lo scrittore non è affatto interessato a ciò che di comune hanno tra loro gli scritti, egli ha cura della sua storia e spera che sia il più possibile unica e irripetibile. Non è la struttura che gli interessa, ma le particolarità individue, un po' come un ragazzo che s'innamora della ragazza non per ciò che ha in comune con le altre, ma per ciò che la distingue. Non è forse vero che uno dei complimenti paradossalmente più usuali tra innamorati è "tu sei diversa dalle altre"?

Il secondo problema, forse ancor più arduo del primo, è che la narratologia strutturalista è descrittiva e non normativa. Che cosa vuol dire? Semplicemente questo: la narratologia descrive ciò che si può osservare e successivamente come classificare i dati dell'osservazione, nulla invece spiega di ciò che va giudicato bello o brutto, giusto o sbagliato, che cosa è bene fare e che cosa evitare (in sostanza: non ci offre alcuna norma di giudizio e di comportamento).

Ma allora, per noi scrittori, la narratologia non serve a nulla? Pare proprio che sia così.

Già ti sento protestare: "mi hai fatto un testone con narratori onniscienti e narratori ignoranti, con ruoli, definizioni, personaggi e ambienti e adesso mi dici che tutto ciò non serve a nulla?"

Piano, piano, prima di sbraitare respira tranquillo due o tre volte.

La narratologia dei critici non ci serve così com'è, ma noi possiamo renderla utile. Per prima cosa ti dirò che quando avrai concluso il tuo lavoro, anche se sarà bellissimo, prova a fare il critico e analizzalo. Essere autocritici con le proprie opere è fondamentale per uno scrittore che non si senta già Dante Alighieri; dall'osservazione e dal confronto s'impara moltissimo e la narratologia ti offre alcuni strumenti concettuali (se tu non sapessi nulla dei vari tipi di narratori e ciò che li distingue, come potresti rilevare errori e incongruenze nella tua narrazione? Se non avessi una chiara nozione di "punto di vista" probabilmente salteresti da una prospettiva all'altra senza accorgertene).

Il secondo motivo per avere almeno qualche nozione di narratologia è che senza una riflessione oggettiva c'è il rischio che la tua musica suoni sempre sul limitato numero di note che ti sta nella testa. Se conosci solo il modo di scrivere del narratore onnisciente e dell'io narrante, come potresti accorgerti che una certa idea narrativa potrebbe essere espressa meglio con un narratore esterno limitato o addirittura con un tu narrante?

Il terzo motivo, per me il più importante, è che se la narratologia strutturalista è descrittiva e opera sull'analisi dell'esistente, noi possiamo renderla normativa a nostro uso e consumo.

Un esempio. In un mio racconto a un certo punto compare una strega che spaventa i bambini. Non è un personaggio molto importante, infatti i bambini fuggono e della strega non si sa più nulla. Come trattare questa strega: come personaggio tipico? tondo? piatto?

Ecco, per il solo fatto di porsi la domanda, il pensiero viaggia in mezzo a varie possibilità e non si ferma alla prima cosa che viene in mente. Ragionando in termini narratologici, la strega che mi era uscita di getto era una strega assolutamente tipica, ma nel momento stesso in cui presi coscienza del fatto che si trattava effettivamente di un personaggio tipico, cominciarono a farsi avanti nuove idee. Alla fine la mia strega diventò una strana presenza che fece fuggire i bambini non per il suo aspetto orribile, ma per la sua esagerata logorrea!

Ne venne fuori un personaggio sicuramente piatto, ma oltremodo divertente; immagina una strega che affronta i bambini così:

> Ecco due pollastrelli per il mio grande e bellissimo pentolone. L'ho comprato alla fiera delle streghe per pochi denari, non so se funziona

bene, non l'ho ancora provato e c'è il rischio che il fondo con il fuoco si stacchi. Però ha una forma molto, molto elegante... Che ne dite, bambini, ho fatto bene a comprarlo? Io sono un tipo che non guarda molto ai soldi, ma non mi piace spendere inutilmente. Certo che se una cosa è bella può anche essere che mi affascini anche se vale magari poco e non fa il servizio cui è destinata. E voi? A voi è capitato che regalassero un gioco bello ma che non funzionava? Che ne avete fatto? Va beh, non divaghiamo. Come mi trovate come strega? Sono abbastanza brutta? Io penso che una strega...

Capisci adesso perché i bambini sono fuggiti?

Recuperiamo un po' di serietà. La narratologia è utile allo scrittore perché può essere uno stimolo alla creatività, e solo gli scrittori sanno di quanta creatività hanno bisogno per tirare avanti.

Il fatto che l'intreccio non segua solitamente l'ordine della fabula può creare nuovi problemi (o meglio: i problemi sono vecchi, ma possono essere osservati in una luce nuova).

Quando si racconta mediante salti temporali avanti e indietro (o anche spostamenti di luoghi), il rischio principale è quello di confondere il lettore, pericolo che sussiste molto meno quando l'intreccio segue l'ordine cronologico della fabula. Ma allora, perché ricorrere a tali spostamenti di tempi e luoghi se si rischia la confusione? Non sarebbe meglio scrivere dall'inizio alla fine secondo il buon "metodo antico" del prima e del poi?

Probabilmente in una deposizione in tribunale o in una registrazione di fatti è sicuramente buona cosa rispettare rigorosamente l'ordine degli eventi, ma, per fortuna, non siamo né in tribunale né davanti al commissario di polizia. Noi siamo davanti ai nostri lettori e dobbiamo rispettarne la natura e, forse, anche coccolarli.

Quand'ero insegnante curavo molto meno di trovare ciò che poteva interessare i miei alunni quanto trovare un modo interessante per presentare ciò che dovevo dire. È difficile che un ragazzetto di undici anni sia interessato alla vita di Dante Alighieri, però qualcosa dobbiamo pur dirgli, non possiamo lasciarlo completamente ignorante. Così come conosce "vita e miracoli" dei calciatori della nazionale di calcio, possiamo pur chiedergli di sapere che Dante non era né un eschimese né un aborigeno australiano. Ma come procedere, in ordine cronologico? Proviamo.

> Dante nacque nell'importante famiglia fiorentina degli Alighieri, tra il 14 maggio e il 13 giugno del 1265 (non si conosce il giorno esatto), ma si sa che è stato battezzato il 26 marzo 1266, Sabato Santo. Il padre si chiamava Aleghiero o Alighiero di Bellincione, e svolgeva la professione di cambiavalute, con la quale riuscì a procurare un dignitoso decoro alla numerosa famiglia. La madre di Dante era Bella degli Abati: Bella era diminutivo di Gabriella, Abati era un'importante famiglia ghibellina. Di lei si sa poco…

Sfido qualunque insegnante a ottenere l'attenzione dei ragazzi per il tempo che va da "Dante nacque" a "Di lei si sa poco". Probabilmente a quel punto i banchi degli alunni si sono già riempiti di ometti saltellanti e alieni in battaglia.

Proviamo a iniziare in un altro modo.

> Sapete che il più grande poeta italiano per tutta la vita non poté rientrare nella città dov'era nato, altrimenti lo mettevano in galera? Sì, proprio così, ora vi racconto com'è andata. Dante era nato a Firenze…

Molto meglio, no? Un'altra idea:

> Nel medioevo la gente non aveva molto da divertirsi, così i ricchi si rallegravano con grande mangiate e con le burle ai danni degli ospiti. Si racconta che il signore di Verona, che si chiamava Cangrande della Scala (attenti al nome perché nella storia è importante), volle fare uno scherzo al grande poeta Dante. Poiché all'epoca era uso gettare gli avanzi del cibo per terra, sotto il tavolo, Cangrande chiamò un servo e lo incaricò di accumulare di nascosto tutti gli ossi vicino ai piedi di Dante. Al termine del pranzo Cangrande indicò ridendo il cumulo degli ossi ed esclamò: — Perbacco, Dante! Siete un sommo poeta ma mangiate come dieci soldati!
> Tutti i commensali scoppiarono a ridere, ma Dante, che era nato a Firenze e, come tutti i fiorentini, aveva una lingua che spaccava in due i tronchi degli alberi, rispose tranquillamente indicando il pavimento vuoto ai piedi del signore: — Messere, se anch'io fossi un Can grande come voi di ossi non ne trovereste neppure uno!
> Eh sì, un bel tipo Dante. Questo però è un aneddoto, una storiella probabilmente non vera. Vero invece è che Dante, il più grande poeta

> italiano mai vissuto, non poté per tutta la vita rientrare nella città in cui era nato, altrimenti l'avrebbero messo in galera. Sì, proprio così, ora vi racconto com'è andata. Dante era nato a Firenze...

Forse Dante non riceverà la popolarità del centroavanti del Milan, ma si può star certi che i ragazzi saranno rimasti incuriositi a sufficienza per ascoltare almeno per altri dieci minuti la vita di Dante. Non è poco.

Tornando alla narrativa, l'antifona l'hai capita. Talvolta s'inizia dal fondo se questo è più intrigante dell'inizio. Non è una regola, perché anche un inizio può essere travolgente:

> C'era una volta un principe bellissimo davanti, ma dietro aveva una lunga e schifosa coda di ratto...

Brrr! C'è di che farsi venire il singhiozzo, pazienza, ma l'attenzione è stata sicuramente catturata. Talvolta è più interessante la fine:

> Quando Giovanni salì sul treno per far ritorno a casa non indossava altro che un paio di mutande da donna. E da allora non lo rividi mai più. Ah, che storia!
> Avevo conosciuto Giovanni l'anno precedente, quando mi ero recato in biblioteca per consultare un libro sui coleotteri...

L'intreccio di un racconto si struttura sempre in tre parti grossolane: un inizio, uno svolgimento e una fine. Poiché stiamo parlando di intreccio e non di fabula, l'inizio può riferire un evento che non necessariamente deve antecedere gli altri. Possiamo pertanto scegliere un episodio che riesca a suscitare un interesse sufficiente a indurre il lettore a proseguire ("ad agganciare il lettore" direbbero gli editori). In effetti oggi c'è bisogno di questo. Quando i libri erano pochi e piuttosto costosi, il lettore era disposto a sorbirsi pagine di descrizioni o di spiegazioni (quando non erano addirittura tiritere moraleggianti) e non avrebbe abbandonato la lettura delle preziose stampe neppure se fosse stato sul punto di morire di noia. Il lettore di oggi trova un'infinità di libri gratis o a pochissimo prezzo. Con il diffondersi degli ebook si possono acquistare libri per pochi centesimi in mezzo a una varietà vastissima; perché mai dovrebbe impiegare dieci ore di lettura prima che succeda qualcosa?

Non dico che il lettore già nelle primissime righe debba essere bombardato dagli eventi più spettacolari della storia; questo sarebbe alquanto controproducente (se tutto l'interesse del libro è lì nelle prime due pagine, perché mai leggere tutto il resto?).

Ecco che la questione della struttura di una narrazione comincia a delinearsi meglio e si congiunge con la discussione che abbiamo già affrontato a proposito del ritmo.

Se dovessimo disegnare l'andamento ideale dell'interesse che il lettore prova per la storia che gli andiamo a narrare, non dovrebbe somigliare a un lungo piano inclinato crescente, che va da un minimo di interesse e cresce via via fino a un massimo che si trova nel finale. Un simile procedimento annoierebbe il lettore proprio all'avvio, e una volta ingenerata la noia è difficile recuperare credibilità.

Anche un andamento decrescente dall'inizio alla fine sarebbe sbagliato perché dopo una bella partenza il racconto morirebbe via via, lasciando il lettore sempre più deluso.

Un diverso diagramma di interesse potrebbe presentare un andamento a montagna (il punto più interessante, il climax, si troverebbe a metà libro), ma in questo modo tutta la seconda parte sarebbe un lunghissimo finale. Ugualmente inadeguato è il diagramma a conca, dove i vertici di interesse sono all'inizio e alla fine. In questo caso il lettore parte bene, ma poi la sua attenzione decade sempre più e anche un bel finale difficilmente riesce a salvare il racconto.

Qual è (a mio parere) l'andamento più adatto a coinvolgere il lettore che non ha motivi particolari per seguire il nostro romanzo?

Io credo che l'andamento non debba essere in nessun caso lineare, esso può presentare un andamento generale e grossolano a montagna, con il picco a otto, nove decimi del libro. La grande curva dev'essere però costantemente e irregolarmente segnata da onde crescenti e calanti, di varia intensità.

In altre parole l'intreccio dovrebbe presentare un ritmo di sequenze che vanno da un inizio sufficientemente forte (ma non dirompente), poi con un salire e scendere dell'interesse sempre più accentuato lungo l'intero sviluppo, infine, raggiunto il climax seguirà la rapida discesa verso il finale. Come si vede ritorna la questione dell'andamento ritmico.

Questo in linea di massima, ma ci sono fattori che mutano più o meno questo andamento, primo fra tutti la lunghezza dello scritto. In uno scritto breve, un raccontino inferiore alle due o tre pagine, destinato ad adulti o ragazzi, il finale dev'essere il punto più forte (finale a sorpresa), mentre la restante parte non deve mai scendere oltre un certo livello. Un buon avvio aiuta molto, ma anche se non è travolgente, la brevità dello scritto incoraggia il lettore a superare i momenti meno intensi. Al di là di ciò che avviene nella storia, un altro fattore che attenua la rigidità dello schema proposto e consente variazioni più o meno grandi è lo stile espositivo. Uno stile vivace, con dialoghi ed espressioni piacevoli, un linguaggio preciso e accattivante incoraggiano il lettore a proseguire anche per molte pagine senza annoiarsi, nonostante gli eventi siano scarsi e prevalgano le descrizioni o i ragionamenti.

Con i bambini piccoli il problema si pone in modo molto limitato. Più che non la straordinarietà di ciò che si narra, per loro è importante la riconoscibilità. Il bambino di tre e quattro anni nel racconto cerca per prima cosa ciò che può riconoscere. Per lui è più attraente un inizio come:

> Ninetta cammina piano piano per paura che il bicchiere gli sfugga di mano. Deve apparecchiare la tavola e questo è un compito difficile. La mamma ha incaricato lei che ha quattro anni ed è grande, non Pietro ne ha solo due e non ne sarebbe capace...

Mentre resterebbe abbastanza freddo davanti a:

> Il fulmine esplode nella stanza con un grande rumore e illumina i volti terrorizzati delle persone...

Questo non significa che dobbiamo propinare al bambino grandi cucchiaiate di banalità. Al contrario un po' di fantasia e di paradosso non guasta affatto, ma la riconoscibilità dev'essere rispettata.

> Ninetta cammina piano piano per paura che il bicchiere gli sfugga di mano. "Attenta, non rompermi" dice una vocina. Ninetta guarda davanti e guarda dietro, ma non c'è nessuno. Chi ha parlato? 'Sono io, il bicchiere" spiega la vocina. "Devi trattarmi bene perché sono prezioso, non come quei tovaglioli di carta lì, che non valgono nulla…" I tovaglioli di carta protestano…

La storiella può proseguire con una baraonda sul tavolo apparecchiato, tanto che Ninetta si mette a piangere. Accorre la mamma e… (perché non prosegui tu?).

In definitiva l'intreccio non coincide con la fabula per ragioni di efficacia del racconto, ma non è solo l'interesse del lettore a motivare certe scelte. Un episodio viene raccontato prima di quello che dovrebbe essere cronologicamente anteriore perché ritenuto più significativo. Noi sappiamo che ciò che viene per primo riceve automaticamente un'accentuazione (anche l'ultimo elemento risulta più accentuato di ciò che sta in mezzo, seppure meno del primo). Il linguaggio parlato usa le posposizioni temporali per accentuare questo o quell'elemento, confronta queste due frasi:

"Ho mangiato troppo e adesso mi fa male la pancia"

"Mi fa male la pancia perché ho mangiato troppo"

Nella prima frase, che segue l'ordine cronologico, l'informazione primaria è l'aver mangiato troppo e la critica implicita è contro l'ingordigia e la sventatezza (come a dire: se sto male ben mi sta).

Nella seconda frase, dove l'ordine cronologico è rovesciato, a essere evidenziato è il mal di pancia e c'è quasi un tentativo di attirare su di sé la compassione (sto male e qualcuno mi deve aiutare).

Vi possono poi essere ragioni logiche per cui un evento antecedente viene raccontato dopo. Ad esempio può essere che la motivazione di un fatto sia conosciuta più tardi o comunque sia comprensibile solo a posteriori, come indicano queste due frasi:

> Adesso capisco perché stai lì nascosto sotto il tavolo, non mi avevi detto che avevi rotto un bicchiere!

170

Oppure:

> Ciao zia Anna, che bello! Non sapevo che saresti venuta a trovarci! Stamattina la mamma è uscita presto di casa ed è tornata con un panettone. Quando le ho chiesto il motivo ha fatto la misteriosa e ha detto solo "Sorpresa!". Ma adesso ho capito: lo so che a te, zia, il panettone piace tantissimo!

L'intreccio modifica più o meno grandemente l'ordine naturale degli eventi e ciò, pur essendo necessario per varie ragioni, non è un'operazione esente da rischi di confusione, come ho scritto in precedenza. Ciò avviene soprattutto quando i salti temporali o gli spostamenti di luogo hanno una certa lunghezza, così che il ritorno al presente narrativo o a un luogo precedente di eventi può risultare improvviso e creare distrazione. Il lettore potrebbe aver perso la memoria dei fatti precedenti e quando lo scrittore riprende a narrarli non è certo che il lettore sia pronto a richiamarli alla mente.

Per ovviare a questi problemi gli scrittori hanno impiegato vari accorgimenti. Vediamone alcuni.

L'interruzione e ripresa:

Sfruttando il principio psicologico che si ricordano meglio le cose incomplete, un procedimento per mantenere la memoria è quello di chiudere la scena con una frase non conclusiva. Ad esempio:

> Udì dietro di sé una voce che la chiamava per nome. Marta sentì il cuore balzargli in gola, si voltò piena di speranza e…

Si può essere certi che il lettore non scorderà quel "si voltò piena di speranza e…", così, anche se adesso viene narrato un episodio diverso per tempo, luogo e personaggi, quando un capitolo riaprirà con "Marta si voltò piena di speranza. Oh no! La stessa voce calda, lo stesso modo di accentuare il suo nome… ma non era lui!…" il richiamo alla scena interrotta bruscamente avviene all'istante. Certamente questo accorgimento è abbastanza brutale e non si può abusarne, dopo un paio di volte diventa un trucco da baraccone. Ci sono altri sistemi.

Un breve riassunto:

Nulla vieta che l'autore ammorbidisca il rientro dopo una lunga divagazione con qualche frase riassuntiva della scena precedente. Immaginiamo d'aver lasciato il nostro personaggio Romeo alle prese con un negoziante non proprio onesto, per raccontare ciò che si stava svolgendo altrove. La ripresa può avviarsi con

> Come s'è detto, Romeo era alle prese con il negoziante che non voleva riconoscere l'evidente malfunzionamento dell'oggetto acquistato. Aveva insistito a lungo, ma adesso la discussione l'aveva sfinito... Afferrò con un gesto nervoso il macinacaffè e uscì dal negozio mandando al diavolo i negozianti disonesti...

Il difetto di questo accorgimento consiste in un appesantimento della narrazione che incontra una battuta d'arresto.

Il segnale:

I registi cinematografici per segnalare spostamenti temporali usano di frequente un segnale. Può essere uno sfocarsi dell'immagine (usato molto nei film più vecchi, per cui immagine che sfoca = flashback), oppure un ruotare dell'intero quadro dell'immagine, una spirale che gira e fonde le immagini, taluni invece impiegano il contrasto di colore (colore pieno per il presente, bianco e nero o colori attenuati per il passato).

Gli scrittori possono fare qualcosa di analogo utilizzando come segnale un dato ambientale.

Dove abito io c'è una bella torre campanaria visibile da lontano e da ogni parte si provenga alla città. Essa è diventata il simbolo della cittadina, un po' così come la Torre Eiffel è per Parigi, la Statua della libertà per New York e il Duomo per Milano. Se nella tua opera riesci a rendere personaggio significativo un elemento dell'ambiente, ogni volta che ti riferirai a quello il lettore estrarrà dalla sua mente tutto ciò che vi era connesso. In sostanza gli creiamo un'associazione di idee. Se per due o tre volte apriamo il capitolo che tratta degli eventi di quel paese nominando la torre, ogni volta che la nominiamo il lettore si teletrasporterà mentalmente in quel paese e nelle vicende connesse.

> L'orologio della grande torre batteva le due del pomeriggio e i passanti impigriti dal pasto abbondante... [inizio di un capitolo]
> ...
> Alta e silente la torre si ergeva su tutto quel baccano come un gigante assorto in profondi pensieri... [un altro inizio di capitolo]
> ...
> Gaetano guardò la torre, una vecchia amica che ora gli appariva indifferente, solo un cumulo di pietre fredde e ostile... [un terzo capitolo, a questo punto il segnale è stabilito]

I nomi dei personaggi:

Il riferimento al nome dei personaggi dovrebbe essere il modo più logico di creare rimandi e rientri narrativi, ma ciò vale solo se le sequenze che s'intrecciano appartengono a personaggi diversi e sufficientemente consolidati nella memoria del lettore. Non c'è nulla di più fastidioso che iniziare a leggere una sequenza che s'avvia in questo modo:

"Valentino s'avvicinò a Giovanni e..." e il lettore si chiede chi cavolo è Valentino e chi Giovanni. Sfoglia le pagine e va indietro a cercare il misterioso Valentino. Macché di lui nessuna traccia e si rammarica che non ci sia un "Chi l'ha visto" per i personaggi dei romanzi. Alla fine lo trova. Ecco, qui si parla di Valentino. Cinquanta pagine fa in una sequenza di poco conto che è durata sette righe! L'abbiamo trovato, ma, accidenti, chi si ricorda più dov'eravamo arrivati a leggere?

Ci sono poi scrittori che io sospetto siano afflitti da sadismo. Ho letto un romanzo recente in cui c'erano solo otto personaggi:

James, John, Jacob, Julie, Jim, Jasmine, Johannes e, guarda guarda, Florinda! Fino alla fine del romanzo ho continuato a chiedermi chi era questo e chi quello! Accipicchia, ma proprio sette personaggi su otto dovevano avere un nome che iniziava con J?

C'è poi chi imita gli scrittori russi e, per risolvere il problema delle ripetizioni, chiama il suo personaggio: Adolfo Gioachino Del

Pinto Felucchi e ora lo indica con un nome, ora con un altro. In queste condizioni, se proprio si deve utilizzare un personaggio con quel nome, è meglio lasciar perdere intrecci complessi e attenersi al buon narrare cronologico.

I film o i libri di spionaggio, che io fatico a capire, sono popolati da una tale pletora di nomi che a un certo punto tutti diventano "qualcuno". Così se leggiamo:

> Michael Bradfort fece entrare il console Gustavsson nella sala presidenziale, mentre Philip German prendeva posto vicino a Stephany, moglie del delegato Hans Hillman

traduciamo in

> Qualcuno fece entrare il console Qualcosa nella sala presidenziale, mentre un altro Qualcuno si sedeva vicino a una Tizia, moglie di Tizio.

E il bello è che in questo genere di narrativa è obbligatorio che l'intreccio sia astruso e ricamato come un pizzo veneziano. Ah, come mi piacevano i film di James Bond, semplici semplici, lineari come un'autostrada!

Giusto che siamo qui, una breve nota sui nomi. Nei forum web dedicati alla scrittura si trova ogni tanto l'espressione "sindrome di Sonohra". Tale espressione ironizza il vezzo di inserire nei nomi dei personaggi un'acca per renderli più esotici, ma non solo quella: a questo vezzo fanno schiera gli usi di "y", "k", "x" e altre piacevolezze. così Antonio diventa Anthon, Sonia diventa Sonya e la creatività dell'autore ci regala Xymijn, o Balhkazrak, o Xtrjanch. È proprio necessario costringere la lingua del lettore ad annodarsi?

Per concludere questa parte relativa all'intreccio e alla fabula, un piccolo consiglio che diedi anni fa a mia moglie.

Anna era una lettrice accanita ed estremamente ligia al dovere. Pertanto, se acquistava un libro o lo prendeva in biblioteca (non ha importanza), era per lei un imperativo categorico leggerlo tutto fino all'ultima pagina, senza saltare neppure una parola. Ovviamente capitavano libri in cui ci capiva poco o nulla, ma niente poteva fermare il suo eroico proposito di leggere tutto.

Un giorno, stanco di vederla soffrire, le dissi:

"Anna, perché ti ostini a leggere quel libro che non capisci. Lascialo perdere e passa ad altro. Forse perderai un capolavoro, ma guadagnerai il tempo per leggere tanti altri capolavori che puoi capire!"

È così, lo giuro. Per essere un capolavoro non è necessario essere incomprensibile.

> [Don Abbondio] Diceva tranquillamente il suo uffizio, e talvolta, tra un salmo e l'altro, chiudeva il breviario, tenendovi dentro, per segno, l'indice della mano destra, e, messa poi questa nell'altra dietro la schiena, proseguiva il suo cammino, guardando a terra, e buttando con un piede verso il muro i ciottoli che facevano inciampo sul sentiero…

No, non c'è alcun bisogno di rendersi incomprensibili.

CAP. 12: SCENA, SOMMARIO E ALTRO

Come preannunciato nel quinto capitolo, riprendo qui la questione delle modalità di narrazione, approfondendola un poco.

Ogni testo narrativo presenta sempre una più o meno accentuata anisocronia. Con questo termine s'intendono le variazioni di velocità della narrazione. Vediamone una in atto:

> Renzo prese il motoscafo e navigò in mare aperto per due ore, poi si fermò a pescare, ma ben presto s'annoiò, così diresse la prua verso San Remo. Al casinò perse un bel po' di soldi, e quando tornò a casa erano le due passate.
> — Ti sembra questa l'ora di tornare? — disse la moglie furibonda.
> Renzo non rispose e si limitò ad alzare le spalle, quindi si diresse verso il mobile bar e ne estrasse una bottiglia di Armagnac. Riempì due bicchieri e si avvicinò alla moglie con un sorriso disarmante. Le porse un bicchiere.
> — Su, non te la prendere. Lo sai come sono fatto — quindi le pose un braccio intorno alle spalle e l'accompagnò al divano...

Possiamo facilmente renderci conto che nel passaggio della narrazione dal primo periodo (Renzo... le due passate) a ciò che segue c'è stato un forte rallentamento della modalità di narrazione. Il primo periodo è veloce e in poche righe sono stati concentrati molti eventi e un tempo della storia di molte ore. Il secondo periodo è più lento e il tempo della narrazione coincide più o meno con il tempo della storia. Questo passaggio di velocità si definisce anisocronia.

Le anisocronie creano un ritmo narrativo vivace e uno scrittore dovrebbe essere attento a ottenere una certa varietà nel suo modo di raccontare.

La narratologia riconosce cinque modalità principali di anisocronia:

- la scena;
- il sommario;
- l'ellissi;

- l'estensione;
- la pausa.

Vediamole una per una brevemente.

La scena

Qui il termine è usato in modo un po' diverso da quello del quinto capitolo. Là indicava una parte di racconto caratterizzato da unitarietà di luogo, di tempo e di personaggi, qui s'intende invece un brano che presenta una certa equivalenza tra tempo della storia e tempo della narrazione.

Il massimo di equivalenza di tempi la si ha nel dialogo nella forma del discorso diretto, come nelle rappresentazioni teatrali, dove chiaramente il tempo della recita coincide con il tempo degli eventi. Anche la rappresentazione filmica si sviluppa in scene che si susseguono l'una all'altra. Ogni scena al suo interno si svolge nello stesso tempo in cui si svolgerebbe nella realtà, mentre il sommario, come vedremo, nella cinematografia è generalmente sostituito dall'ellissi.

Nella terminologia greca, risalente a Platone, la scena svilupperebbe una narrazione denominata *mimesis*, imitazione, come avviene nelle rappresentazioni teatrali, in cui la storia non è raccontata, ma presentata da attori che simulano la realtà.

Ovviamente una tale corrispondenza di tempi non può sussistere con la narrazione mediante testo scritto, ma il linguaggio ha la possibilità di scomporre l'evento in descrizioni molto particolareggiate, così da avvicinarsi ai tempi dello svolgimento reale. Tuttavia ciò che si guadagna in precisione descrittiva lo si perde in ritmo narrativo. Uno scritto che volesse riprodurre con grande precisione gli eventi, si avvicinerebbe moltissimo a ciò che avviene nel linguaggio televisivo delle *soap opera*, caratterizzato da una lentezza talvolta esasperante.

La scena non è solo un tempo di discorso lungo all'incirca quanto il tempo della storia, se così fosse basterebbe allungare artificialmente il sommario, essa è anche in rapporto con ciò che moder-

177

namente è chiamato *showing* (in opposizione al *telling*, il dire, che vedremo dopo). L'idea, alle estreme conseguenze, sarebbe quello di limitarsi a descrivere ciò che c'è e ciò che avviene, ottenendo una scrittura molto oggettiva e particolareggiata. Un semplice esempio:

> Giulia era molto arrabbiata e si diede ad atti inconsulti. [telling]

> Giulia afferrò il portacenere di vetro e lo scagliò contro la parete. [showing]

Si può notare come più o meno la lunghezza delle due frasi sia uguale e come entrambe occupino un tempo di lettura vicino al tempo che impiega Giulia a prendere il portacenere e scagliarlo contro la parete. Tuttavia la prima appartiene al sommario e la seconda alla scena. La differenza qui sta dunque non tanto nel tempo, quanto nella precisione descrittiva. Ciò non contraddice in ogni caso il fatto che la scena solitamente articola un discorso di durata più lunga di quello del sommario.

Poiché la narrativa moderna tende a sviluppare maggiormente lo *showing* rispetto al *telling*, la narrazione privilegia l'accostamento di scene rispetto al sommario. Ma dal momento che il raccontare attraverso scene presenta il pericolo di dilatare troppo la narrazione, la necessaria accelerazione è ottenuta soprattutto attraverso la brevità delle scene stesse, che tendono ad avvicinarsi ai tempi dello spot pubblicitario. Ovviamente tra le singole scene gioca un ruolo importante l'ellissi, ma di questa scriverò più avanti.

Che cosa si può consigliare allo scrittore in formazione?

Io credo che occorra tralasciare gli estremismi stilistici e rifarsi al buon senso. Se il mostrare (cioè descrivere ciò che avviene) è importante per calare il lettore nella realtà finzionale, facendolo in tal modo cooperare all'interpretazione della vicenda, spesso un buon *telling* semplifica e velocizza molte cose. Il neoscrittore deve saper padroneggiare bene la costruzione delle scene e avvalersene nei momenti più importanti della sua opera, ma nelle parti intermedie, necessarie alla comprensione e ai collegamenti può raccontare riassumendo, senza porsi problemi dettati solo dalle attuali mode critiche.

In sostanza, scrivi come la tua sensibilità ti detta, organizzando, correggendo, descrivendo o sintetizzando secondo la tua personale progettazione, senza preoccuparti troppo di chi ti accuserà di *infodumping* e di *telling* non appena accenni a una spiegazione.

Nella scrittura per bambini occorre effettuare un ragionamento suppletivo. Poiché la somma delle loro esperienze non è paragonabile a quella dell'adulto acculturato, spesso il mostrare senza spiegare risulta poco fruibile dai bambini. Ecco una piccola scena che all'adulto non crea problemi, ma sarebbe di difficile decodificazione da parte del bambino:

> Ahmed entrò nell'aula tenendo stretta al petto la cartella. Osservò per un certo tempo gli altri bambini che sostavano nell'aula chiacchierando tra loro. Poi guardò i banchi, ce n'erano diversi vuoti, ma non ne occupò alcuno. Si avvicinò a due bambine che stavano esaminando un giornalino. Le figure erano chiare, ma le parole recavano caratteri sconosciuti, fatti di tratti, di tondi e di punti incomprensibili. Le bambine lo guardarono diritto negli occhi e Ahmed si ritirò in un angolo. Cercò di trattenere le lacrime, ma queste presero a scendergli sulle guance senza ubbidire alla sua volontà.

L'adulto comprende facilmente che qui si sta narrando di un bimbo extracomunitario intimidito dal trovarsi in una scuola per lui estranea e poco comprensibile. Certi particolari (il tenere la cartella stretta al petto, il non sedersi da nessuna parte, le bambine che lo guardano negli occhi, il giornalino incomprensibile) connotano facilmente l'insicurezza e l'imbarazzo del bambino, ma un piccolo lettore riesce a interpretare tutto ciò senza che l'autore spieghi nulla? Probabilmente no, almeno fino a una certa età.

Lo *showing* non basta, ci vuole anche il *telling*.

Il sommario

Se la scena è in relazione con lo *showing*, il sommario è in rapporto con il *telling*. Mentre la scena, per ragioni intrinseche, non può raccontare molto in breve tempo, il sommario può narrare in un tempo ridottissimo avvenimenti accaduti in tempi molto lunghi. Tutto dipende da quanto è riassunto nel sommario. L'intera Divina Commedia si può riassumere in "Dante, fiorentino, attraversa l'Inferno, il Purgatorio e il Paradiso, incontrando molti personaggi morti, famosi o che ha conosciuto in vita, poi ritorna a casa".

Ovviamente il sommario non ha bisogno di essere a tal punto riassuntivo. Esso può svilupparsi in modo abbastanza articolato, avvicinandosi alla scena sia per la durata, sia per una certa precisione nel descrivere l'evento. Vi sono racconti talmente ben rappresentati unicamente mediante tecniche di sommario, che non mi sento di stabilire un qualsiasi giudizio di valore secondo il quale, stando a certa critica frequente nel web, esso debba essere bandito dalla narrativa in favore della scena.

Qualche sommario di autori famosi forse non fa male:

> Quella volta sono effettivamente andato a Honburg, ma poi... sono tornato a Roulettenburg, sono stato alla Spa, mi sono fermato perfino a Baden Baden, dove mi sono recato in qualità di cameriere del consigliere Heinze, un cialtrone che è stato pure mio padrone. Questo mi è successo appena uscito di prigione... [Dostoevskij, *L'idiota*]

> Quella mattina i domestici che davano ordini alla sala del palazzo Bermond di Ripalta, in Torino, avevano visto donna Sabilna uscir di camera assai prima del solito ed entrar, pallida e grave, nell'appartamento della contessa Clara Maria.
> Dopo un poco, questa aveva ricondotto amorevolmente la nuora e s'era chiusa con lei. Intanto il vecchio conte Vittorio, chiamato il maestro di casa, gli ordinava di mandar pel medico subito, e di far passare un certo canapè dalla biblioteca alle stanze di Donna Sabina... [Calandra, *Telepatia*]

> Traversò Pallanza e camminò ancora. Arrivò in una città irta di comignoli, che gli dissero chiamarsi Intra. Camminò ancora. La sera calava. Una valle apriva la sua bocca a sinistra, verso la quale si dipartiva una strada. Dove voleva andare Aniceto? Seguendo la litoranea restava sulla via dei vaporetti, del ritorno, di casa sua. [A. Savinio, *Casa "la Vita"*]

Forse qualcuno può obiettare che si tratta di letteratura "vecchia", che oggi non si scrive più così. Beh, che pensare di queste righe della Barbara Alberti?

> Il signore crollò dopo qualche bicchiere sotto il tavolo. Dovemmo trasportarlo nel letto io e il signorino Enrico... Adagiandosi, riprese conoscenza. Afferrò la mano del ragazzo, la coprì di baci, dicendo che senza di lui la vita non aveva senso - che gli altri amori, prima d'incontrarlo erano state pure simulazioni... Il signorino, anche imbarazzato dalla mia presenza, cercava di volgere la cosa a scherzo, e non credeva alle sue orecchie .
> Ma vi credette subito, allorché il signore lo chiamò Tom, sbagliandosi, ancora una volta. Lo dissi alla Teresa, la domenica seguente, al cimitero, quando vado a trovarla e con mille ragionamenti la convinco che lei era indegna di quella casa, di cui difendeva al massimo le provviste (mentre io tesso il merletto della loro vita) [B. Alberti, *Il signore è servito*]

Credo di aver ripetuto molte volte il consiglio di sforzarsi di mostrare anziché dire, e pertanto anch'io mi sento di privilegiare le scene, sia che si scriva per adulti, sia che si scriva per ragazzi o bambini. Tuttavia occorre rendersi conto che il telling spesso è necessario anche all'interno di una scena, per superare piccole parti che non richiedono un grande sviluppo. In effetti, a ben guardare, salvo in teatro o nel cinema, è difficile che una scena si articoli unicamente come showing e un sommario unicamente come telling. In realtà a fare la differenza è la prevalenza di questa o quella modalità. Un sommario che riassuma per venti o più righe senza mai mostrare ciò di cui si parla è veramente stancante. Eccone un esempio tratto da un forum di uno scrittore dilettante.

> Ci demmo appuntamento davanti all'Ariston, ma Andrea non era ancora arrivato, così Giuseppe s'offrì di andarlo a cercare a casa sua. Quando ritornò chiese di Andrea, ma non s'era visto. Giuseppe riferì che la madre di Andrea aveva assicurato che suo figlio era uscito di casa un'ora prima. Ciò era molto strano, perché Andrea avrebbe dovuto raggiungerci già da molto tempo. Era successo sicuramente qualcosa di brutto. Andrea non era tipo da giocarci scherzi stupidi.
> Decidemmo di rifare la strada fino a casa sua per vedere se potevamo scoprire qualche particolare che ci aiutasse a ritrovare Andrea.

> Fu circa a tre quarti del cammino che Filippo notò un luccichio sul bordo del marciapiede. Si trattava di un bottone che tutti noi riconoscemmo essere quello del giubbotto di Andrea. Erano rimasti attaccati dei fili di cotone, da cui deducemmo che qualcuno o qualcosa aveva strappato il bottone a forza. Chissà. Forse un'aggressione... Forse Andrea era ferito e un passante aveva chiamato l'ambulanza. In tal caso il nostro amico doveva trovarsi all'ospedale. Decidemmo di andare a vedere...

Questo modo di narrare è stancante, nonostante siano state raccontate molte cose. Un buon ritmo richiede che i sommari siano brevi e collocati in modo da valorizzare il dinamismo delle scene che seguono, evitando di annoiare il lettore.

L'ellissi

Qui non parlo dell'ellissi grammaticale, quella per cui viene omessa una parola o più parole della frase (Al nemico in fuga ponti d'oro [sottinteso: *gli si costruiscono*]). Qui intendo l'annullamento del tempo del racconto. In sostanza ci sono eventi che il lettore può più o meno immaginare e che vengono saltati dalla narrazione. Talvolta questa ellissi è dichiarata da un'espressione temporale:

> Dal giorno della partenza di Adriana erano ormai trascorsi due anni, quando mi giunse improvvisa la notizia che sarebbe tornata a maggio...

Si può presumere che in quei due anni al personaggio non siano accadute cose tali da dover essere menzionate.

Oppure:

> Dopo tre mesi di angoscia passati in prigione tornai a casa, deciso più che mai a trovare Bruno e a fargliela pagare...

Il lettore è indotto a immaginare per proprio conto quali siano state le ragioni di quell'angoscia dichiarata dal personaggio.

Talvolta l'ellissi è sottintesa.

> [*Terminata una scena in cui il personaggio a luglio ha sostenuto la tesi di laurea il racconto prosegue*] Nel mese di settembre Luca decise di andare a Milano per cercare lavoro.

La cinematografia utilizza di continuo l'ellissi quando passa da una scena all'altra. Un semplice stacco o un cambio d'immagine e lo spettatore moderno capisce che è passato del tempo non mostrato e ininfluente alla storia. Se il personaggio è a casa sua e deve recarsi in tribunale, si può operare uno stacco netto, sostituendo la scena in cui si vede l'appartamento con quella dell'aula di tribunale. Allo spettatore poco importa se per arrivarci il personaggio ha infilato il cappotto, ha chiuso la porta di casa, ha chiamato un taxi, ha pagato, ecc.

Questo procedimento può essere impiegato anche nel testo scritto. Spesso l'ellissi avviene tra un capitolo e un altro, ma è abbastanza frequente tra le scene:

> Il padre scosse il capo e disse: — Così sei deciso a imbarcarti per l'America. Ma che cosa c'è che non va qui a Genova?
> — Non comprendi, papà. Non potrò mai diventare uomo se resto qui con voi.
> — E allora va' — replicò asciutto il padre e s'immerse nuovamente nella lettura, mentre la madre piangeva silenziosamente, nascosta dietro la porta. [*qui finisce una scena*]
> [*Nuova scena*] Il veliero tagliava le onde con foga, quasi che avesse anche lui la stessa fretta di arrivare degli emigranti stipati sul ponte…

L'uso dell'ellissi crea un testo agile, denso di eventi, perché taglia via i raccordi tra le parti, le lungaggini dei fatti intermedi, spesso privi di efficacia e di interesse, di contro l'ellissi aumenta l'ambiguità dello scritto o l'indecidibilità. Questi difetti si riscontrano in modo evidente in certa filmografia contemporanea in cui le scene non durano mai più di un minuto e sono accostate l'una all'altra senza alcun collegamento intermedio. La velocità diventa tale che lo spettatore ha poca possibilità di coinvolgimento (secondo quanto già scritto, il coinvolgimento nasce quando lo spettatore è chiamato a giudicare, a cercare di capire… troppa velocità ha lo stesso effetto di un discorso narrativo in cui si vorrebbe spiegare tutto: il lettore è indotto alla passività).

Per fortuna il testo scritto, essendo più svincolato dal tempo, soffre meno di questi difetti. Anche se crei una storia di scene rapide con stacchi netti, il lettore ha sempre la possibilità di tornare indietro e rileggere, al fine di elaborare un proprio giudizio.

In ogni caso, devi valutare volta per volta quanta ellissi il tuo testo può sopportare e regolarti in conseguenza.

Con i bambini, non c'è problema a usare l'ellissi perché spesso il loro stesso pensiero è così. Essi passano con grande velocità da un interesse a un altro, da un giudizio a un altro, senza porre nulla in mezzo.

> — No, no. Non voglio giocare. Ridammi la mia barchetta. Cattiva!
> Ombretta riprese a piangere e la bimba del lago pianse con lei. Ombretta s'impietosì.
> — Perché piangi, bambina? — domandò.
> — Perché sono tanto sola. Sono sola… da molto, troppo tempo.
> — Poverina. Se vuoi puoi tenere la mia barchetta… [*dal mio racconto "Ombretta"*]

L'ellissi, purché non comprometta la comprensione, può dunque essere usata. L'importante è non impiegare ellissi logiche, quelle in cui si saltano passaggi evidenti per un adulto, ma non per un bambino.

> Il gigante s'avvicinò al ponte e gli sembrò troppo piccolo perché reggesse il suo peso, così chiamò il barcaiolo.
> Giunto sull'altra riva riprese il cammino. Ma quanto lontana ancora era la casa della Brisa? Quella che gli avrebbe dato l'elisir per farlo diventare bambino?

Qui non è detto che il barcaiolo trasportò il gigante sull'altra riva. Il lettore adulto può immaginare che questo barcaiolo disponesse di una barca o una chiatta sufficiente a trasportare un gigante, ma per un bambino tale integrazione risulterebbe difficile.

Ancora una volta occorre affidarsi al proprio buon senso e scrivere come si ritiene sia più efficace. Le critiche dei lettori ai nostri scritti sono importanti, ma non devono essere considerate come rimproveri o peggio ancora come norme, devono solo essere uno stimolo per rivedere ciò che abbiamo scritto e cercare di scoprire quanta verità sia celata in esse.

L'estensione

Non è necessario dedicare molto spazio all'estensione, quel modo di narrare in cui si rallenta la narrazione fino a risultare più lenta dell'evento stesso. Un esempio lo puoi ritrovare nel capitolo 5, là dove parlo del ritmo delle scene (par. 4). È chiaro che il rallentamento narrativo a opera dell'estensione va impiegato con molta oculatezza. In genere si prestano meglio azioni veloci e drammatiche, quando si voglia aumentare l'impatto emozionale attraverso l'aggiunta di particolari.

Il lettore comprende meglio l'esigenza del rallentamento in un'azione violenta e rapida come il duello con le pistole (esposto nel quinto capitolo), oppure nel colpo decisivo di un pugile se si vuole evidenziare contemporaneamente lo stordimento di chi lo subisce:

> Il braccio sinistro si piega per caricare il pugno, un velocissimo sguardo ai muscoli addominali dell'avversario per capirne il grado di contrazione. Ecco, si rilassano un poco, il diaframma s'alza, è giunto al termine dell'espirazione e in questo momento i polmoni sono vuoti...
> È il momento di colpire. Una breve rotazione del busto e il colpo parte, veloce e potente. Gli occhi dell'altro si spalancano per il terrore. Egli comprende in un istante che l'incontro è giunto al termine. L'impatto, la testa si rovescia, gli occhi si chiudono e l'avversario cade a terra, privo di coscienza. L'arbitro conta.
> Solo più tardi si saprà che il pugile era già morto.

Senza il rallentamento tutta l'azione sarebbe risultata meno drammatica.

L'estensione è un artificio narrativo da usare con grande misura.

Raramente nella scrittura per bambini si ha qualche convenienza a usarlo. Si tratta infatti di un procedimento abbastanza incomprensibile per loro e, del resto, è difficile che in un racconto per bambini si abbia una drammaticità tale da renderlo giustificato.

La pausa

La pausa è, come spiega la stessa parola, un'interruzione di narrazione. La storia si ferma per lasciar spazio ad altro: un commento, una descrizione, un flusso di pensieri. Si può dire che la pausa è una delle modalità narrative più note e importanti all'interno di un testo narrativo. A differenza dell'ellissi, in cui il tempo è svuotato di eventi, qui è il tempo stesso che si ferma per lasciar posto ad altro. Al di là di ciò che riempie una pausa, essa è importante per spezzare il ritmo della narrazione, così che resti diminuita la concitazione e si dia il tempo al lettore per prepararsi a ciò che segue. In sostanza ha, tra le altre, la funzione di dare più rilievo alla ripresa dell'azione.

Osserva l'effetto della pausa in questo brano tratto da un mio racconto:

> Quel punto si trovava dietro alcuni speroni di roccia e per raggiungerlo sarei dovuto entrare in acqua e poi arrampicarmi sugli scogli resi viscidi dalle alghe. Ero esausto e mi fermai a riposare un poco prima di proseguire. Stranamente i gabbiani non strepitavano, giravano silenziosi sopra la mia testa e poi scomparivano dietro alle rocce per uscirne di nuovo poco dopo. Mi sorvegliavano e probabilmente mi stavano aspettando.
> I gabbiani... Un simbolo del sole e del mare, di un cielo azzurro e di grande distese scintillanti. E quanta poesia nel loro volo planato! Quanta purezza nel candore delle loro penne!
> Ma non c'è nulla di vero in questa cartolina, se volete la verità venite a Sant Feliu. Venite, e allora scoprirete che le bianche penne nascondono un corpo nero come il carbone dell'inferno, così come la lucente superficie del mare ricopre i neri abissi profondi del terrore. Non c'è poesia quaggiù e neppure purezza. Qui tutto è corrotto dalla salsedine putrescente che sa di disfacimento e di morte.
> Non appena mi fui un poco rinfrancato, ripartii e raggiunsi uno scoglio che affiorava dal mare simile a un antico relitto. [*I gabbiani di Sant Feliu*]

Il protagonista sta inoltrandosi in una scogliera pericolosa, a un certo punto è stanco e si ferma per riprendere fiato. Anche il lettore ne ha bisogno, perché adesso, subito dopo la pausa, gli eventi continuano fino a farsi drammatici. Non importa se la parte che comincia con "I gabbiani... Un simbolo del sole..." dice qualcosa di interessante o meno (meglio però che lo sia), la sua funzione è esclusivamente quella di fermare per un momento l'azione. In questo caso la pausa è stata in qualche modo preparata dall'aver fatto sostare il protagonista. Questo espediente è utile, ma non indispensabile.

Nel brano che segue, ispirato a *Piccolo mondo antico* di Fogazzaro, ci troviamo in un momento forte del dramma: Ombretta mette la barchetta in acqua e questa affonda. Ecco come si svolge il discorso narrativo:

> S'inginocchiò sull'impiantito di legno e si chinò per appoggiare delicatamente la barchetta sulla superficie appena mossa del lago.
> Il cielo, nonostante il temporale si fosse allontanato, continuava a restare grigio e nuvole basse percorrevano lentamente le rive, sfumando i confini tra acqua e terra e facendo galleggiare gli alberi in vapori bianchi e irreali.
> Ombretta esitò un attimo, poi allargò le dita lasciando libera la barchetta. In quel mentre una lievissima folata di vento la rovesciò su un fianco e silenziosamente questa cominciò a inabissarsi.

La pausa è introdotta dalla descrizione del lago. L'azione si ferma per un momento, poi riprende con "Ombretta esitò un attimo". Questa pausa ha anch'essa come la precedente la funzione di creare uno stacco, però serve anche a contestualizzare ciò che sta accadendo, in qualche modo l'ambiente partecipa agli eventi.

Credo che si possano distinguere tre tipi di pausa:
1) la descrizione
2) il commento e spiegazione
3) il flusso di coscienza.

L'ultimo esempio presentato mostra una pausa descrittiva. Nella narrativa moderna si preferisce distribuire le pause descrittive nel racconto in modo che occupino tempi piuttosto brevi. Nella narrativa più vecchia, le pause descrittive hanno durate decisamente più lunghe (vedi in Manzoni "Quel ramo del lago di Como"). Se una descrizione è ben esposta può reggere abbastanza a lungo l'attenzione del lettore, ma è bene non fare troppo affidamento su questo (non siamo tutti bravi come Manzoni). Chiaramente la descrizione è importante per far conoscere ambienti e personaggi, ma occorre che l'autore si renda sempre pienamente conto che essa spezza il ritmo narrativo e che quindi di preferenza va inserita là dove ci sono cesure naturali (inizio del capitolo, cambio di scena, ecc.), soprattutto se ha una certa dimensione. In ogni caso è importante che la pausa descrittiva, lunga o corta che sia, abbia una giustificazione ritmica all'interno del flusso narrativo e ciò è forzatamente affidato alla sensibilità dell'autore. Non credo che si possa insegnare.

Quello che ho appena scritto vale ancor di più per la pausa–commento. L'esempio tratto dai *Gabbiani di Sant Feliu* è una pausa di questo tipo. Mentre la pausa descrittiva ha un suo ruolo nel creare l'ambientazione, la pausa–commento rappresenta sempre un'invadenza del narratore nella storia. Per questa ragione è meglio evitarla se non si è molto sicuri della funzione, e soprattutto, dell'effetto che potrebbe produrre sul lettore.

Questo tipo di pausa era molto usato nei secoli passati, poi ha perso via via d'importanza e oggi si tende a non usarlo per nulla, a meno che non sia il ritmo narrativo a richiederlo.

Nei testi per bambini si può usare con meno problemi. Ai bambini non dà affatto fastidio che qualcuno spieghi loro qualcosa, anzi… Ecco dunque che pause di questo genere non sono solo tollerate, ma anche gradite:

> Pippo si fermò davanti a un manifesto che mostrava stelle e pianeti. Doveva essere interessante. Sul manifesto c'era scritto: "Un viaggio tra le stelle. Vieni al Planetario, ti aspettiamo".
> Il Planetario è un salone con una grande cupola su cui una macchina proietta l'immagine delle stelle. La gente ci va per conoscere la storia delle stelle, seduta su poltroncine e intenta a seguire il professore che spiega, ma questo Pippo non lo sapeva. La parola Planetario gli fece immaginare un'astronave in viaggio per l'Universo, così vi si recò con lo zainetto sulle spalle, convinto che sarebbe partito per un'esplorazione spaziale…

La pausa come flusso di coscienza è molto usato nella narrativa contemporanea. Una maestra di questo tipo di narrativa fu Virginia Woolf. Eccone un esempio:

188

> ... i sentimenti di Ralph erano un'illusione e, un attimo dopo, come per fargli prendere atto della sua inadeguatezza, era piombata in uno di quegli stati onirici durante i quali non si accorgeva neppure dalla sua esistenza... [V. Woolf, *Notte e giorno*]

Un esempio ancor più radicale dall'Ulysse di Joyce:

> Il furgoncino del pane di Boland che distribuisce a domicilio telai il nostro quotidiano ma lei preferisce le forme di pane di ieri rivoltate nel forno con la crosta superiore calda crocchiante. Ti fa sentir giovane. In qualche luogo dell'Oriente: mattina presto: muoversi all'alba, viaggiare intorno innanzi al sole, rubargli una giornata di cammino.

Qui il discorso incoerente si giustifica proprio perché intende riprodurre i pensieri come si presentano caotici alla coscienza.

La pausa come flusso di pensieri è però atipica. Essa potrebbe rientrare nella pausa descrittiva, solo che invece di luoghi descrive stati interiori dei personaggi.

In taluni casi potrebbe non essere affatto una pausa, ma configurarsi come scena che mostra i contenuti e le azioni psichiche come una vera e propria vicenda.

In ogni caso, questa modalità di narrativa mi pare del tutto inadeguata con i bambini, che hanno ridottissime capacità d'introspezione.

PARTE QUARTA: L'IDEAZIONE
CAP. 13: IL SEGRETO DELLA CREATIVITÀ

Mi spiace davvero deluderti, ma ti confido un segreto: non ci sono segreti.

Un giorno mio figlio mi mostrò un manuale che spiegava come sviluppare la propria creatività. Un libro simpatico, pieno di giochini logici e di immaginazione. Un buon passatempo.

Un buon passatempo e basta.

L'equivoco primario è credere che la creatività sia una tecnica. Non è così. La creatività è innanzitutto un modo di essere del nostro cervello, un modo come tanti altri. Mia moglie non ha le mie capacità creative, ma ne ha altre che le invidio davvero: attenzione, precisione, desiderio di documentarsi, grandissime capacità psicologiche con i bambini piccoli…

La creatività, come ogni altra qualità del pensiero umano, è presente in tutti, ma in misure estremamente diverse e con modalità altrettanto diverse. C'è chi ha una creatività di tipo artistico, bravissimo a creare pressoché dal nulla, ma incapace a risolvere creativamente un banale problema tecnico. Chi riesce a trovare collegamenti tra le idee che altri non trovano, chi invece ha una creatività analogica con cui riesce a trasferire concetti e forme da un campo a un altro molto diverso, chi ha la creatività astratta dei numeri, chi ce l'ha per il linguaggio…

La questione è dunque un problema di quantità e di qualità del pensare creativo. Chi ha una forte creatività, qualunque essa sia, vive in essa e non è capace di vivere altrimenti. La sua mente elabora in continuazione: quando guarda qualcosa vede qualcos'altro, quando non sa inventa, inventa anche quando non dovrebbe..

La creatività non è una tecnica, ma un modo di essere, vantaggioso per alcuni aspetti, ma dannoso per molti altri. Colui che ha una creatività molto sviluppata fatica ad affrontare la normalità, gli aspetti quotidiani della vita gli sfuggono, le regole sono tutte dubbie e i dati della conoscenza sempre incompleti. Metti il creativo di fronte alla routine e si sentirà incapace e infelice, mettilo davanti all'impossibile e gioirà come un bimbo che ha ricevuto un regalo bello e misterioso.

Grandi creativi hanno a tal punto superato il limite che sono usciti completamente dal quadro troppo stretto della realtà: Van Gogh, lo scacchista Morphy, Alan Poe, Nietszche, Torquato Tasso, ecc. ecc. Non è che per essere creativi bisogna essere pazzi, ma una qualche dose di follia bisogna averla.

Se hai molta creatività va bene, ma quando scrivi ricorda sempre che stai comunicando e non fare che la tua creatività ti induca a trascurare la chiarezza della comunicazione. E poi, puoi tranquillamente scrivere narrativa senza avere neppure un briciolo di creatività (l'immaginazione, scrivendo per bambini e ragazzi ci vuole, ma, come vedremo, è qualcosa di molto diverso dalla creatività). Ci sono scrittori che hanno una grandissima capacità di narrare, sono capaci di usare ogni sfumatura del linguaggio, sanno organizzare in modo avvincente le scene... ma non sanno inventare. Questi riscrivono le fiabe, aiutano gli scrittori affermati a sviluppare le scene (i cosiddetti ghost writers), sanno raccontare in modo meraviglioso eventi reali. E non c'è da credere che sia un lavoro minore, privo di soddisfazione.

Una volta venne da me una donna abbastanza avanti negli anni. Recava sotto il braccio un pacco di fogli manoscritti che sembrava più la raccolta della carta da macero che un lavoro di scrittura. Fogli bianchi, grandi e piccoli, gialli, bianchi, azzurri, piegati in modo da fare invidia a un origami. Mi buttò il pacco sulla scrivania e sopra vi mise una busta con 500.000 lire.

— Ecco — mi disse — qui c'è tutta la mia vita. Mi piacerebbe farne un libro da dedicare alle mie figlie.

Mi spiaceva mandar via la donna con un rifiuto secco, pertanto le promisi che avrei esaminato con attenzione i suoi scritti e poi le avrei fatto sapere se c'era materiale per tirarne fuori qualcosa.

Non era un lavoro che mi interessasse e avevo solo preso un po' di tempo prima di rifiutare l'incarico. In ogni caso cominciai a leggere qualche foglio. Terribile! Peggio di quel che pensassi. Oltre alle sgrammaticature e agli errori ortografici (la donna si rivelò semianalfabeta), c'era un tale caos di pensieri che era estremamente difficile trarne qualcosa di coerente. Eppure...

Eppure tra le righe si leggeva un vissuto straordinario, il vissuto di una donna che, nata nell'ambiente contadino lombardo, poverissimo e ignorante, aveva trascorso la fanciullezza e l'adolescenza in un istituto di suore, poi era stata avviata al lavoro nella grande città e aveva attraversato tutto il periodo dell'industrializzazione, del boom economico e la rivolta degli anni '70 e la restaurazione degli anni '80, per approdare infine al volontariato. Una vita di stenti, ma con una grandissima forza.

Cominciai a lavorare sul libro e via via che riordinavo tutto quel materiale (c'erano anche poesie mescolate a eventi e a riflessioni), provavo la sensazione di un chirurgo che taglia lì e cuce là, ma alla fine il paziente guarisce ed esce dall'ospedale radioso come un sole.

Che bello!

Il libro vinse il primo premio del concorso di un grande sindacato e venne stampato in diecimila copie. Una soddisfazione per la vecchietta e per me (anche se il mio nome non compariva).

Riprendiamo il discorso sulla creatività. Credo sia proprio giunto il momento di spiegarti ciò che NON DEVI FARE!

Anni fa comprai un libro, che credo sia ancora in commercio, in cui si spiegava al neo scrittore come usare la mente Zen per creare opere letterarie. All'epoca lo Zen, decaduto un po' lo Yoga e i vari Vivekananda e i vari Osho Rajneesh, era in grande auge e sembrava che finalmente tutti i misteri del mondo venissero spiegati. Era il periodo in cui negli Stati Uniti, terreno molto fecondo per queste filosofie, Georges Ohsawa inventava l'alimentazione Zen, la macrobiotica (che però tutte le scuole Zen del Giappone sconfessarono).

Il libro che comprai proprio nel primo capitolo offriva i consigli per una scrittura Zen:

1. *Tenete la mano in movimento.* Non fermatevi a rileggere la frase che avete appena scritto. Questo vuol dire solo menare il can per l'aia, e cercare di assumere il controllo di ciò che si sta dicendo.
2. *Non cancellate.* Questo significherebbe confondere la creazione con la revisione. Anche se avete scritto qualcosa che non avevate intenzione di scrivere, lasciatelo.
3. *Non preoccupatevi dell'ortografia, della punteggiatura e della grammatica.* Non preoccupatevi neanche di restare nei margini o sulle righe del foglio.
4. *Perdete il controllo.*
5. *Non pensate.* Non lasciatevi invischiare dalla logica.
6. *Puntate alla giugulare.* Se scrivendo vien fuori qualcosa che vi fa paura o vi fa sentire esposti, tuffatevici dentro. Probabilmente è carico di energia.

Ecco le regole. È importante seguirle, perché lo scopo è quello di aprirsi un varco fino a giungere ai primi pensieri, là dove l'energia non viene ostacolata da motivazioni di convenienza sociale o dal censore interno, là dove si scrive ciò che la propria mente vede e prova veramente, non ciò che essa pensa di dover vedere o provare. E una grande occasione per portare alla luce gli aspetti più bizzarri della nostra mente, per esplorare il margine ruvido del pensiero. Come quando grattiamo una carota per dar colore a un'insalata di cavolo, così dobbiamo dare alla carta il colore della nostra consapevolezza.
I primi pensieri hanno un'energia incredibile.
(da *Scrivere Zen* di N. Goldberg, ed. Ubaldini 1987)

Ho frequentato un dojo zen per un paio d'anni e poi ho continuato a studiarlo e praticarlo. Non sono un esperto (e chi lo potrebbe essere?), tuttavia posso affermare che le Zen della Godberg è ciò che un americano immagina o vuol immaginare dello Zen. Per colpa di una pubblicistica falsa, nata all'unico scopo di vendere libri, corsi e gadget vari, molti si sono fatti l'idea che lo Zen sia originalità e spontaneità (e fin qui ci siamo) e anche che l'ostacolo alla realizzazione di queste virtù sia la mente cosciente, il raziocinio. E allora ecco i consigli stupidi: non pensare, scrivi la prima cosa che ti viene in mente, non correggere, perdi il controllo (come se fosse possibile), annullati, svuotati, perdi il tuo io (come se fosse cacca). Alla fine scriverai capolavori!

Ma non è questo lo Zen!

Fai una semplice prova. Prepara un piccolo elenco di parole, tipo: Mare, sasso, cane, cielo, acqua. Ora dì a qualcuno di rispondere velocissimo, senza pensare neppure per un istante, con la prima parola che gli viene in mente quando tu dirai la tua.

Ho provato con mia moglie. Ecco le risposte:

Mare – Monte

Sasso – Pietra

Cane – Gatto

Cielo – Terra

Acqua – Fiume

Davvero una grande freschezza, originalità e spontaneità!

Forse il problema è in mia moglie che, troppo condizionata da un malefico io, non sa perdere il controllo. E allora ci ho riprovato con la mia nipotina che ha cinque anni. Certamente lei non ha un io prepotente e quanto a spontaneità ne ha da vendere. Ecco le sue risposte:

Mare – Ariel (la sirenetta di Walt Disney)

Sasso – Terra

Cane – Gatto

Cielo – Nuvola

Acqua – Pioggia

Ahimè, anche qui niente di buono. La Goldberg probabilmente sosterrebbe che non siamo capaci di liberarci dalla mente condizionata (bella scoperta!), ma non è abbandonando la mente che andiamo lontani. Il fatto è che se l'io non esercita il controllo sulla mente, questa cercherà sempre la strada più economica di risolvere il problema. Se devo piantare un chiodo nel legno e ho a disposizione un martello, non andrò in cucina a prendere il pestacarne perché "è più originale e creativo"! Allo stesso modo la mente non controllata, soprattutto se deve produrre risposte veloci, tenderà a trovare ciò che è lì, a portata di pensiero, vale a dire le associazioni abituali e gli stereotipi.

Non mi sento di condividere neppure uno dei consigli della Goldberg.

- *Tenete la mano in movimento*: molto più della mano è meglio che teniate la mente in movimento! E poi, rileggete e rileggete ancora; le idee si chiamano le une con le altre, rileggendo nascono nuove associazioni, si scoprono nuovi rapporti, che prima erano coperti dalla preoccupazione di scrivere. Certo, non rileggere dopo ogni parola, ma dopo aver scritto mezza pagina non è male andare a rivedere ciò che hai prodotto: ciò servirà a mantenere la coerenza. La revisione dev'essere permanente, non solo dopo che hai finito il libro!

- *Non cancellate*: ...e ben presto vi incasinerete! Quando si scrive cadono sul foglio i pidocchi che si hanno in testa, non li vogliamo rimuovere? Li lasciamo tutti lì a infettare il nostro scritto? Se una cosa che hai scritto non ti convince, cancellala subito e riprova. Se dopo un certo numero di tentativi sei al punto di partenza, vuol dire che devi cancellare più in profondità, risalendo lo scritto e riscrivere molto più a monte. Spesso si arriva a un punto morto perché si è imboccato un vicolo cieco, il problema non sono gli ultimi due o tre passi. Se sei arrivato a bloccarti è inutile lasciare lì la pista seguita, cancellala, altrimenti non riuscirai ad andare avanti.

- *Non preoccupatevi dell'ortografia, della punteggiatura e della grammatica*: di che cosa dobbiamo preoccuparci, allora? Dell'invenzione? Ma quella dev'essere già avvenuta. Certo, s'inventa anche mentre si scrive, ma quando cominci a battere i tasti sul computer devi già sapere abbastanza bene che cosa scriverai. Ce l'hai in testa, e lì il tuo pensiero non ha ortografia, punteggiatura e neppure grammatica. Si pensa in modo strano e spesso caotico. Ma nel momento in cui cominci a scrivere, il caos si fa linea e la linea deve scorrere più liscia e corretta possibile. In questo esatto momento, mentre scrivo, ho cambiato queste stesse mie frasi. Avevo in mente di iniziare riportando un certo pensiero per poi mostrati come questo fosse cambiato strada facendo per adeguarsi a una migliore costruzione grammaticale, a metà strada ho ritenuto inutile fornire tale esempio e ho cancellato tutto, per lasciare infine le frasi che stai leggendo. Quante volte cominci una frase e ti accorgi che grammatica e punteggiatura fanno talmente a pugni che non riesci a terminarla e devi riprendere da capo? Anche qui non si tratta di castigare il pensiero, al contrario significa dargli un motore funzionante per procedere.

- *Perdete il controllo*: se perdi il controllo non scrivi, scarabocchi. Fantasia e razionalità, immaginazione e linguaggio devono cooperare, ma perché questo avvenga ci vuole qualcuno che impedisca le fughe. Il controllore (l'io) non è tale perché impone alle nostre facoltà psichiche i contenuti da elaborare, ma perché il suo compito è quello di controllare che l'elaborazione di una facoltà armonizzi con quelle delle altre. Il problema non è dunque perdere o abbandonare il controllo, ma piuttosto fare in modo che il controllo risulti stimolante e producente invece che inibente.

- *Non pensate. Non fatevi invischiare dalla logica*: queste frasi piacciono molto a quelli che interpretano lo Zen come una sorta di mistica. Ecco la loro saggezza: "Se tu non pensi puoi raggiungere l'illuminazione!" "Tu non pensi e la mente profonda e originale lavora al posto della tua piccola mente!", "La saggezza si raggiunge quando si abbandona la logica!"

Povero me, chissà perché mi vengono in mente i talebani e in genere tutti gli integralisti che la logica l'hanno messa nei kalashnikov e nel terrorismo. Lascia perdere il consiglio della Goldberg e pensa, pensa molto. Ogni tanto riposati e sogna, ma lascia che la logica dia vita e sostanza ai tuoi sogni. Leggi un po' gli scritti di Budda o del maestro zen Dogen, e vedi se costoro non si sono fatti invischiare dalla logica!

- *Puntate alla giugulare*: un consiglio buono per i cani rabbiosi.

Se qualcosa ti fa davvero paura è perché il tuo pensiero è confuso e non lo coglie nella sua interezza. Se il pensiero fugge davanti all'ignoto, forse è codardia o forse è prudenza. In genere io amo il pensiero che entra nelle cose e pensa l'impossibile, amo il pensiero che non si sottrae alla sfida. Ma è il mio o il tuo pensiero che compie l'azione eroica, non una misteriosa entità che risiede al di là del pensiero e che se la spassa sdraiato sul divano come un Oblomov. Tu non puoi e non devi "puntare alla giugulare" mentre cerchi di comunicare. Comunicherai dopo, quando la giugulare sei riuscito ad addentarla e alla belva hai dato due o tre scrolloni. Comunicherai quando la belva l'hai conosciuta, almeno in parte, altrimenti scrivi solo inganno e confusione.

Ho finito la mia tiritera, ma ti prego di non pensare che ce l'abbia su con la Goldberg. In realtà ho cercato di creare qualche premessa per affrontare lo stato mentale da cui nasce la creazione. Paradossalmente la Goldberg ci mette sulla strada giusta quando lascia perdere le sue interpretazioni e semplicemente descrive la pratica fondamentale del Soto Zen: lo zazen.

La parola "zazen" significa semplicemente "sedersi". Ci si siede su un cuscino e si assume la posizione del buddha: gambe incrociate e le mani appoggiate sulla pancia con le dita accostate a disegnare un uovo, gli occhi rivolti verso il basso. Che cosa si fa durante lo zazen? Nulla, semplicemente si controlla la posizione del corpo, si segue delicatamente il respiro e si lascia che i pensieri scorrano nella mente "come nuvole nel cielo".

Capisci? Nel momento della pratica dello zazen non si finisce addormentati e inconsapevoli come chi si trova in stato di coma. Al contrario si è vigili e consapevoli di tutto ciò che avviene nella mente e nel corpo, e il controllo bisogna esercitarlo. Perbacco, la fatica è tutta qua! Se il tuo corpo s'inclina lo raddrizzi, se la mente corre dietro a un pensiero e vi si aggancia invece di lasciarlo scorrere lo devi abbandonare, se ti stai addormentando apri un po' di più gli occhi.

La necessità del controllo è così forte che spesso il praticante, quando s'accorge che la mente divaga e si perde, chiede aiuto al portatore di kiosaku (un lungo bastone piatto). Il compagno con il kiosaku s'avvicina e con l'arnese molla una grande sventola sul muscolo trapezio del praticante. Ti assicuro che questo si sveglia e si mette attento come uno scolaretto cui il maestro ha tirato le orecchie.

Il processo dell'invenzione, senza essere così brutali, avviene quando riesci a ottenere il giusto equilibrio tra conscio e inconscio, tra fantasticheria e logica, una volta si sarebbe detto "tra emisfero sinistro ed emisfero destro del cervello". E non occorre praticare lo Zen o fare zazen.

La condizione giusta è quella in cui poni volontariamente la tua mente su un qualche problema in un momento in cui il tuo corpo non ha preoccupazioni (per me è formidabile l'immersione nell'acqua calda o durante una passeggiata solitaria). Una volta che la mente si è agganciata al compito (inventare una storia sulle cipolle o altro) lascia che i pensieri, come nello zazen, scorrano come nuvole. Tu cura soltanto due cose:

1) che la mente non divaghi mettendosi a seguire altri pensieri. Se ciò succede riportala con gentilezza sul compito che ha da svolgere;

2) che non giungi ad accontentarti delle prime banalità che ti produce. Ogni volta prendi quello che la mente ti dà, e se non vale niente buttalo via e dille: "Dai, puoi fare di meglio!

Questa mattina, prima di affrontare questo capitolo, mi sono immerso nella vasca da bagno per pensare a ciò che avrei desiderato scrivere. Arrivato al momento del test delle parole associate, ho voluto fare una prova. Spero di non annoiarti con il resoconto della mia ideazione, perché può costituire un buon esempio di come operare per raggiungere un stimolo creativo.

La parola "sasso" aveva prodotto nella mente di mia moglie l'associazione "pietra" e nella mia nipotina la parola "terra". Ben disteso nel tepore dell'acqua cominciai a cercare anch'io associazioni alla parola sasso. In pratica obbligai la mia mente al compito di trovare un'associazione creativa.

Escluse le primissime banalità (sasso-albero, sasso-sentiero, sasso-fionda), cominciarono le stramberie (sasso-cuscino, sasso-Bolivia, sasso-scodella, sasso-cassetto), sentivo che la mia mente era sulla strada giusta, ma nessuna di queste ultime associazioni mi stimolava e perciò le chiesi di andare avanti ancora: sasso-pecora, sasso-giovinezza, sasso-marmellata... Alt! Qui c'è qualcosa!

Sasso – Marmellata.

Mi piace. Ma che ci fai con questa idea, mio piccolo e insensato cervello. Il gioco è partito e la mente lo segue divertita.

Una marmellata di sassi! Mi piace. E allora, chiudiamo gli occhi e lasciamo che questa marmellata di sassi trovi i suoi personaggi.

> Ecco, vedo un paesino sperduto... una capanna... una vecchietta al lavoro. C'è una pentola sul fuoco, vi bolle l'acqua e la vecchietta vi getta dentro la polvere che ha ottenuto pestando sassolini accuratamente scelti accompagnati a grandi manate di zucchero. E mescola e mescola fino a ottenere un composto denso che mette accuratamente in vasetti sigillati. Quella è la sua marmellata speciale che vende ogni sabato al mercato.

Un personaggio c'è, l'ambiente pure, ma manca la storia.

Ecco un nuovo compito per la mia mente, la quale, tuttavia, non è certo un servitore ubbidiente.

Essa mi pone una domanda: che storia voglio ottenere?

E poi, per chi?

— Quanto la vuoi lunga? Un raccontino o un romanzo intero?

— Mah. fai un po' tu. Proponimi idee, poi vedremo.

E la mente riparte.

> La marmellata della vecchietta viene scoperta da una multinazionale e lei diventa ricca.

Blah. Fa schifo. Forza...

> La marmellata di sassi è buonissima, ma fa diventare il corpo di pietra. Per questo gli abitanti del paese non la mangiano e la danno ai turisti...

199

Questo mi piace di più. Avanti su questa strada...

Allora:

> C'è un paese famoso per le sue statue. Statue stupende, scolpite in tutti i particolari. Vengono turisti da tutto il mondo per ammirarle...

Sì, e poi?

> Beh, le statue sono i turisti dell'anno prima che hanno mangiato la marmellata di sassi...

Ne viene fuori un racconto per bambini o una storia dell'horror (che poi non è cosa tanto diversa).

Magnifico. E se avessi voluto farne un romanzo?

Allora la trama poteva essere molto più complessa. Ne poteva uscire una Spy-story: una formula segreta, forse un'arma contesa dalle potenze del globo, forse una medicina portentosa che provoca una guerra tra le industrie farmaceutiche...

E perché non la fantascienza? La marmellata di sassi, una specialità aliena indispensabile per i viaggi nell'iperspazio...

Forse un romanzo sentimental-nostalgico?

> La "marmellata di sassi" era un gioco che facevamo da bambini io e te, gli anni sono passati e rivediamo l'intera nostra vita, che forse non è stata altro che una... "marmellata di sassi".

Un racconto per bambini piccoli?

> Mamma, mamma, io e Adriana abbiamo fatto una marmellata di sassi, ne vuoi un po'?

Un giallo?

> Accanto al corpo della vittima la polizia trova un foglietto: è una ricetta per preparare una marmellata di sassi. Che significato può avere? Che rapporto ha con la vittima?

La mente propone, l'io raccoglie, giudica, trattiene o rifiuta, poi chiede altre cose...

È così che la creatività trova il suo esercizio: nel dialogo schizofrenico tra una mente e un io.

E lo Zen? Lo Zen attinge a risorse che affondano nelle radici del nostro essere, ma che non possono essere colte direttamente, con un atto di volontà. Si può solo creare un po' di vuoto e di silenzio affinché queste radici affiorino alla nostra coscienza in tutta la loro unica e irripetibile essenza. Ma se la coscienza non è lì, vigile ad accoglierle, se si abbandona logica e controllo, se ci si affida alle prime cose che vengono in mente, i messaggi di quelle radici si perdono come l'acqua versata in un colabrodo.

CAP. 14: L'IMMAGINAZIONE

Che cos'è l'immaginazione?

Molti usano questa parola come sinonimo di fantasia, di invenzione, o più genericamente di creatività. Non sono usi impropri del termine, poiché ormai si sono consolidati nel linguaggio da tempo. Io però uso qui il termine "immaginazione" nel senso preciso di "creare immagini nella mente": immagini tratte dalla realtà (e in questo caso sarebbe meglio parlare di "visualizzazione"), oppure inventate o assemblate a partire da immagini reali di diversa provenienza.

In qualunque caso, l'immaginazione è una funzione indispensabile allo scrittore, anche più della creatività. Chi scrive di narrativa deve avere un'immaginazione molto sviluppata, quasi schizofrenica. Deve poter vedere nella mente con una precisione equivalente a quella reale, e ciò non per poter descrivere tutto, non lo si farebbe neppure in presenza di una scena della realtà, ma per selezionare ciò che è importante descrivere e, soprattutto, evitare errori di visione.

Una volta mi capitò di esaminare per la mia casa editrice un dattiloscritto che descriveva l'arrivo dei cavalieri sulla cima della collina. Più lontano, a circa trecento passi c'era il mare e sulla riva una tavola che era servita a un banchetto. Ecco più o meno come l'autore descriveva la scena:

> La tavola doveva essere stata abbandonata precipitosamente subito dopo il banchetto, perché bicchieri e fiasche erano rovesciati, i piatti in disordine e coltelli e forchettoni sparpagliati alla rinfusa, ovunque pezzi di carne arrostita e verdure sparse come se quella gente si fosse divertita a gettare in aria ciò che aveva nel piatto. Il capitano capì che qualcosa aveva indotto i commensali a fuggire precipitosamente, perché i bicchieri erano di cristallo fine e i piatti riccamente decorati con bordature d'oro. Persino i coltelli erano d'argento ornato da filigrane preziose. Chi avrebbe mai abbandonato un simile tesoro se non vi fosse stato costretto? Il capitano fece segno ai suoi uomini di scendere la collina e di avvicinarsi con cautela alla tavola...

Quando lessi questo brano capii subito che il nostro autore poteva essere anche bravo a costruire le frasi, poteva avere ottime idee narrative e grande capacità di organizzarle in un tutto organico, ma certamente aveva scarsa capacità immaginativa. Se fosse riuscito a proiettarsi dentro la testa del capitano e avesse guardato con gli occhi di questi, si sarebbe subito accorto che dall'alto di una collina, per di più distante trecento passi, non avrebbe potuto scorgere la filigrana dei coltelli, il cristallo dei bicchieri e le bordature d'oro dei piatti!

Lo scrittore che ha immaginazione si rivela chiaramente, a volte basta una semplice frase. Osserva come Kipling descrive l'affacciarsi della tigre Shere Khan alla tana dei lupi:

> Il chiaro di luna si spense sulla bocca della grotta perché Shere Khan ficcò la grossa testa dentro l'apertura.

Kipling è entrato nella mente di uno dei lupi dentro la tana e guarda realmente con i suoi occhi. Che cosa vede? Attraverso il buco d'entrata vede la luna che splende nel cielo, ma la luce a un tratto si oscura, coperta dall'ombra terribile della testa della tigre. Questo significa assumere la prospettiva, il punto di vista, e trovare nella propria mente la visione corretta.

Io non so se sia possibile potenziare l'immaginazione. Una ricerca in internet mi ha mostrato una grande confusione, dove si parla di creatività e di immaginazione come fossero parole diverse per indicare la stessa capacità. Vari siti consigliano esercizi ad hoc per sviluppare l'immaginazione, essi si dividono principalmente in cinque gruppi:

1) *i generici*: non guardare più la televisione, fai delle belle passeggiate, ritorna bambino, scrivi un diario, ascolta musica, balla...

2) *la cura del corpo*: secondo il principio mens sana in corpore sano, viene consigliato l'esercizio fisico, bere molta acqua (perché, sostiene l'esperto, il cervello è fatto soprattutto d'acqua!), una sana colazione (chissà perché non "alimentazione"), dormi bene...

3) *i quiz*: secondo l'idea che più ti cimenti con i problem solving e

più la tua immaginazione si sviluppa (confondendo in ogni caso immaginazione e creatività), ed ecco i giochini: quale numero completa la serie? trova la figurina diversa dalle altre... che domanda faresti al negro per farti indicare la strada giusta? hai una bilancia e dieci palline, una è di peso diverso... (fai tanti giochi come questi e la tua immaginazione resta comunque al palo, diventerai solo abile a risolvere giochini. La pretesa è simile a quella di chi ti raccomanda di risolvere tanti cruciverba per sviluppare il tuo talento di scrittore).

4) *i miracoli*: se vuoi che il tuo bambino (come siamo sensibili verso i bambini!) impari a essere creativo e immaginativo devi educarlo. Come? Beh, ecco tre consigli miracolosi, basta porre al bambino queste domande:

   a) "In che cosa ti piacerebbe emergere nella vita?"

   b) "Che cosa inventeresti per aiutare l'umanità?"

   c) "Come trasformeresti il mondo in un posto migliore per viverci?"

Ma non basta, bisogna anche incoraggiarli: "Sono sicuro che te la caverai benissimo in qualunque cosa, sei molto intelligente e le tue idee sono fantastiche".

5) *la visualizzazione*: finalmente siamo sul terreno giusto, peccato che tutto si riduca a creare immagini nella mente completamente sganciate da un qualsiasi interesse, come visualizzare te che stai comprando un biglietto per le giostre, immagina di essere un astronauta, immagina di essere un allenatore... ci sono anche esercizi per l'immaginazione sensoriale diversa dalla vista: immagina il profumo delle rose, immagina il suono di una campana... Sempre in questa categoria rientrano esercizi (noiosissimi) di memoria visiva (rivedi mentalmente una chiave, un cane, una strada, ecc.).

Tutto ciò si ritrova letteralmente nel web, non l'ho inventato io (una tale fantasia mi difetta).

Buttiamo via tutto questo ciarpame, non vale neppure un minuto del nostro tempo. L'unico gruppo che può ricevere qualche interesse è il quinto, ma è sorprendente come anche qui gli esercizi proposti non siano affatto diversi da quelle attività che compie ogni autore mentre scrive, con l'importante differenza che l'autore è motivato dalle idee che vuole narrare, l'altro è uno scolaretto che svolge i compiti (sai che bello!). In sostanza è la medesima differenza di chi corre nel parco perché gli piace correre e chi invece si allena a correre muovendo le gambe su un tapis roulant.

Alla fine, se gli esercizi del quinto gruppo hanno qualche merito, allora semplicemente scrivi e racconta quello che ti piace. Non servono alla tua immaginazione altre attività oltre a quella che compi spontaneamente quando hai pensato a una bella storia e la vuoi raccontare.

Ci sono aspetti dell'immaginazione che hanno a che fare con la capacità di immettere nella nostra testa un po' di schizofrenia [*sorriso*].

Quando creiamo una storia, inventiamo i personaggi e ci caliamo dentro di loro per osservare il mondo con i loro occhi. Metaforicamente diciamo che diamo loro una sorta di vita, ma qualche volta la vita che si prendono è molto meno metaforica di quanto si pensi. Capita che a un certo punto il personaggio cominci a manifestare una sua propria volontà, rifiuti le direzioni verso cui lo spingiamo, i suoi dialoghi con questo o quell'altro personaggio si fanno artificiosi, diventa prepotente, oppure timoroso, arrogante o privo di nerbo...

Come ci accorgiamo che il personaggio comincia a vivere una vita indipendente da noi?

Il personaggio ci parla nell'unico modo con cui può comunicare con il suo creatore: lo inibisce, non gli permette di continuare.

Sto farneticando? E allora leggi ciò che scrisse Dostoevskij a proposito del suo romanzo *I demoni*.

> Dopo aver riscritto la prima parte sorge un altro problema: si è fatto avanti un nuovo personaggio che avanzava la pretesa di essere lui

> il vero protagonista del romanzo, cosicché il precedente protagonista (un personaggio interessante, ma che effettivamente non meritava il ruolo di protagonista) si è ritirato in secondo piano. Questo nuovo protagonista mi ha talmente affascinato che ho cominciato un'altra volta a riscrivere il romanzo.

Forse a farneticare è il grande scrittore russo? Sono certo che non è così, perché anche a me è capitata la stessa cosa.

Avevo cominciato il romanzo *Va' con i tuoi artigli*, che doveva narrare il viaggio di un branco di dinosauri verso la valle di Serkuth. Il protagonista era Kobi, un giovane dinosauro, figlio del capobranco Sarad e fratello maggiore di altri due figli di Sarad, Tya e Patryn. Bene, la storia mi piace e mi metto all'opera. Ho una buona fabula e anche l'intreccio mi convince, così inizio a scrivere. Un capitolo, due, al terzo comincio a sentire che le parole non scivolano sulla tastiera, al quarto capitolo la storia non procede e il romanzo s'inceppa, non mi piace più.

Non riuscivo a capire bene che cosa stesse succedendo, perché di solito il racconto mi scorre abbastanza fluido dall'inizio alla fine. Quante volte ho riletto le pagine scritte e ho cercato di proseguire! Niente da fare, finché non mi sono deciso a provare una mia piccola analisi narratologica. Il problema s'è rivelato immediatamente: Kobi, il mio protagonista, era soffocato dal padre Sarad, che voleva assumere tale ruolo per sé. Allora ho adottato tutti i sistemi che mirano a innalzare il ruolo del personaggio. Cominciai a scrivere più righe in cui Kobi agiva, pensava e parlava, lo dettagliai di più, nel contempo scrivevo in modo più generico di Sarad, per sminuirlo.

Fu una fatica inutile. Sarad emergeva di continuo ai danni di Kobi! Non sapevo più che altro tentare.

Come spesso mi capita risolsi il problema nella mia vasca da bagno, immerso nell'acqua tiepida. Immaginai di organizzare una riunione a tre, io, lo scrittore, Kobi, il figlio, e Sarad, il padre. Esposi loro il problema e quindi lasciai che parlassero nella mia mente manifestando il loro punto di vista.

Ebbene, queste le posizioni:

Sarad: — Io sono il capobranco, è logico che sia il protagonista della storia del nostro branco. Sono io che devo guidare gli altri, come posso non avere il ruolo principale?

Kobi: — Io sono il figlio maggiore e il romanzo deve parlare di me. I ragazzi che leggono preferiscono un protagonista giovane. Ma tu, padre mio, non mi consideri per nulla. Io vorrei essere come te, ma non mi fai partecipare alla caccia, devo accudire i miei fratelli e devo passare l'intera giornata a raccogliere lumache. Come posso diventare protagonista?

Io: — Anch'io vorrei che tu Kobi diventassi primo attore, ma come posso fare?"

Kobi: — Dammi una vita indipendente e fammi capo dei miei fratelli"

Io: — D'accordo, Sarad continuerà a guidare il branco e tu guiderai i tuoi fratelli separato dal branco, però lasciami scrivere ancora un paio di capitoli affinché i lettori conoscano meglio i componenti del branco.

Le parole non furono proprio quelle che ho scritto, ma nella mia mente ci fu una discussione simile. Finito il bagno ripresi a scrivere. Incredibilmente le stesse scene che avevo previsto prima e che s'erano bloccate, ora scivolavano via senza intoppi. Alla fine del quinto capitolo, come avevo promesso, feci cadere in un burrone Kobi e i suoi fratelli. In fondo al burrone un fiume li trascinò via nel cuore della montagna, per farli ritrovare in un punto da cui non avrebbero potuto ricongiungersi al branco. La trama del romanzo cambiò. Prima il progetto prevedeva un viaggio del branco per trovare la mitica valle di Serkuth, ora il progetto era il ricongiungimento avventuroso di Kobi e i fratelli con il loro branco. Il libro ne uscì talmente bene che vinse nel 1999 il premio Bancarellino.

L'immaginazione richiede dunque un profondo coinvolgimento non solo nella storia, ma anche nei personaggi e nell'ambiente. Devi giungere a dare realtà a ciò che inventi e confrontarti con questa realtà, scordando in alcuni momenti che tutto è frutto della tua fantasia. Ciò vale anche quando vuoi raccontare episodi tratti dalla vita reale. Pure in questo caso la tua immaginazione penetra in ambienti e personaggi, li fa rivivere, li giudica e si fa condurre per mano quando le cose si fanno difficili.

Chiudo questo capitolo con un consiglio che spero possa esserti utile.

Ricorda che le immagini, anche quelle solo mentali, richiamano altre immagini. Io credo che sia questo il segreto per esercitare l'immaginazione. Anche se non hai una storia, anche se non sai neppure se una qualche idea avrà mai uno sviluppo, ritaglia un momento tranquillo per cominciare a produrre immagini. All'inizio l'immagine nella mente è (come ho già scritto) banale e stereotipa. Tu spingi la mente a produrre altre immagini, scorrile come fossero diapositive, ricercando ciò che a un certo punto solleticherà la tua fantasia. Vedrai che da quell'immagine ne seguiranno altre in rapporto con la prima. Le figure cominceranno a divenire dinamiche, non saranno più immagini statiche, ma comincerà il "film". Le azioni produrranno altre scene e le scene altre azioni. Può essere che la storia non venga ancora fuori, ma non ti preoccupare, lascia che le immagini prendano vita.

> Ecco, vedo un fiume... è un fiume rosso... che sia sangue? [*No, non mi piace, riprendiamo.*]
> Vedo una campana rotta che spunta tra le macerie di una chiesa distrutta... [*Mmmm, comincia ad andare.*] Rivedo nella mente la campana... ecco... è una chiesetta nel bosco... sento fischiare... è un boscaiolo?... No, è un canguro che fischietta... [*no, no, troppo bizzarra, forse un giorno l'idea di un canguro che fischietta nel bosco mi piacerà, adesso no.*]
> Qualcuno fischietta un motivetto che ho imparato da bambino... ma è un merlo sul ramo... mi sta chiamando... s'è messo in volo, dove mi vuol condurre?...

Immagini + immagini + immagini. Non importa che siano estremamente dettagliate, con molti particolari. C'è tempo più tardi, in fase di scrittura, per rivederle e adattarle alla storia che nel frattempo si sarà delineata.

Coltiva la tua immaginazione anche quando non stai scrivendo.

Spesso, durante una tranquilla passeggiata in campagna, mi diverto a vedere con gli occhi della mente le cose trasformarsi. Un albero normalissimo cambia colore, i rami si allungano nell'aria come serpenti e il loro agitarsi produce sibili sonori. Una nuvola si trasforma in un airone bianco. Un trattore diventa un mostro con grandi denti e occhi infuocati. Talvolta l'immagine è più banale: una rana sul ciglio del fosso s'ingrandisce e si trasforma in una principessa vestita di verde e molto stupita di trovarsi lì, poi, magari, la principessa diventa un cavallino rosso che esegue numeri del circo e mi viene da ridere…

Mi piace passeggiare così. Perché non provi anche tu?

CAP. 15: L'INIZIO

Creatività e immaginazione ci forniscono la materia prima di una storia, ma il fatto di averla in mente non significa che essa sia già pronta per essere trasformata in lettere sulla carta.

La paura del foglio bianco è sempre tanta, perché ogni scrittore, dal più grande al più piccolo, sa che le prime righe di un racconto o le prime pagine di un romanzo stabiliscono lo stile e il carattere di ciò che seguirà.

Nell'affrontare l'avvio ci sono tre ordini di problemi da affrontare:

1. la logica dell'inizio: certi fatti non possono essere compresi se prima non sono spiegati altri eventi o circostanze o motivazioni. Il fatto di sgridare mio figlio non è comprensibile se non si sa che abbia combinato. Questo fatto che è causa di un altro crea una catena di cui qualche volta si fatica a rintracciare l'avvio.

2. il contenuto e lo stile: il tipo di evento scelto per iniziare il racconto e il modo in cui sono scritte le prime frasi forniscono un'indicazione al lettore su ciò che potrà aspettarsi nelle resto dell'opera. È come una specie di contratto che intercorre tra scrittore e lettore: tu mi dai il tuo tempo per leggere ciò che ho scritto e io ti prometto che nel mio scritto troverai... (avventura, riflessione, sentimenti, ecc.).

Comprendiamo tutti che le frasi seguenti creano aspettative ben diverse nel lettore:

> Un fulmine saettò dalla bacchetta dello stregone ed esplose a un passo da me. Non ne aspettai un secondo. Con uno scatto mi buttai a lato e sfoderai la mia pistola antimagie...

> Le accarezzai il viso sfiorandole la guancia con la punta delle dita. — Non piangere, piccola mia — le sussurrai. — Vedrai che ogni cosa s'aggiusterà...

— M'hanno bastonato come un cane, ma sapessi quante gliene ho dette! — biascicò Matteo tutto pesto e sanguinante.

È difficile pensare ai giorni trascorsi quando i ricordi ti pesano sull'anima come macigni. Vorresti dimenticare, ma ti rendi conto che non esiste una discarica per i pensieri dolorosi. Devi portarteli appresso, giorno dopo giorno, ora dopo ora, sperando solo che il tempo, alla fine, ti sia amico...

Billo cerca la sua bella palla rossa. Ah, la birichina, si nasconde sotto l'armadio! Come prenderla? È così buio là sotto. Billo ha paura e piange, ma per fortuna c'è la mamma...

3. la pazienza del lettore: per stabilire fin dove giunge la pazienza del lettore dobbiamo porci una domanda: che cosa annoia il lettore? La risposta più corretta sarebbe: nulla e tutto, infatti non è tanto l'argomento ad annoiare o interessare, quanto la capacità dello scrittore di affrontare i vari aspetti della narrazione. Riflessioni, descrizioni di luoghi e di personaggi, informazioni... tutto ciò può essere di una noia mortale in mano a un cattivo scrittore, mentre può risultare una lettura gradevolissima se a scrivere è un autore di talento. Poi molto dipende da chi è il lettore stesso. C'è chi ama ritmi lenti e studiati, scritti con eleganza e grande proprietà di linguaggio. C'è chi, al contrario, desidera molta azione e non sta a badare troppo se il linguaggio è approssimativo. C'è chi desidera una lettura semplice e scorrevole, chi invece ama soffermarsi sulle frasi e digerirle pian piano...

Non si può accontentare tutti: un lettore abituale dei romanzi classici storcerà il naso e si rifiuterà di leggere un romanzetto d'amore comprato in edicola. Al contrario l'aiuto parrucchiera di sedici anni non saprà che farsene del Manzoni, del Verga o del Pirandello. Proprio perché i lettori sono diversi, lo scrittore elabora le sue opere pensando a un target. Chi scrive per l'età dello sviluppo è più fortunato perché ha target già precostituiti dalle età. Grossomodo si possono distinguere: età infantile (3-6 anni), fanciullezza (7-11 anni) e adolescenza (12-15 anni). Non è difficile capire ciò che annoia questi lettori e che cosa va evitato.

Poiché i tre fattori: logica dell'inizio, contenuto e stile, pazienza del lettore, sono concomitanti nel creare un buon avvio, oppure, al contrario, mancare il bersaglio fin dalle prime righe, cercherò di argomentare trattandoli unitariamente. Il segreto per operare una sintesi è semplice: immagina i tuoi lettori come fossero un solo personaggio e cerca di penetrare nel suo pensiero, così come ti ho spiegato nel capitolo precedente.

Cerca di vederlo seduto sul divano accanto alla mamma o al papà, oppure sdraiato mollemente sul letto in camera sua, o ancora per terra sul tappeto (ogni età ha i suoi luoghi). Puoi anche immaginarlo mentre è a letto e la nonna gli legge una storia.

Ecco, dopo che hai visualizzato la scena, comincia a leggere il tuo libro, come potrebbe leggerlo il tuo personaggio e ascoltane i commenti. Facciamo una piccolissima prova immaginando un dodicenne che stia leggendo in camera sua.

> Bonifacio era un ragazzo grasso come il suo nome. [*ah, bene, forte*]
> Come tutti i ragazzi, ogni mattina si recava a scuola con lo zaino sulla schiena, pesante tre tonnellate, ed era sempre in ritardo. [*come lo capisco, anche il mio zaino pesa tre tonnellate*]
> Per tutto il tragitto che da casa portava a scuola Bonifacio correva. O almeno ci provava, perché, tra il peso dello zaino e quello del suo stesso corpo, ballonzolava di qua e di là come un barcone nella tempesta, ma di strada ne faceva poca. [*buffa l'immagine*]
> Arrivava a scuola rosso e ansimante un quarto d'ora dopo l'inizio delle lezioni e i compagni lo accoglievano con un applauso. 'Ueè ce l'hai fatta!' esclamavano ridendo. 'Puoi andare alle olimpiadi!', 'Puoi fare il lancio del peso!', 'Sì, sei tu il peso!'. E giù tutti a ridere [*Va beh, Bonifacio era grasso ed era preso in giro dai suoi compagni. Ma non succede niente?*]
> A irritarsi dei ritardi di Bonifacio era soprattutto il professore di disegno, soprannominato dagli alunni Righello [*ok, anche noi diamo il soprannome ai nostri prof.*] Costui, quando Bonifacio entrava in aula, si levava in piedi rosso di collera e batteva il righello d'alluminio sulla cattedra, gridando: 'Per gli accidenti di tuo nonno! E la puntualità? Ti

è sconosciuta questa parola? Oppure ti fa venire il mal di testa?' [*Beh, ma non succede niente?*]

Un giorno, però, Righello era assente e al suo posto sedeva una supplente piccola e occhialuta che appena vide Bonifacio scattò in piedi e lo accolse con un 'Buongiorno signor Preside' [*signor Preside? A chi, a Bonifacio? La cosa si fa interessante.*] ecc. ecc. ecc.

L'inizio di questo racconto non è bruciante e in sostanza è una presentazione del personaggio, però è una presentazione abbastanza movimentata perché riesca a non annoiare. Il ragazzo che legge ritrova cose note del suo ambiente (lo zaino pesante, il soprannome ai professori) e trova accostamenti curiosi (grasso come il suo nome, gli accidenti di tuo nonno, il peso di tre tonnellate), vi sono immagini divertenti (Bonifacio che ballonzola come un barcone). Infine c'è la sorpresa con la promessa che sta per avvenire qualcosa di nuovo: la professoressa che scambia Bonifacio per il preside della scuola. La curiosità si mette in moto. E adesso? Che succederà? I compagni staranno al gioco e fingeranno che Bonifacio sia davvero il preside? (Forse si alzeranno in piedi anche loro e reciteranno in coro: "Buongiorno, signor Preside"). E Bonifacio? Come reagirà?

Insomma, questo è un buon inizio per un racconto umoristico (non certo per un giallo o per un romanzo di pirati).

Ciò che va evitato all'inizio è fornire troppe spiegazioni. Se il bambino o il ragazzo non sono stati "agganciati" le spiegazioni diventano come quelle della professoressa a scuola: obbligate e noiose. Le spiegazioni sono benvenute quando il lettore vuol capire, o meglio: è stato motivato a voler capire. Nel mio libro *Le radici del grande cedro* c'è una parte di informazioni essenziali.

La storia prende avvio dall'attacco del faraone Thutmosi III (circa 1500 a.C.) alle forze alleate del Retenu che si erano stanziate con il grosso delle forze nella piana di Megiddo. È importante fornire queste notizie sia perché l'intreccio parte dal ladruncolo Kafer che s'aggira di notte tra le tende degli alleati, proprio pochi minuti prima dell'attacco egiziano, sia perché tutto il romanzo si basa sulle vicende che vedono coinvolti Egizi e Cananei.

Sono informazioni importanti, ma quando darle? Certamente non si può iniziare tenendo una lezione di storia ("Il farone Thutmosi III salì al trono nel 1490 a.C. In realtà era faraone già da molti anni, ma non poté esercitare il potere finché non morì la matrigna Hatshepsut..."). Un ragazzo, se non obbligato dall'insegnante, chiuderebbe il libro dopo le prime due righe. Le informazioni sono necessarie, ma si possono dare più tardi. Ecco come inizia il romanzo:

> Non lo vedeva, ma dal buio profondo gli giungeva inequivocabile lo scricchiolio dei sandali sul pietrisco. Ecco, s'avvicinava. Si fermava. S'avvicinava di nuovo...
> Kafer s'appiattì contro la parete esterna della tenda, maledicendo la sua sorte. Doveva proprio imbattersi nell'unico babbeo del campo sofferente d'insonnia?
> Ma chi era, poi? Una sentinella? Un palafreniere? Un soldato che era andato a fare i suoi bisogni ai bordi del campo? Chiunque fosse, era uno che non aveva fretta, perché ogni due passi si fermava un po' e poi riprendeva a camminare, ma intanto veniva dritto su di lui, ostinato come un asino. Ancora poco e per il giovane ladro, come diceva suo zio Shuk, sarebbero suonate le trombe.

Tutto il primo capitolo racconta di Kafer e di come si fosse nascosto nella tenda di Eshmun, un ragazzo della stessa età, principe di Sarepta. Kafer viene scoperto e condannato al taglio delle orecchie, ma in quel momento le truppe del faraone attaccano il campo, ecc. Nel corso del capitolo c'è qualche piccola informazione gettata qua e là ("Un soldato si precipitò nella tenda gridando: – Generale! Gli Egizi ci attaccano! I carri di Thutmosi sono apparsi dalla pista di Aruna!"), poi, trattandosi di un romanzo destinato alle scuole, ci sono un po' di note storiche a piè di pagina; nel testo lo spazio è quasi per intero dedicato alla disavventura di Kafer.

Il capitolo si conclude con uno strano equivoco. Eshmun, per non essere catturato, scambia i suoi abiti con quelli di Kafer, così che quando gli Egizi arrivano il ladro è scambiato per il principe di Sarepta e condotto in Egitto. Il secondo capitolo si apre con le spiegazioni che riguardano Thutmosi e la sua politica:

Raccontano gli antichi annali che nel ventitreesimo anno di regno del faraone Thutmosi le popolazioni di Retenu si ribellarono al protettorato egizio. Siriani, Amoriti e Cananei, incoraggiati e minacciati al nord dai potenti Mitanni, strinsero un'alleanza per affermare la propria indipendenza.

Se il primo capitolo è riuscito nell'intento di attirare l'attenzione del ragazzo e di invogliarlo a continuare la lettura, l'inizio del secondo capitolo è il punto ideale per mettervi le informazioni necessarie. In genere il momento migliore per inserire quelle che tecnicamente si chiamano "pause" e che riportano le parti statiche del discorso (informazioni, descrizioni ed eventuali commenti) è nei punti di cesura tra una scena e un'altra, nel momento in cui una scena si conclude e la successiva non è ancora iniziata.

In sostanza l'esigenza logica del racconto deve coniugarsi con l'interesse del lettore e a questo scopo abbiamo due metodi:

1. distribuendo informazioni qua e là all'interno della scena; ovviamente dovranno essere frasi brevi e di preferenza pronunciate da qualche personaggio;
2. inserendo le informazioni prima dell'inizio di una nuova scena.

Il ricorso alle note a piè di pagina è da evitarsi il più possibile (fanno eccezione i romanzi a uso scolastico) perché disturbano il fluire del discorso. Anche l'espediente di inserire le note in fondo al capitolo, o peggio ancora in fondo al libro, con i ragazzi e con i bambini non funziona per nulla. Si può essere certi che nessuno di loro leggerà neppure una nota.

Prima di chiudere questo capitolo relativo all'inizio del libro, desidero aggiungere qualche parola in merito allo stile e ai contenuti.

L'inizio è il momento ideale per introdurre frasi e oggetti simbolici, o comunque elementi che accompagneranno l'intero romanzo. Se il protagonista è un ragazzo che indossa sempre il berretto con la visiera girata dietro la nuca, va detto alla prima occasione, allo stesso modo se ha gesti abituali (tic, inflessioni della voce, pa-

215

role che ripete spesso...) sono da collocare nella parte iniziale. La ragione è facile da spiegare: immagina di aver letto una ventina di pagine in cui sono narrate le avventure di un personaggio e solo alla ventunesima vieni a sapere che soffre di una forma grave di balbuzie, oppure che è un nano. Giustamente resteresti infastidito. Nel corso delle prime venti pagine ti sei costruito un'immagine del personaggio, integrando con la tua fantasia là dove lo scrittore non ha dettagliato i particolari. In assenza di chiari indici, il personaggio che la tua mente ha disegnato ha tutti i diritti di essere così e non altrimenti. Ecco però che lo scrittore improvvisamente cancella la tua costruzione per metterci la sua; ciò è seccante, così come quando sei alla guida della tua auto e un amico di fianco ti deve indicare la strada e lo fa solo quando hai già sbagliato.

> A destra, dovevi girare a destra!
> Accidenti a te, ma non potevi dirmelo prima?

Lo stesso avviene con tutti quegli elementi dei personaggi o degli ambienti che hanno un ruolo di una certa importanza nella storia o anche solo nella caratterizzazione.

Quando si comincia a scrivere bisognerebbe avere un'idea piuttosto precisa di come finirà il racconto o il libro. Potrebbe essere un finale provvisorio che a un certo punto cambierai, ma sforzati comunque di ideare qualcosa che ti convinca fin dall'inizio. Conoscere fin dalle prime righe dove andrà a finire la tua storia è più importante di sapere bene ciò che succederà nel mezzo. I due estremi sono le colonne dell'arcata, e tale arcata puoi sempre regolarla, restringerla, allargarla, modificarla in vari modi e, conoscendone la direzione, non finirai a perderti in un labirinto di possibilità.

Esemplifico ciò che intendo dire riportando la frase iniziale e finale del mio *Va' con i tuoi artigli*.

> [*l'inizio*] La luce dell'alba biancheggiò incerta sopra gli ultimi veli di nebbia, mentre gli alberi della savana cominciarono a proiettare lunghe ombre contorte sul terreno."

[*la fine*] Kobi guardò le stelle e la luna compiere il loro lento giro nel cielo, poi un chiarore di perla s'affacciò dietro le montagne. E solo in quel momento seppe che i suoi compagni avevano un nuovo capo-branco.

Per spiegare questa scelta ai ragazzi, in fondo al libro, nella parte delle schede didattiche scrissi questo:

Il romanzo comincia e finisce con l'apparire dell'alba. Non si tratta di una scelta casuale o semplicemente poetica; è piuttosto un elemento simbolico che indica il completarsi di un ciclo. Per meglio comprenderlo si può immaginare una scelta diversa e confrontarne i significati. Supponiamo dunque che il romanzo cominci con il chiarore dell'alba e si concluda con il sole che tramonta. Anche in questo caso è rappresentato un ciclo che si completa, ma l'idea che viene suggerita è sostanzialmente diversa.

L'alba simboleggia l'inizio di qualcosa, la nascita di una nuova esistenza, l'avvio di una nuova impresa. Al contrario il tramonto è il declino, la fine, la vecchiaia e la morte.

Muoversi dunque dall'alba al tramonto assume il significato di inizio-fine; è un ciclo che s'avvia, si sviluppa e poi si conclude definitivamente. Il romanzo, però, non intende seguire questo pensiero. Non vuole fermarsi con una porta che si chiude, ma con una che si apre.

Ad ogni tramonto segue un'alba e la morte di qualcosa segna sempre l'inizio di qualcos'altro. Ecco il quadro in cui si inserisce la storia di Kobi.

Il tramonto conduce al mistero e all'oscurità della mezzanotte; l'alba annuncia il calore e la luce del mezzogiorno. Ecco perché l'alba e non il tramonto mi è parso il simbolo più adatto a concludere il romanzo.

Ancora una nota che riguarda gli incipit, ma non solo. Con l'estendersi del web sono sorti molti blog e forum di scrittura; accanto all'opera pregevole di indirizzare gli esordienti e fornire loro un pubblico di lettori, spesso si riscontrano i difetti di un modo di analizzare uno scritto in maniera standard. Poco fa ho raccomandato di non iniziare con informazioni, ma con un'azione in corso (in media res, come si usa dire).

Con bambini e ragazzi questo consiglio ha una sua logica, poiché desideriamo agganciarne subito l'attenzione. Ciò tuttavia non toglie che si possono seguire anche strade diverse. Se l'autore "sente" come giusto un certo modo di procedere, metta da parte ogni consiglio, anche quelli forniti da questo libro, e segua la sua sensibilità.

Talvolta iniziare con una pausa è utile a rallentare il ritmo, oppure per cercare un avvicinamento al lettore, o, ancora, l'informazione iniziale è davvero decisiva per poter far partire l'azione.

Altre volte è necessario contestualizzare, come ha fatto Rodari nel *Lamberto Lamberto Lamberto* in cui parte collocando la sua villa nell'isola di San Giulio, nel mezzo del lago Orta e fornendo varie informazioni in merito.

Oppure Bianca Pitzorno che inizia *La bambinaia francese* con una lettera in cui rassicura la madre che si prenderà cura della sua bambina e che sarà in grado di accudirla perché nonostante la giovane età, ecc. ecc.

O ancora, come inizia uno scrittore dinamico come Roal Dahl nella *Fabbrica di cioccolato*?

Così:

> Queste due persone molto anziane sono il padre e la madre del signor Bucket. Si chiamano Nonno Joe e Nonna Josephine.
> Invece queste altre due persone molto anziane sono il padre e la madre della signoea Bucket. Si chiamano Nonno George e Nonna Georgina… [*e poi via con la presentazione dei signori Bucket, con la descrizione della casa, la loro economia, quello che facevano tutti i giorni e la domenica. Mi par di sentire molti "critici" urlare: — Infodump! Infodump!*]

Ma che dire dello stesso Pinocchio che comincia così?

> C'era una volta…
> — Un Re! — diranno subito i miei piccoli lettori.
> No, ragazzi, avete sbagliato. C'era una volta un pezzo di legno.
> Non era un legno di lusso, ma un semplice pezzo da catasta, di quelli che d'inverno si mettono nelle stufe e nei caminetti per accendere il fuoco e per riscaldare le stanze.

Sarebbe stato possibile, ma non era affatto necessario che Collodi cominciasse in velocità, più o meno nel modo seguente:

> — Non mi picchiare tanto forte! — disse una vocina.
> Mastro Ciliegia girò gli occhi smarriti intorno la stanza per vedere di dove mai potesse essere uscita quella vocina, e non vide nessuno!
> ...

E se ancora non sei convinto che si può partire alla lontana, prova a leggere l'inizio del *Piccolo principe*, in cui l'autore se la prende piuttosto comoda (altro che *in media res*!).

In buona sostanza, i consigli per una scrittura efficace vanno conosciuti, ma su di essi bisogna poi riflettere caso per caso, senza crearsi regole troppo rigide.

CAP. 16: LO SVOLGIMENTO

Ogni scrittore ha un modo proprio per proseguire nel suo racconto. C'è chi pianifica le varie scene in un modo dettagliatissimo, crea un progetto preciso che non modificherà se non per parti di scarso rilievo. C'è chi non pianifica nulla e scrive e scrive, diritto come una freccia verso il finale. C'è chi pianifica solo una parte, confidando che l'altra verrà da sé. Io non so quale sia, se esiste, il metodo migliore. Posso solo spiegare come mi comporto io.

Dopo aver pensato a ciò che dovrò sviluppare nella parte iniziale e come potrebbe finire il romanzo (o un racconto lungo, perché con racconti brevi preferisco scriverli direttamente, senza alcuna progettazione) mi metto a scrivere il plot: un elenco delle scene, sintetizzate semplicemente con un titolo. Questa è una parte che di solito mi annoia, perché, avendo già in mente come iniziare, vorrei mettermi subito a battere sui tasti del computer. Però poi m'invito alla pazienza e prendo a scrivere ordinatamente i titoli delle scene in ordine cronologico. Se esistono eventi contemporanei in altri luoghi e con personaggi diversi (come avviene nel *Le radici del grande cedro*), scrivo il titolo della seconda scena in una colonna, a lato della prima. Alla fine avrò una trama generale su cui riflettere.

Inevitabilmente ci sono molti aggiustamenti da fare. La prima cosa da osservare è la coerenza e la completezza delle scene secondo la prospettiva della logica e della comprensibilità. Se l'esame è accurato, si trova inevitabilmente che alcune scene vanno scritte prima, altrimenti le seguenti potrebbero essere poco comprensibili, che occorre aggiungere scene non previste, importanti per far capire meglio i problemi e le situazioni o per caratterizzare maggiormente i personaggi, in maniera che risulti chiaro perché in seguito essi si comporteranno in un certo modo piuttosto che in un altro.

Questa è la parte in cui miro in modo particolare alla coerenza e osservo con molta attenzione se per caso mi sia sfuggita qualche incongruenza. Poiché so che se ne trovano sempre ed è difficile eliminarle tutte, mi costringo a non essere frettoloso.

Dopo aver effettuato questo lavoro, mi pongo il problema di come l'intreccio agisca sull'attenzione del lettore. È questo il momento in cui la cura è maggiormente rivolta all'efficacia narrativa, che non ai contenuti in sé. Osservo se per caso non ci siano due scene deboli che si susseguono, poiché ciò potrebbe creare una caduta di interesse, guardo se la scena più forte non sia tale da sminuire eccessivamente le scene seguenti, per cui sarebbe meglio inserirla un po' più avanti o potenziare le altre, potrei trovare due scene che invertite di ordine farebbero risaltare certi eventi creando sorpresa o, al contrario, suspense (per esempio i banditi che si appostano per l'assalto alla diligenza potrebbero essere descritti ancor prima che i passeggeri abbiano caricato i loro bagagli e siano pronti per la partenza, così che il lettore sappia in anticipo ciò che sta per accadere). Se una scena è troppo debole cerco di inserire qualche evento nuovo che le dia vitalità...

Finito il mosaico (lo chiamo così questo lavoro), mi fermo a riflettere un po' sui personaggi e sugli ambienti, per vedere se per caso non esistano particolarità che accrescerebbero di significato la storia o che l'arricchirebbero di deviazioni interessanti. In questo momento possono venire nuove idee e può anche capitare che il romanzo si stravolga completamente; non è il caso di preoccuparsene, è sempre più conveniente seguire la linea che convince di più, anche se richiede ulteriore impegno e rimanda ancora il momento della scrittura vera e propria.

Quando ho finito questo lavoro, che io trovo estenuante, trattengo la mia voglia di cominciare e, se posso, vado a farmi una passeggiata, oppure m'immergo nella vasca da bagno, in ogni caso quel giorno (alla faccia dello Zen della Goldberg) non scrivo neppure una riga.

La mattina dopo rileggo il mio plot, quindi lo infilo in una cartelletta e già so che, con ogni probabilità, non lo consulterò più e che il mio romanzo se ne andrà per la sua strada.

(Non sono mai riuscito a rispettare per intero l'intreccio che avevo progettato: forse un difetto di programmazione? Oppure una virtù?).

Ma allora, a che serve essersi rotti il cervello per elaborare un plot che non verrà più neppure consultato?

Beh, devo proprio spiegare che cos'è lo scrivere Zen [*sorriso*].

L'elaborazione di un plot è un'attività prevalentemente razionale. Esiste un po' d'invenzione, ma principalmente la mente è al lavoro per pulire, ordinare, interrogarsi sugli effetti e le ragioni, attingere alla propria esperienza e competenza. Siamo lontanissimi dall'innocente e fresca "spontaneità" della Goldberg, che io chiamo "sventatezza". Qui non è il bambino che lavora, ma l'adulto raziocinante, consapevole dei propri limiti e delle proprie capacità. È la mente *faber* che si esercita sui materiali e li modella così come il falegname che sega, incolla, pialla e lucida il legno, affinché il tavolo sia bello e che, soprattutto, si regga ben dritto sulle sue gambe.

Lo Zen non è affatto contro il raziocinio (come credono tanti, indotti a questo pregiudizio da pessimi libri), semplicemente spiega che la mente razionale è solo una parte della mente più ampia, una mente che, a differenza della prima, non possiamo cogliere direttamente in quanto essa stessa è la mente osservante. Io posso conoscere e analizzare i miei pensieri, posso esaminare i modi più o meno coerenti ed efficaci con cui si rapportano tra loro secondo principi logici, analogici o di pura associazione. Ciò che non riesco in alcun modo è conoscere l'origine dei miei pensieri. Se in questo momento mi passa per la mente l'immagine di un gatto, posso descriverlo, ma davvero non so perché ho pensato a un gatto e non a un pipistrello.

La mente ampia è conosciuta più per gli effetti che per la sua reale natura, e tali effetti approssimativamente sono: i pensieri, i sentimenti, le immagini. Anche le operazioni che compie non sono tutte visibili all'osservatore: il soggetto umano è consapevole di come si sviluppano i suoi ragionamenti ed è in grado di regolarli, al contrario l'origine dell'atto creativo sfugge al controllo e appare "misterioso". È qui che la Goldberg e molti altri s'ingannano: il fatto che l'origine dell'atto creativo avvenga senza un'azione cosciente fa loro dedurre che basti abbandonare il controllo perché avvenga l'atto creativo (come a dire che basti dimenticare a casa l'ombrello perché si metta a piovere. Secondo la legge di Murphy è proprio così, ma non per lo Zen! [*sorrisetto*]).

Torniamo a noi scrittori e alla mente ampia (in realtà gli psicologi la chiamano diversamente, lo Zen la definisce "mente originaria", intendendo dire che non è originata da un atto cosciente. Io uso la qualificazione "ampia" per indicare che in essa è contenuta la coscienza e l'inconscio, il raziocinio e la creatività). La mente ampia, quando funziona bene, armonizza tutte le facoltà psichiche dell'uomo e fa sì che i prodotti creativi siano anche produttivi e non restino confinati nell'ambito di sterili bizzarrie.

Quando leggi un libro sullo scrivere di narrativa, come questo, o quando elabori un plot, stai fornendo alla tua mente ampia strumenti utilissimi. Non importa se essi provengano da un'azione psichica di tipo razionale piuttosto che da qualche fenomeno mistico, l'importante è che siano strumenti efficaci che la mente ampia possa usare.

Il plot è nella cartelletta, ma non è scomparso dalla mia mente, tutt'altro. Non posso percepirlo direttamente, ma sono certo che ora la mia mente ampia lo sta manipolando, lo strizza, lo tira da una parte all'altra, ne osserva l'elasticità, lo confronta con ciò che nella memoria è depositato, lo confronta con i valori della cultura sociale, lo verifica alla luce dei miei fari morali...

Alla fine, quando mi metterò davanti al computer, la mente ampia è con me, con la sua creatività e con il suo raziocinio. Con la prima mi stimola e con la seconda mi controlla.

Proprio per questa sua capacità di coniugare creatività e raziocinio essa m'indurrà a modificare via via il plot originario. Nascono idee nuove, le immagini si fanno più reali, i personaggi prendono vita e la scrittura scorre veloce e appagante.

Non bisogna credere, tuttavia, che la mente ampia sia una panacea per scrivere capolavori. Sono convinto che senza l'apporto della mente ampia non sia possibile generare alcun capolavoro, ma, come sempre avviene, non ogni mente ampia ha la possibilità di generarli. Le nostre capacità e i nostri talenti hanno dei limiti oltre i quali non riusciamo ad andare. E poi, non bisogna mitizzare la mente ampia, anch'essa può sbagliare e perdersi in strade improduttive.

Capita abbastanza spesso che si cominci lo sviluppo con una grande forza mentale e che poi, con l'avanzare dei capitoli, questa forza venga via via meno e scrivere diventi sempre più faticoso. I personaggi si spengono, la vicenda non conosce più guizzi d'interesse e le immagini nella mente sbiadiscono in una nebbia indistinta.

Quando questo succede, occorre ripercorrere il processo. Bisogna rimettere al lavoro il pensiero razionale che opera analizzando, astraendo e ricercando i collegamenti logici. Poi di nuovo tutto viene inviato alla mente ampia che cerca di rielaborare il lavoro: se ci riesce lo scrittore prova una sensazione di freschezza e di novità che lo spinge a continuare, se non vi riesce l'opera sarà abbandonata forse per sempre.

Io conosco bene questo stato perché mi è accaduto con *Le radici del grande cedro*.

Avevo scritto più di tre quarti del libro, quando la spinta si esaurì. Non riuscivo ad andare avanti. Dovevo ripensare le stesse frasi dieci volte e dieci volte riscriverle, senza restare mai veramente soddisfatto. All'inizio della crisi pensai che tutto ciò fosse frutto di un po' di stanchezza (anche questa può influire) e che con qualche giorno di riposo e di svago avrei ripreso a scrivere senza problemi.

Non fu così. Quando mi rimisi al lavoro capii subito che era ancor peggio di prima. Adesso non riuscivo a scrivere neppure una riga. Mi spiaceva abbandonare l'opera, il plot esponeva una bella spy-story, ricca d'intreccio e di colpi di scena. Oltretutto appariva vivace e coinvolgente (ovviamente questi erano i miei giudizi). Perché dunque non riuscivo a proseguire?

Presi ad analizzare quanto avevo scritto, ma tutto pareva funzionare bene: ambiente, personaggi, vicenda, punto di vista e narratore... E allora?

Ripresi in mano il vecchio plot e bastò pochissimo per capire il problema.

Si trattava del finale: un finale fiacco e poco originale che, oltretutto non aggiungeva significato alla storia. Ciò che mi sorprese fu il fatto che il cosiddetto "blocco dello scrittore" non accadde durante la scrittura del finale, ma avvenne molto prima. Era come se gli stessi personaggi della storia conoscessero la loro destinazione e non volessero finire lì. La mente ampia aveva capito che il finale non funzionava e aveva fatto di tutto per farlo capire anche alla mia mente razionale, ma la mente ampia non può comunicare direttamente con questa, può solo agire secondo parametri emotivi. Purtroppo la mia mente razionale aveva già elaborato un plot ed era molto restia a rimettere in discussione il proprio lavoro, eppure era proprio questo che doveva fare per rimuovere il blocco. La mente ampia mi aveva sottratto l'energia e la voglia di scrivere, questo era stato il suo modo di comunicare il disagio di un finale inadeguato.

Quando ripresi a leggere il plot, allora compresi che ciò mi mancava c'era già nella storia, ma non l'avevo colto e, di conseguenza, non l'avevo trasferito nel finale. Il libro si allungò di ben altri quattro capitoli rispetto al vecchio progetto, segno della profonda trasformazione dell'idea originaria.

Quell'esperienza mi rimase impressa perché, inaspettatamente, come ebbi concepito il nuovo finale, la scrittura della parte intermedia si sciolse e prese una nuova vitalità. Ora avevo una piena e soddisfatta consapevolezza di dove stavo andando, e lo scrivere si era fatto improvvisamente facile.

E ora parliamo della revisione.

Molti libri di scrittura creativa dedicano un capitolo alla revisione. Io preferisco parlarne qui, perché credo che in realtà la revisione accompagni costantemente lo scritto in ogni sua fase. Dalla rilettura della frase appena battuta, al brano in cui è inserita, al capitolo...

Prima di mettermi a scrivere, un po' per correggere a mente fresca, un po' per entrare mentalmente nel lavoro, rileggo un vecchio capitolo e poi l'ultima parte che ho scritto. C'è però un momento in cui la revisione è globale, non ancora completa e definitiva, ma abbastanza generale ed è quella che svolgo normalmente alla fine dello sviluppo e prima di affrontare il finale.

Tutti sanno che cosa si deve fare durante la revisione: si cambia una parola qui e una là, si aggiustano le frasi zoppicanti e si semplificano quelle troppo aggrovigliate, si aggiungono spiegazioni, si tagliano pezzetti...

Ma chi compie questo lavoro? La mente razionale o la mente ampia?

La risposta credo venga spontanea: la mente razionale, tuttavia l'altra mente, quella ampia, non assiste passiva al lavoro di cesoia della sua parte analizzatrice. Se, tutto sommato, essa accetta bene i cambi di parole e anche le aggiunte, al contrario è estremamente insofferente ai tagli e non sopporta che parti del suo lavoro vengano brutalmente cestinate.

La mente ampia è ispiratrice e gratificante, ci fa star bene e ci fa lavorare con entusiasmo se essa giudica che stiamo facendo un buon lavoro. I greci la chiamavano "musa" e la consideravano una dea. In effetti quando le cose vanno bene io l'immagino come una donna bellissima, alta e ben fatta, che adoro dalla testa ai piedi. La vedo saggia, perfetta, creatrice...

Ahimè, la realtà non è questa. Forse la mente ampia non esiste realmente ed essa non è altro che un nome che sto dando a una certa attività cerebrale, ma se la mia immaginazione le dà l'esistenza, proprio come un personaggio letterario, allora direi che è una donna di grandi capacità, ma non perfetta e che il suo difetto principale è l'autocompiacimento.

Ed ecco che a causa di questo difetto a volte dimentica sia la storia sia il lettore, e ti fa scrivere pagine e pagine di cose che appaiono bellissime, che ti fanno sentire un grande scrittore e che ti rendono felice di essere al mondo. Pagine che il lettore troverà invece noiose, fuori luogo e inutili!

Ti racconto a questo proposito un piccolo episodio, assolutamente reale, che vissi la prima volta che mi fu affidato un compito narrativo. Dovevo riscrivere la storia del *Lago dei cigni*, una storia che sarebbe stata recitata e sonorizzata con musiche tratte dall'omonimo balletto di Ciaikovskij. Ovviamente cercai di fare del mio meglio e la mia mente ampia mi aiutò non poco. Il lavoro scivolò via facile facile, veloce ed efficace. Alla fine ottenni 15 cartelle dattiloscritte di cui ero estremamente fiero e le consegnai al curatore della collana, il poeta di cui ho già accennato e che ebbi come amico. Qualche giorno dopo mi riconsegnò le cartelle piene zeppe di correzioni.

La mia dea Mente Ampia (ora la scrivo con la maiuscola perché è una dea) dentro di me s'infuriò: dove avevo scritto "completamente ubriaco" il poeta mi aveva corretto in "brillo" e allo stesso modo aveva mitigato tutte le espressioni forti. Avevo l'impressione che egli non avesse per nulla compreso l'effetto drammatico che avevo voluto suscitare con le mie parole. Ma ciò che gettò la mia Mente Ampia nella disperazione più desolante fu la frase con cui mi consegnò il dattiloscritto:

"Va bene" disse. "Però devi tagliar via tre cartelle"

TAGLIAR VIA TRE CARTELLE!!!?

Ma su un totale di quindici tre cartelle sono un quinto, il 20% del lavoro!

Che fare? Era il mio primo lavoro di narrativa che mi veniva commissionato, potevo forse fare le bizze e pestare i piedi?

Tirai un sospiro e mi accinsi a massacrare il mio capolavoro. Sotto gli occhi lacrimanti della mia dea, tagliai, tagliai e ricucii con spietatezza. Sentivo che Lei protestava, sempre più debolmente: la stavo uccidendo.

Alla fine le dodici cartelle erano pronte. Quando le diedi, il poeta disse solo: "Perfetto".

Oggi ho ripreso in mano quel vecchio libro, dopo anni di abbandono in uno stipetto. L'ho riletto. È perfetto! È bello. Non ha una riga di troppo né di troppo poco. Sentimentale quel che ci vuole in una fiaba, senza esagerazioni che avrebbero stonato nell'atmosfera di sogno (quel "completamente ubriaco" ad esempio). Chi mai potrebbe capire che fu tagliato il 20% dell'opera? Neppure io saprei dire che cosa tagliai e nemmeno troverei un punto in cui ci fosse stato bene qualcosa di più.

La mente ampia (ora non è più dea) è un po' presuntuosa, crede di sapere sempre come fare le cose al meglio, ma non è così. Anch'essa ha i suoi sacrosanti difetti e lacune, e ogni tanto qualche buon castigo l'aiuta ad apprendere dall'esperienza e a migliorarsi.

Purtroppo se al naturale orgoglio della mente ampia si aggiunge un carattere spinoso, allora la faccenda si fa drammatica.

Una volta il poeta, che nella casa editrice era responsabile di tutta la narrativa giovanile, corresse una frase zoppicante scritta da una signora che, come me, si trovava al suo primo incarico editoriale. Il mio amico era al telefono e mi trovavo vicino a lui, così non potei fare a meno di udire la signora sbraitare dall'altro capo del filo: "Ah no! Le parole non si toccano!".

Il mio amico, persona assolutamente mite e gentile, rispose con garbo e con ironia: "Signora, in questa casa editrice abbiamo il vizio incurabile di toccare tutte le parole che ci passano sotto le dita. Non solo le tocchiamo, ma le strappiamo, le tagliamo a fettine, le stropicciamo e le tritiamo, e alla fine le divoriamo a colazione"!

La signora rinunciò al lavoro e l'incarico fu affidato a me, che non generavo parole intoccabili.

Prendi dunque le forbici virtuali e preparati a una revisione fatta prevalentemente di tagli. Più ne fai e meglio sarà alla fine il tuo lavoro. Tuttavia devo metterti in guardia da un pericolo mortale: non far fare i tagli a qualcun altro, anche se pensi che sia mille volte più bravo di te. Solo tu conosci l'anima del tuo scritto e ciò che volevi ottenere mentre mettevi in fila le parole. Solo tu sai quali parti possono essere eliminate senza stravolgere il pensiero, anzi, quali tagli snelliscono la tua opera e probabilmente la valorizzano ancor di più.

Una volta, in un'altra casa editrice, fui incaricato di un lavoretto abbastanza sciocco: dovevo scrivere delle frasette all'interno di un calendario dell'avvento. In questi calendari ci sono delle figure ispirate al Natale stampate su trenta finestrelle cartonate. A partire da un mese prima di Natale, ogni giorno il bambino ne apre una e legge ciò che vi è scritto all'interno.

Il calendario che mi fu affidato aveva figurine oscenamente banali e leziose: angioletti, pastorelli, coniglietti... Un gusto che ricordava certe immaginette che distribuivano negli oratori negli anni '50. Per me fu però una sfida, alla banalità delle figurine volevo rispondere con la creatività del testo. Ahimè, allora non sapevo che l'editore, che pubblicava soprattutto per bambini molto piccoli, era attentissimo all'immagine, mentre si disinteressava completamente della parola scritta, a meno che non desse fastidio per gli spazi che occupava. Così decise, a suo unico giudizio, di tagliare i testi che avevo scritto (legalmente lo poteva fare) per dare "aria" alla finestrella, anche se allo scopo sarebbe bastato ridurre un poco il corpo del carattere. La cosa intollerabile però fu che non chiese a me di effettuare i tagli ma li fece lui. I risultati furono terribili. Ecco alcuni esempi giusto per capire che succede quando i tagli li fanno gli altri:

L'immagine rappresentava semplicemente un angioletto paffutello che dormiva. Io scrissi:

> Daniel era un angioletto buono come tutti gli angeli, ma anche un po' dormiglione. Così, mentre Gesù nasceva, invece di cantare lui dormiva. E il bello è che non fu mai rimproverato per questo.

L'ironia insita nell'aforisma era che il riposo è più importante di qualunque cosa e che il Cielo perdona chi dorme anche se sta nascendo Gesù. Che c'è di più bello del sonno innocente di un angioletto? Ebbene, come fu tagliata la mia frase? Ecco:

> Daniel era un angioletto buono come tutti gli angeli, ma anche un po' dormiglione. Così, mentre Gesù nasceva, invece di cantare lui dormiva. [*stop*]

Altro esempio. L'immagine raffigurava semplicemente un coniglietto. Così scrissi all'interno della finestrella:

> Un coniglietto guardava il bambino nella grotta; si sentiva triste e pensava: "A che servo io? L'asino e il bue lo riscaldano, i pastori gli portano doni, gli angeli cantano. E io che posso fare?" Un angelo lo accarezzò tra gli orecchi e sussurrò: "Donagli la tua tenerezza; anche il Figlio di Dio ne ha bisogno!

La tenerezza è un bene tanto necessario quanto poco appariscente. È un tepore silenzioso che rasserena dalla fatica del vivere e solo attraverso la tenerezza ritroviamo la pace, umana o divina che sia... Questo era il pensiero guida della brevissima scenetta, ma ecco come fu ridotta:

> Un coniglietto guardava il bambino nella grotta; si sentiva triste e pensava: "A che servo io? L'asino e il bue lo riscaldano, i pastori gli portano doni, gli angeli cantano. E io che posso fare?" Così gli donò la sua tenerezza.

Da piangere!
Ancora un esempio? Eccolo.
L'immagine raffigura un angioletto che suona il flauto.

> Araiel voleva cantare nel coro degli angeli, ma era stonato e nessuno lo voleva. Così raccolse da terra il flauto di un pastore e si mise a suonare. Gli angeli del coro tacquero per un momento: mai si era sentita musica più bella.

Il messaggio voleva essere questo: anche chi non ha le abilità degli altri può nascondere in sé una sua bellezza. Ma la riduzione (che di sicuro già immagini) finì a banalizzare tutto:

Araiel voleva cantare nel coro degli angeli, ma era stonato e nessuno lo voleva. Così raccolse da terra il flauto di un pastore e si mise a suonare.

E per finire...

Il pastore esitava. Come poteva presentarsi al Figlio di Dio recando in dono null'altro che un pezzetto di formaggio? Maria lo vide e sorrise. E allora gli parve che il suo fosse un dono da re.

Nella finestra del calendario il testo s'interruppe a "sorrise".
Non lasciare ad altri i tagli che puoi fare tu.
Ecco la mia più importante raccomandazione di questo capitolo.

CAP. 17: IL FINALE

Siamo giunti al finale. Sono sempre emozionato quando affronto la stesura del finale, sebbene esso fosse presente già da tempo nella mia mente. Il fatto è che ora ci arrivo carico di tutta l'esperienza della scrittura precedente; i miei personaggi hanno vissuto le loro avventure e molti di loro sono cambiati. Alcuni sono scomparsi e altri non sono più quelli che erano all'inizio... Per forza di cose il finale, anche se strutturalmente è quello previsto, nella stesura concreta sarà condizionato da tutto ciò che è contenuto nel libro. Questa consapevolezza ci rimanda a una questione importante.

Qual è la caratteristica fondamentale che deve avere un buon finale?

Anzitutto occorre rilevare che un finale è un "finire della narrazione" e non una sua "interruzione", come avviene quando lo scrittore lascia l'opera incompiuta.

Stabilito questo, credo che un buon finale debba risolvere e chiudere tutte le questioni che lo scrittore ha aperto nella sua opera.

Chiarisco meglio per evitare fraintendimenti. Ci sono finali in cui la parola "fine" è come il fiocco su una scatola regalo. Il dono è impacchettato e pronto per andare nel mondo. Non c'è più nulla da aggiungere nella scatola, lì dentro c'è tutto.

Altri finali sono invece scatole con cerniera, sono chiuse, ma pronte a essere aperte di nuovo. Di questo genere sono quei romanzi che terminano l'avventura, ma ambienti e personaggi principali possono essere riutilizzati per altri episodi (pensa a Guerre Stellari, per fare un esempio molto noto).

Vi sono soluzioni multiple, dove il lettore è chiamato a scegliere il finale della storia che preferisce o addirittura inventarlo (sembra interessante, ma vacci piano; il finale multiplo sottrae verosimiglianza alla storia. Nella realtà le vicende hanno un unico sviluppo).

Vi sono finali che paradossalmente si nascondono. Noi sappiamo che la storia finisce, ma lo scrittore non ci dice come. Egli chiude la sua narrazione con eventi che si stanno spegnendo, ma non sono ancora del tutto esauriti. Ad esempio:

> La nave, colma di tesori, ruotò di prua e, con le vele gonfie di un vento favorevole, s'avviò veloce verso la terra lontana dei nani. Costoro, stretti l'uno accanto all'altro sul ponte, osservavano la schiuma delle onde e piangevano di gioia. [*fine del romanzo*]

Alla nave si prospetta ancora un lungo viaggio, andrà tutto bene? Non incontrerà qualche tempesta? E poi, che succederà quando la nave entrerà in porto e i nani avranno scaricato i loro tesori? Ci sarà una festa? O forse qualcuno cercherà di derubarli? Forse litigheranno tra loro per la spartizione delle ricchezze?

Il lettore non dispone delle risposte, ma se la storia si basava sulla conquista del tesoro e il ritorno in patria, il finale è corretto, anche se altri eventi, più o meno drammatici, sono possibili. Il lettore non sa, ma può immaginare che tutto finì bene, altrimenti lo scrittore ne avrebbe dato informazione.

Di norma le fiabe, con il loro "...e vissero felici e contenti" intendono evitare con cura che il lettore (o l'ascoltatore) rimanga con qualche dubbio sul fatto che al protagonista sia valsa la pena di affrontare fatiche e pericoli.

Esistono poi i finali aperti, che sono una specie di contraddizione, perché invece di finire lasciano le questioni irrisolte ed è compito del lettore, se desidera farlo, riempire il vuoto con ciò che preferisce.

Da questo breve (e sicuramente incompleto) elenco non appare chiaro che cosa significhi l'enunciato esposto più sopra: "chiudere tutte le questioni che lo scrittore ha aperto nella sua opera". Pare che esso si applichi solamente ai finali chiusi o, tutt'al più a quelli nascosti.

Un finale deve effettivamente chiudere le questioni aperte dallo scrittore, ma, e qui sta il nodo, una questione può essere aperta per lo scrittore e non per il lettore, e viceversa. In alcuni miei racconti per adulti più di una volta qualche lettore s'è lamentato, e con espressioni non proprio tenere, di essere rimasto sconcertato dal mio finale.

"Vigliacco!" mi scrisse uno. "Ma che è un finale quello? Stiamo ad aspettare per vedere che succede e... non succede niente?"

In realtà, cosa che molti altri invece colsero, il finale chiudeva perfettamente la questione che avevo aperto, mentre il lettore ne aveva aperto una sua, verso la quale non sentivo alcun obbligo di risoluzione. Non potendo riportare l'esempio per ragioni di spazio, ne creo uno ad hoc.

Immaginiamo che la mia storia si centri su una ragazza che soffre grandemente per il fatto di non poter avere le scarpe alla moda che indossano tutte le sue compagne. Ora, può essere che per lo scrittore la questione aperta sia l'eccessiva sofferenza dell'adolescente verso un'errata idea di uniformità sociale, invece il lettore, leggendo le sue avventure-disavventure per ottenere le scarpe dei suoi sogni (magari la ragazza cerca anche di rubarle a una compagna, ma viene scoperta, con inevitabile disapprovazione pubblica), ritiene che il problema sia "riuscire ad avere le scarpe".

Se il finale si chiude con la nostra adolescente che, dopo tante umiliazioni, giunge a comprendere la futilità di certe mode sociali e cerca di fondare la crescita della sua personalità su basi ben più solide, lo scrittore ritiene che la questione posta dal suo romanzo/racconto sia risolta. Il lettore, però, che non ha centrato il vero problema, resterà probabilmente deluso da un finale in cui non è reso esplicito se alla fine la ragazza ha avuto le scarpe o no:

> Alina aprì la finestra dell'aula lasciando che la brezza di aprile le accarezzasse i capelli, quindi si volse per un momento a guardare le sue compagne con le belle scarpette ai piedi e sorrise. Si volse di nuovo alla finestra: il mondo là fuori l'aspettava.

Talvolta la questione non è il problema in sé, ma il modo in cui il personaggio affronta il problema. Se il personaggio ha nei confronti di un problema (trovare lavoro o sposare la principessa) un atteggiamento passivo, se si aspetta che gli altri lo risolvano senza che

234

lui debba fare nulla, oppure se usa mezzi immorali per ottenere ciò che desidera, può benissimo essere che per lo scrittore la questione si risolta quando il personaggio comprende e decide di utilizzare mezzi più idonei e accettabili. Il lettore che si fissa solo sul problema (trovare lavoro o sposare la principessa) resterà deluso se nel finale non troverà la soluzione a un problema che non interessa lo scrittore.

Il bellissimo film di De Sica, Ladri di biciclette, è una splendida esemplificazione di ciò che intendo dire. Il problema posto dal film non è "recuperare la bicicletta rubata" o anche "avere una biciletta per poter lavorare", queste sono questioni che non si risolvono nel finale. La vera domanda è se un ambiente difficile può indurre una persona onesta a rubare e come va giudicata se ci prova.

Rispetto a questi dilemmi il film finisce benissimo e in modo completo.

Nel film c'è anche altro: la descrizione dell'ambiente di lavoro italiano nell'immediato dopoguerra. Questo, se non un problema, era però un obiettivo che il regista s'era posto e che desiderava raggiungere (l'intero film va in questa direzione e il noto finale in cui padre e figlio, mano nella mano si allontanano lungo la strada, simboleggia lo stato di incertezza con cui l'Italia andava ad affrontare il suo futuro. Non è necessario sapere se Antonio Ricci troverà o no la bicicletta).

Ciò che non va bene è quando il finale non riesce a risolvere le questioni che proprio lo scrittore ha voluto aprire. La Goldberg scrive "Puntate alla giugulare. Se scrivendo vien fuori qualcosa che vi fa paura o vi fa sentire esposti, tuffatevici dentro. Probabilmente è carico di energia."

Al contrario ti chiedo di non tuffarti lì dove anneghi e rischi di far annegare chi ti vuol soccorrere.

Aprire un problema è come aprire la pancia di un paziente: non lo devi fare se non sai come ricucirla, è una questione molto semplice. Ma, allora dobbiamo trattare solo di problemi di cui abbiamo la soluzione? E così non parlare mai delle guerre nel mondo, delle malattie, della fame, del razzismo e degli odi etnici?

Santo Cielo, proprio no!

Se il mio problema di scrittore è riportare un'esperienza particolare e significativa di un problema sociale, mettiamo le popolazioni che soffrono la fame, avrò risolto il mio compito quando quell'esperienza sarà stata narrata per intero, anche se la fame nel mondo continua a esserci. Il finale è quello che chiude coerentemente il ciclo di quella specifica esperienza. Al contrario il mio sarebbe un finale fiacco se dell'esperienza tralasciasse momenti significativi che ho avviato e non ho concluso.

Per tornare al film di De Sica, riconsideriamo quando il protagonista, Antonio Ricci, vede una bicicletta che potrebbe rubare, la tentazione è forte, si avvicina, ma esce una persona dal bar e deve rimandare il furto. Ora, deviando dalla storia narrata nel film, immaginiamo che accada un evento tale da distogliere Antonio dal suo progetto (il bimbo che l'accompagna cade e si fa male a un ginocchio, oppure due auto si scontrano e bisogna soccorrere i feriti, o semplicemente passa un amico che ha una bicicletta da prestargli). Se il film non riprendesse più il tema del furto, e risolvesse in qualche modo il problema dell'avere una bicicletta, il finale sarebbe addirittura sbagliato.

"Ma come" protesterebbe a buona ragione lo spettatore. "mi porti Antonio sull'orlo del furto, me lo mostri dilaniato interiormente tra il bisogno di rubare per lavorare e il desiderio di essere un uomo onesto, e non mi fai neppure sapere se alla fine proverà o meno a rubare la bicicletta?" Se Antonio non provasse davvero a rubare la bicicletta noi non sapremmo mai se in lui sarebbe stato più forte il desiderio di lavorare oppure quello di mantenersi onesto.

Il finale non deve tradire le aspettative che lo scrittore stesso ha creato con la sua opera. Questo è ciò che intendevo con la mia affermazione agli inizi del presente capitolo.

Riguardo alle aspettative esiste però anche un pensiero sottilmente perfido. L'autore può indurre il lettore a crearsi aspettative e poi sorprenderlo alla fine, mostrandogli che stava navigando in acque sbagliate. In un mio breve racconto, Piccolo omaggio a K., il protagonista si trova sbalzato in un mondo assurdo, tanto assurdo che la stessa storia finisce... senza finale.

Ecco come termina:

> Il nano s'arresta, si volta e mi guarda con aria stranita: — E come faccio a saperlo io? Per quanto mi riguarda la storia finisce qui.
> — Finisce qui? Ma che diavolo! La storia sarebbe finita qui? Che finale è?
> Il nano s'infuria a sua volta.
> — Che finale è, che finale è...! Oh, la fate facile voi Tuttigiorni! Voi che vi siete accaparrati l'intera esistenza! Accidenti! Con tutta la fatica che abbiamo fatto per esistere volete anche che la storia abbia un finale? Prepotenti ed egoisti!
> Detto ciò prende a correre lungo la via con le sue gambette storte e presto scompare alla vista, lasciandomi tutto solo, nel mezzo del 31 aprile e con una storia scritta a metà.
> Vi pare bello?

L'idea di base era quella di mettere il lettore nello stesso stato confusionale del protagonista, tuttavia questo non è il modo abituale di procedere.

Il rispetto delle aspettative non è il solo criterio per un buon finale, anche se ne è il principale. Un altro criterio importante è la proporzione tra sviluppo e finale. Chiaramente un romanzo che si sviluppa per molte pagine non può raggiungere il climax nell'ultima pagina e terminare poche righe dopo. Un finale simile risulterebbe tanto compresso da apparire tronco. In un romanzo lungo il finale deve avere un certo respiro, occorre dare il tempo al lettore di staccarsi gradualmente dal mondo in cui è stato immerso finora, non dev'essere strappato via.

Scrive Kermode:

> Più in generale si può sostenere che, per dare un senso all'esistenza, gli uomini hanno bisogno di creare un'armonia finzionale tra inizio e fine, e la fiction, che con i suoi intrecci unisce un incipit e un explicit dotando di significato l'intervallo tra di esse, soddisfa nel modo più esemplare tale esigenza.

In altre parole, il finale ideale (explicit) partecipa della stessa natura dell'inizio, ma, grazie all'intreccio, si pone a un diverso livello. Il finale offre le chiavi di lettura a tutto ciò che è partito dall'inizio e si è sviluppato nell'intreccio. Pertanto il rapporto tra inizio e fine dev'essere in qualche modo già determinato prima di iniziare a scrivere la parte intermedia.

Parliamo ora del cosiddetto finale a sorpresa, che si riconnette all'inizio per vie insospettabili.

Il finale a sorpresa è quello in cui proprio alla fine un evento inaspettato o una rivelazione mutano l'idea suggerita nella parte precedente del racconto. Talvolta l'evento nuovo riapre completamente un discorso che sembrava chiuso, altre volte cambia l'orientamento: il buono si rivela cattivo o viceversa, il personaggio non è quello che sembrava o il luogo è un altro, o ancora la realtà si rivela un sogno o viceversa...

Il finale a sorpresa diverte e strappa un sorriso e un "oh" di meraviglia, ma ha le sue condizioni. Esso non funziona in un racconto lungo o in un romanzo. Il lettore non può gradire di essere stato impegnato per pagine e pagine in qualcosa che all'ultimo si stravolge interamente. Certamente non mi piacerebbe seguire un'appassionante storia d'amore, giocata sui più teneri sentimenti, intrisa d'un romanticismo fiabesco e di magiche atmosfere, con famiglie che si ostacolano e amici che aiutano, per scoprire nell'ultima pagina che i personaggi sono tutte ranocchie di uno stagno.

La sorpresa funziona benissimo con racconti brevi, perché in questi il lettore non si fa male, cade da un muricciolo e non da un grattacielo. In un racconto lungo o in un romanzo il finale a sorpresa può sussistere solo se esso non stravolge l'intero libro e la connessione con l'inizio resta forte, ma si limita ad agire su un breve episodio finale. Per esemplificare: immaginiamo che un romanzo narri di un ragazzo che durante la vacanza in un paese straniero resta impressionato e incuriosito da un uomo che cammina nella strada. Il suo vestito scuro, il bavero del cappotto alzato, il modo circospetto in cui getta occhiate a destra e a sinistra, la sua stessa andatura... tutto indica che deve trattarsi di una persona losca. Il ragazzo decide di seguirlo e finisce in un mare di guai. Viene scambiato per una spia, arrestato, interrogato, messo in una prigione a pane e acqua. Riesce a fuggire ma viene ripreso. Proprio all'ultimo, quando stanno per sparargli tra gli occhi, interviene la polizia e lo salva. Tutto ciò raccontato per pagine e pagine di avventure rocambolesche. Alla fine la polizia consegna il ragazzo ai suoi genitori, che lo abbracciano e gli fanno una bella paternale. Il ragazzo promette che non seguirà più uomini dall'aspetto losco, ma proprio in quel mentre passa una donna che attira il suo sguardo: la vede camminare circospetta, la osserva gettare occhiate a destra e a sinistra, nota come tiene il foulard stretto intorno alla testa a nascondere i capelli... A questo punto:

> Il ragazzo sfodera un grande sorriso ai genitori e dice: — La lezione l'ho imparata, non seguirò mai più un uomo sospetto. Adesso faccio un giro qui intorno.
> Il ragazzo va, e s'incammina silenzioso dietro la donna. Dopotutto lui ha promesso soltanto che non avrebbe mai più seguito un uomo...

La sorpresina finale nasce dal fatto che, dopo la brutta esperienza vissuta lungo tutto il romanzo, il lettore si aspetta che il ragazzo abbia imparato la lezione e si tenga lontano dai guai; invece il finalino mostra che piacere dell'intrigo è in lui più forte di ogni ragionevole prudenza.

Come si vede non è l'intero romanzo a essere rimesso in discussione, ma solo l'idea che il lettore si fa alla fine.

Il finale a sorpresa, poi, non salva un racconto fiacco, privo d'interesse. Perché un finale a sorpresa funzioni occorre che il lettore sia coinvolto, solo in questo modo egli resterà colpito dall'evento inaspettato. Se il racconto non ha avuto presa su di lui, se l'ha letto stancamente e senza interesse, la sorpresa non gli farà cambiare parere sul racconto e anzi la troverà patetica.

"Guarda" ho una sorpresa formidabile!" dice Giulia all'amica

Diana. "Oggi mi sono messa il berrettino azzurro!" (???? ma va' via! che sorpresa è questa?).

Se non c'è alcun interesse per il berrettino di Giulia, non potremmo certo restarne sorpresi, e non lo saremmo neppure se fossimo al corrente che Giulia di solito indossa berrettini rossi.

Ma possiamo inventare una storia in cui il colore del berretto sia determinante?

(Ora mi sono messo nei guai. Ho scritto la frase qui sopra seguendo il naso, ma adesso devo inventare un piccolo plot per fornire l'esempio. Non so che pesci pigliare. Continuo a pensarci ma per la mente mi passano solo sciocchezze. Devo smettere di scrivere e rilassarmi un poco).

....
Sto pensando al saggio di Natale delle ragazze dell'oratorio. Il problema è Camilla, una bambina stonata come una campana e con la testa tra sempre tra le nuvole. Le altre bambine vogliono bene a Camilla e cercano di convincerla a rinunciare al coro, ma Camilla è inflessibile, così si arriva a un accordo: Camilla entrerà sul palco con le altre, ma non canterà, aprirà la bocca fingendo di cantare, ma non emetterà neanche un suono.
— Vedrete — rassicura Camilla — non mi farò notare. Nessuno s'accorgerà neppure che esisto!
Ci si prepara al saggio. Dopo molte discussioni si concorda che le mamme delle bambine prepareranno per tutte il vestitino con giubbetto rosso e tutù dello stesso colore.
Il giorno del saggio Camilla è in ritardo. Che sarà successo? Telefonata a casa... Il suo vestitino per il saggio s'è sporcato, la mamma lo sta pulendo... Ma il saggio sta per cominciare... Aspetta... Ancora qualche minuto... Camilla sta per arrivare... In sala gli spettatori rumoreggiano... Panico generale, che facciamo? Iniziamo senza Camilla. Ma proprio mentre le bambine stanno per intonare le prime parole del canto, arriva trafelata Camilla.
— Ce l'ho fatta! — esclama con il fiatone, quindi va a prendere posto tra le altre. È adorabile nel suo bel vestitino azzurro!

La storiella mi diverte perché immagino la faccia delle altre bambine nel vedere quella che "nessuno avrebbe notato" e che a causa della sua solita distrazione arriva con il vestito di colore sbagliato. Eppure per la testa comincia a frullarmi la storia di Cappuccetto rosso.

> I lupi del bosco, comandati da Lupo Bullo, protestano. Da molto tempo non mangiano carne fresca. Uno dei lupi ha preparato però un progetto e lo espone agli altri: "So di una bambina chiamata Cappuccetto Rosso. Ne ho studiato gli spostamenti... Ogni giovedì si reca dalla nonna per portarle la merenda. Se uno di noi l'aspetta nel bosco e le propone una corsa, poi...
>
> [La storia la conosci]
>
> Il piano è ottimo, inoltre la nonna è cicciotta e rappresenta un ottimo pranzetto. Cappuccetto Rosso sarà il dolce. Ma chi s'incarica di mettere in atto il progetto?
>
> Lo farò io" dice Lupo Bullo. "Se funziona lo useremo con tutte le bambine dei villaggi qui intorno.
>
> Ecco, Lupo Bullo è appostato dietro un albero, arriva Cappuccetto con il suo bel berrettino rosso.
>
> — Oh bella bambina dove vai?
>
> — A casa della nonna.
>
> — E dove si trova?
>
> — Là in fondo, oltre il mulino.
>
> — Facciamo una corsa e vediamo chi arriva primo.
>
> — Sì sì, che bello! Pronti, via!
>
> Lupo Bullo conosce una scorciatoia nel bosco e arriva per primo. Apre la porta e vede la nonna di Cappuccetto Rosso con la vestaglia e i baffi. I baffi?
>
> — Oh nonna, che baffi grandi che hai! — dallo stupore Lupo Bullo non riesce a dire altro.
>
> E la nonna: — Scemo, non lo vedi che io sono il cacciatore? — e imbracciato il fucile impallina per bene Lupo Bullo, che scappa via con il sedere in fiamme.
>
> Per strada incontra Cappuccetto Rosso che sta arrivando.
>
> — Mi hai mentito, Cappuccetto Rosso, non mi hai detto che tuo nonno era il cacciatore.
>
> — Ma io non sono Cappuccetto Rosso — risponde la bimba. — Io sono Fabiola. Ieri Cappuccetto Rosso mi ha prestato il suo berrettino. A me piaceva tanto e lei è stata gentile a darmelo. Guarda, mi sta bene?

Chiedo umilmente scusa al lettore per avere inserito due storielle nel mezzo del discorso sul finale a sorpresa. La mia intenzione era quella di cogliere l'invenzione nel suo iniziare e svolgersi, quindi di

241

provare a trasmetterne il processo, come dire, in diretta.

È assolutamente vero che nel momento in cui scrissi "Ma possiamo inventare una storia in cui il colore del berretto sia determinante?" non avevo la minima idea di una storiella e però desideravo trovarla. Ne sono uscite due che, raccontate meglio del riassunto veloce che ho scritto qui, possono risultare divertenti. Ciò che però conta è il fatto che l'invenzione non è partita dal vuoto.

Il tema era stabilito: una storia in cui il cambio di abbigliamento generasse sorpresa. Probabilmente se mi fossi messo davanti al computer con il solo compito: "devo inventare una storia", avrei incontrato molte più difficoltà a trovarne una.

Il vuoto non ti suggerisce nulla, sono le ombre che diventano cose nella tua mente. Ricorda questo principio quando vuoi inventare una storia. Leggi il bel libro di Gianni Rodari: *La grammatica della fantasia*, esso è ricchissimo di spunti che aiutano la mente aperta a lavorare.

Talvolta il finale a sorpresa non è un vero finale, è solo una frasetta che chiude il racconto con una sferzata. La storia è già conclusa, ma, come uno spiritello, qualcosa si insinua nella mente dello scrittore e gli gioca uno scherzo. Così nasce la frasetta sorprendente che viene spesso denominata "colpo di coda".

Chiudo questo capitolo con un mio racconto destinato a ragazze di 15-6 anni. Non è molto lungo e lo riporto per intero.

IL TRATTAMENTO

Cara zia Virginia,
dopo quello che è avvenuto l'estate scorsa a Sestri Levante, non ho saputo trattenermi oltre e alla prima occasione sono ritornata nei luoghi dove si è consumato il nostro atto di giustizia (non me la sento di usare la parola vendetta, che non renderebbe il senso della cosa). Sì, comprendo che la mia è stata un'imprudenza, ma il desiderio di assaporare fino in fondo il frutto della nostra opera era troppo forte per me. Così sono ritornata.
Resto convinta che quella strega non meritasse altro... Tuttavia, ora, dopo questo viaggio, non so più che cosa pensare, e ho bisogno di

comunicarti le mie perplessità; del resto l'idea è stata tua e forse tu mi saprai dare una spiegazione.

Ricordi? Era il mese di aprile e io mi trovavo a Milano per valutare l'idea di iscrivermi alla Facoltà di Lettere. Molto gentilmente ti eri offerta di ospitarmi per qualche tempo, ma quel giorno, quando venisti alla stazione, rimasi turbata dalla rudezza dei tuoi modi, Erano almeno sei anni che non ti vedevo, e io avevo il ricordo di una zia sempre allegra e disponibile al sorriso, mentre ora... Devo confessarlo, zia Virginia, ci restai proprio male.

Fu solo il giorno seguente, quando notasti l'incredibile somiglianza tra noi due, tanto da sembrare madre e figlia, che mi raccontasti ogni cosa.

— Cara Melissa — iniziasti proprio così — devi perdonare la mia poca amabilità di ieri, ma, ti assicuro, non volevo essere scortese con te. Il fatto è che sono rientrata da poco da quel maledetto viaggio a Sestri, e ancora non mi è passata l'umiliazione e la rabbia per ciò che è avvenuto...

Così mi narrasti di quella donna. Si chiamava Imelda (come dimenticare quel nome?) ed era la proprietaria della pensione nella quale avevi trovato alloggio. Per una settimana intera ti aveva torturato con le sue manie di cosmetici, di trattamenti per conservare fresca la pelle, di creme per rassodare il corpo, di prodigiosi esercizi yoga che solo lei conosceva... Avevate entrambe quarantotto anni e lei non mancava occasione per confrontare il suo corpo con il tuo, per rimproverare le rughe sul tuo collo, i tuoi seni cadenti, la leggera pinguedine e le tracce visibili della cellulite.

— Avrei sopportato tutto, ma non quell'offesa — mi dicesti. — Io capisco che Imelda volesse fare bella figura davanti a quei due bellimbusti, tuttavia perché indurmi a dichiarare la mia età per poi attribuire a se stessa dieci anni di meno? Proprio così! Disse di avere trentotto anni, la sfacciata! E quel che è peggio... gli altri le credettero!

Poi con un sorriso maligno continuasti: — Esistono crimini che nessuna legge condanna e allora è un dovere fare giustizia da sé. Non c'è dubbio, Imelda deve essere punita, e ora, con il tuo aiuto...

Così l'estate scorsa mi recai a Sestri, in quella stessa pensione. Mi avevi descritto con tanta cura l'aspetto di Imelda che non ebbi alcun dubbio. Appena la vidi mi avvicinai e dissi sorridendo:

— Ciao, Imelda, che piacere rivederti! Sono di passaggio a Sestri e volevo salutarti prima di ripartire.

Imelda rimase per un attimo imbarazzata, poi balbettò: — Mi scusi, ma io non...

— Via — replicai subito — non dire che non mi riconosci! Sì, lo so, sono piuttosto cambiata dall'ultima volta, ma guardami bene.

— Mi spiace, io proprio...

243

— Sono Virginia. Ma davvero non mi riconosci?

Dapprima Imelda mi scrutò con sospetto, poi notai che il colore delle sue guance diveniva via via più cereo. Alla fine dovette appoggiarsi a una sedia, e quasi senza voce disse:

— Vir... Virginia! Ma... Io... Com'è possibile!? Sì sei proprio tu, però... Sei così giovane, ora! Vent'anni, sembra che tu abbia vent'anni! Io non...

Come si fu riavuta dalla sorpresa, cominciò a sommergermi di domande. Che cosa avevo fatto, che prodotto avevo usato, da chi ero andata... Sulle prime finsi un fermo riserbo, ma poi dichiarai che, in virtù della nostra amicizia, e comunque a lei soltanto, avrei rivelato il segreto. Raccontai che mi ero recata da uno sciamano senegalese e che questi, dietro il giuramento di abbracciare un giorno la fede dell'Islam, mi aveva svelato l'antico e occulto trattamento della regina Cleopatra. Quindi spiegai minuziosamente come operare.

Imelda ascoltò le mie parole in un silenzio religioso e alla fine esclamò:

— Sterco di cavallo!

— Sì — confermai — devi cospargere tutto il tuo corpo di sterco una volta al mattino e una alla sera. Devi farlo ogni giorno, per un intero ciclo lunare: da un plenilunio al plenilunio successivo.

— Ma è... è terribile!

— Lo so, è ripugnante. Tuttavia i risultati li puoi vedere da te.

Salutai Imelda e non mi feci più vedere, ma rimasi a Sestri ancora qualche tempo. Non ti dico il fetore che da una finestra della pensione scendeva a invadere tutta la strada...

Cara zia, sono ritornata a Sestri dopo quasi un anno. Ma non mi sono trattenuta a lungo, anzi, sono fuggita il giorno stesso. Perché, vedi, lungo la strada centrale una ragazza, più o meno della mia età, mi ha sorriso esclamando: — Ciao, Virginia, che piacere rivederti! Mi riconosci?

Io non ho ascoltato altro. Mi sono messa a correre verso la stazione e sono salita sul primo treno in partenza.

Oh, zia, che cosa abbiamo fatto?

Un abbraccio, tua nipote Melissa

CAP. 18: I MESSAGGI

Ognuno di noi ha grandi messaggi da trasmettere ai posteri. Ora, ci si può chiedere perché mai stare a scrivere storie e non saggi che raccolgano e comunichino tutta la conoscenza che abbiamo accumulato negli anni sofferti e felici della nostra vita.

Beh, la prima risposta che viene in mente è che scrivere di narrativa è più divertente e ci si assume meno responsabilità. Si può sempre dire, quando siamo messi alle strette, ma è solo un racconto!

Non mi piace questa scappatoia, racconto o no, quando scriviamo dobbiamo assumerci tutte le responsabilità di ciò che intendiamo dire. Lasciamo perdere dunque gli alibi.

Io lo so perché scrivo di narrativa, anziché di saggistica. E so anche perché preferisco scrivere narrativa fantastica anziché realistica.

Se ora ti aspetti una grande rivelazione non penso sarai soddisfatto della mia risposta. Io scrivo storie fantastiche semplicemente perché... mi piacciono!

Deluso?

Non devi esserlo, il segreto sta tutto in quel "semplicemente".

Nessuno riesce a scrivere "semplicemente" una storia. Quando scrivi le avventure di Giacomino o le angosce di padre Martirio, quando racconti come i venusiani stavano per far esplodere il nostro pianeta o come Birillo s'era infilato sotto le coperte del letto e piangeva perché aveva paura di non uscirne più, qualunque cosa tu scriva, oltre alla storia ci sei tu, con i tuoi messaggi, quelli che sai di avere e quelli che non sai. Non è mai una "semplice" storia.

Una volta ero convinto che uno scrittore avesse una qualche sua verità da trasmettere e che utilizzasse la narrativa per porgere il frutto della sua conoscenza e della sua esperienza agli altri. Per questo scopo creava personaggi, situazioni e ambienti altamente simbolici, che rappresentassero la sua visione del mondo. Ero affascinato da questa convinzione e io, ben sapendo di non esserne capace, mi tenevo lontano dalla narrativa (cominciai a scrivere che avevo più di quarant'anni).

Non è che non ci avessi provato.

A vent'anni avevo idee strabilianti e profondissime sul mondo e sulla vita e, poiché ero un lettore accanito di narrativa (di ogni genere, dai classici ai gialli, dalla fantascienza a Boccaccio), questa mia incommensurabile saggezza volevo farla diventare racconto.

Vuoi un esempio della mia grande bravura? Ecco un raccontino di quando avevo diciannove anni, ve lo riporto esattamente come lo scrissi, salvo una parte centrale molto ripetitiva.

LA GOCCIA D'ACQUA

Un esploratore s'era perso nel deserto e ormai gli restava poco da vivere. Aprì la sua borraccia e disse: — Ah, darei tutto per una goccia d'acqua! — In quel momento morì.

Dentro la borraccia c'era una goccia d'acqua che, udite quelle parole pensò: "Una goccia d'acqua deve essere davvero preziosa se quest'uomo in punto di morte avrebbe dato tutto per lei. Devo anch'io trovare questo tesoro".

Lei non aveva mai visto una goccia d'acqua e non sapeva com'era fatta, così, quando si rovesciò sulla sabbia, chiese ai granelli: —Siete voi delle gocce d'acqua?

— No di certo. Noi siamo granelli di sabbia.

Il vento l'asciugò e salì in cielo tra le nuvole: — Siete voi delle gocce d'acqua?

— Certo che no — risposero quelle. — Noi siamo nuvole.

[... *la storia continua con la goccia che cade nel prato e interroga i fili d'erba, poi va nel fiume e infine nell'oceano, sempre cercando una goccia d'acqua. Alla fine incontra un gambero che le rivela la verità...*]

— Tu sei la goccia d'acqua che cerchi. Il tesoro l'hai cercato fuori di te, ma il vero tesoro era in te. Ora che ti conosci, vai nel mondo e offriti a chi ha sete, dona la vita ai fili d'erba, agli alberi e agli animali, lascia che il sole ti asciughi e ti faccia salire in cielo per poi ricadere benefica sulla Terra.

La goccia capì. Si unì con le sorelle dell'oceano per compiere il perenne viaggio dell'acqua.

Da rabbrividire, vero?

Io avevo splendidi messaggi da inviare: spiegare il ciclo dell'acqua ai bambini, indicare loro il valore della loro interiorità, l'inutilità di cercare tesori fuori di se stessi...

Ma quando si parte dai contenuti e dai messaggi per costruire le storie, è molto probabile che ne escano cose artificiose, didascaliche o peggio turpemente moraleggianti.

Sono davvero pochi, se pure esistono, che riescono a partire dall'insegnamento per arrivare alla storia. Forse c'è riuscito Perrault, anche se sospetto che avesse già le storie e le abbia usate successivamente come esempi per dare forza ai suoi consigli.

Può essere che sbagli. Può essere che per scrivere grandi capolavori si debba prima pensare ai messaggi che desideriamo trasmettere. La mia esperienza tuttavia mi dice il contrario.

Oggi non penso più ai contenuti reconditi della storia, penso alla storia, agli ambienti, ai personaggi e alle vicende, all'intreccio. Penso a come iniziare e a come finire, non a ciò che intendo dire. Quando la storia soddisfa abbastanza il mio gusto la scrivo, cercando il più possibile che sia interessante alla lettura.

Semplicemente una storia.

E il messaggio? Quello passa tra le righe senza che fai alcuno sforzo per farcelo entrare. È come un clandestino che s'intrufola nelle pieghe della storia, cercando di non farsi scoprire soprattutto dall'autore della storia stessa. Gli altri, i lettori, se guardano bene lo scoprono, lo vedono acquattato dietro la poltrona su cui è seduto lo scrittore.

Nei miei libri sono state sempre altre persone a individuare il tema nascosto (neppure poi tanto).

In *Va' con i tuoi artigli* è stato scoperto il tema della crescita e dei rapporti parentali, nel *Sacro Perno*, il tema del bene, del male e dell'amicizia, nelle *Radici del grande cedro* il problema del senso di appartenenza sociale, per indicare solo i contenuti principali. Quando me li hanno svelati sono rimasto sorpreso: certo che quei contenuti erano lì, erano assolutamente veri, non semplici elucubrazioni, ma io non li avevo neppure visti!

Quando scrivi la tua personalità intera, carattere, convinzioni, cultura, paure e aspettative, entrano nella storia e gli altri ti scoprono. Se sei inconsapevole sei sincero, e gli altri lo capiscono.

Io amo la narrativa fantastica perché mi accorgo che il trasportarmi su un altro piano, lo staccarmi dalla realtà fa sì che la realtà trovi il modo di insinuarsi velatamente. Se scrivo di alieni extraterrestri è probabile che la loro società sia in fondo una di quelle che conosco e come li presento esprime il giudizio che io esprimo su queste. Ripeto: in modo inconsapevole.

Se rileggo a distanza di anni la parte con i Raponzi nel *Sacro Perno*, quelli che nella mia mente all'epoca erano solo un gruppo di esserini simpatici e svitati, oggi mi accorgo che rappresentano i bambini, con il loro mondo particolare, con il linguaggio spesso incomprensibile all'adulto, con divertimenti tutti loro. I Raponzi non hanno denaro, non conoscono il commercio, non si preoccupano del mangiare che trovano già pronto per essere mangiato, un cespuglio diventa una casa...

La caratteristica principale dei miei Raponzi è la stessa che trovo nei bambini: la fresca allegria.

Altri preferiscono affrontare scene il più possibile realistiche, c'è chi affronta l'esperienza attraverso l'ironia, altri con il sentimento o con l'avventura. Ogni cosa va bene. L'importante è che tu non dimentichi mai la storia e come raccontarla. In essa e solo in essa devi centrarti.

Un consiglio troppo rigido?

Sì. Ma tu fai come vuoi. Va senz'altro bene.

APPENDICE: TECNICHE DI SCENEGGIATURA

Se si prova a scrivere per bambini molto piccoli, dai 3 ai 6 anni, ci si rende subito conto che molte tecniche di narratologia non sono applicabili. Occorre capire che più si va all'indietro con l'età e più il racconto deve essere lasciato alle immagini, piuttosto che alle parole. Le storie si semplificano al punto che spesso non sono gli scrittori a inventarle, ma gli illustratori stessi.

A proposito ho visto opere pregevolissime, sia per invenzione sia per illustrazione, un procedimento che corrisponde abbastanza puntualmente alle produzioni dei cantautori nel mondo musicale. Ho visto però anche opere infime, con buone illustrazioni, ma basate su storie estremamente banali. Semplicità e banalità sono due cose diverse. Una storiella semplice semplice può non essere affatto banale:

> La gatta della zia Adele voleva essere una grande cantante e andare in tutti i teatri più belli del mondo a cantare *La bella lavanderina*. Però sapeva fare solo "miao miao", così si arrotolava sul suo cuscino verde e si metteva a sognare. Si vedeva sul palco del teatro mentre tutta la gente l'applaudiva.
> — Ma che ha la tua gatta, zia Adele? — domandò Fabietto. — Mentre dorme ride!
> La zia Adele sospirò: — Ma no, Fabietto, i gatti non ridono. Ti sarà sembrato.
> — Eppure...
> La bella lavanderina che lava i fazzoletti...
> Brava! Brava! Bis! Bravissimaaaa!
> Che bello!

Se pensi di aver talento come inventore di storie ma i tuoi disegni sembrano appena scampati alla sedia elettrica, allora limitati a scrivere e lascia l'illustrazione a chi ci sa fare.

Qualche volta, per ragioni precise, puoi fare da te, ma devi essere molto consapevole delle tue intenzioni. Nei racconti interattivi della serie "Entra nella storia" il bambino interpreta un personaggio e deve interagire nella storia principalmente con il disegno. In questo caso ho pensato che illustrazioni ben fatte, come quelle di un illustratore, potessero avere un effetto inibente sul bambino, così ho preferito inserire disegnini miei in bianco e nero, in modo che il bambino potesse a buon diritto pensare: "Ma io so fare di meglio!"

Insomma, è stato un modo per incoraggiarlo senza creargli condizionamenti.

Normalmente, però, l'illustratore, se bravo nel suo mestiere, non solo crea le figure ma crea anche l'impaginazione e stabilisce posizioni e reciproci rapporti tra testo e immagine. Svolge cioè il difficile compito dell'art graphic.

Lo scrittore è invece tenuto a fornire tutte le indicazioni necessarie all'illustratore. Il metodo migliore è quello di creare una sceneggiatura, in cui la narrazione è divisa in sequenze con a lato le indicazioni per l'illustratore.

Vedremo tra poco un esempio concreto di sceneggiatura, prima desidero fornirti alcune informazioni e qualche consiglio.

Per prima cosa, se vuoi che il tuo libretto sia distribuito in supporto cartaceo, oltre che digitale, devi stabilire il numero delle pagine. Il libro elettronico può avere il numero di pagine che vuoi tu, ma quello cartaceo deve essere composto da un numero pari, preferibilmente multiplo di 16, questo perché i sistemi di stampa normalmente contemplano grandi fogli su cui sono stampate più pagine. Per esempio, per stampare un libro di 16 pagine si prende un foglio e vengono stampate otto pagine in una facciata e otto nell'altra, quindi con tre pieghe si ottengono 16 pagine totali.

Attenzione, però: la copertina è conteggiata a parte, tuttavia può capitare che la prima pagina del libro e l'ultima siano incollate alla copertina. Se i libri della collana hanno questa forma, allora devi calcolare due pagine disponibili in meno.

I libri hanno poi un frontespizio, che riporta il titolo e il nome dell'autore (spesso anche dell'illustratore) e un colophon (che riporta i dati relativi alla stampa, ai diritti e alla data di pubblicazione). Nei libri cartonati (con le pagine di cartone anziché di carta) per risparmiare pagine e non ingrossare inutilmente il libro, di frequente la prima pagina di copertina fa anche da frontespizio e il colophon viene inserito nella quarta pagina di copertina.

In ogni caso faresti bene a vedere i modelli di libretti per bambini presenti in commercio e scegliere quello che fa al caso tuo. Questa prassi è poi necessaria se vuoi scrivere per una specifica casa editrice. Se miri alla pubblicazione per bambini piccoli, il sistema di scrivere un libretto e poi inviarlo a molte case editrici sperando che una di queste lo voglia pubblicare è una prassi che raramente dà i risultati sperati. Molto meglio è scegliere una casa editrice obiettivo e creare uno o più libretti che possono essere inseriti nelle loro collane. Le case editrici, infatti, tendono a pubblicare non per singoli libri, ma per collane, e prevedono un certo numero di uscite ogni anno. Se, ad esempio, una certa collana prevede la pubblicazione di due libri all'anno, può capitare che la casa editrice sia sfornita di opere per l'anno successivo. In tal caso se il tuo libro è adatto alla collana e ha un certo valore, la casa editrice sarà ben felice di stamparlo. Questo bisogno di opere è poi particolarmente accentuato con collane di grandi tirature, perché l'editore cerca di sfruttare più che può la collana che vende bene e cerca di uscire con un numero maggiore di opere.

Ovviamente un autore non può creare un libro per una casa editrice e poi aspettare che gli arrivi una risposta (che talvolta non arriva mai), tuttavia un libro preparato pensando a una certa collana, quasi sempre è adattabile a collane diverse per altri editori. Se sei uno scrittore non collegato all'illustrazione, vale a dire che la tua è solo una proposta di testo e non un libro già completamente illustrato, incontrerai vantaggi e svantaggi.

Lo svantaggio (abbastanza rilevante) consiste nel proporre qualcosa che l'editore deve immaginare, mentre il libro già illustrato è lì, completo e concretamente esaminabile. Più di una volta mi è capitato di selezionare libri estremamente accattivanti per l'insieme testo-immagine, mentre non sarei stato affatto impressionato dal solo testo. Per ovviare allo svantaggio del testo senza immagini non c'è che un modo: creare una storia davvero affascinante in poche pagine. Non è facile.

Il vantaggio di una proposta di solo testo è che il testo può essere impaginato in vari modi e l'editore può allargare o stringere le immagini così da aumentare o diminuire il numero totale delle pagine e adattarlo praticamente a ogni collana.

Una proposta di solo testo può risultare vantaggiosa anche quando l'editore ha i propri illustratori con un loro stile e non gradisce che questo sia cambiato. In tal caso un libro già illustrato può essere rifiutato proprio a causa delle illustrazioni.

Esiste poi una via intermedia alle due soluzioni solo testo o testo con immagini ed è il testo sceneggiato.

In pratica lo scrittore scrive il testo suddiviso in pagine e indica il contenuto delle illustrazioni ed eventuali altre caratteristiche grafiche. L'editore così legge la storia, ma si fa anche un'idea più precisa di come potrà essere realizzato il libro. (Non voglio fare torto all'intelligenza dell'editore, al quale basterebbe poco per decidere se per un'opera valga la pubblicazione o no, ma spesso gli difetta il tempo per leggere la storia per intero, in tal caso una sceneggiatura può far capire la qualità del lavoro in poche righe).

Torniamo dunque al nostro libretto. Probabilmente ti interessa diffonderlo come ebook, ma anche in questo caso ti consiglio ugualmente di attenerti alle regole dell'editoria cartacea (per esempio calcolando il numero di pagine). Non è escluso infatti che un editore, visto il successo del tuo lavoro nel commercio elettronico, ti proponga di pubblicarlo in formato cartaceo e magari farne addirittura una collana. Non si sa mai e creare un libro già predisposto per la stampa non costa fatica in più.

Nel nostro esempio stabiliamo che il nostro libro sia di 32 pagine.

In tal caso si tratterà di un libretto o al massimo un libro cartonato. Se l'ipotesi è quest'ultima, guarda bene che cosa offre il mercato, perché i libri cartonati solitamente hanno qualcosa per invogliare all'acquisto (un pupazzetto come gadget, una sagomatura particolare del cartone per cui il libretto ha la forma di una macchina o di una tartaruga, buchi per infilarvi le dita, sagome che si muovono, parti in stoffa, ecc.). Tutto ciò non potrà essere riportato nel libro elettronico, ma l'idea di creare gadget da scaricare dal tuo sito non è da buttar via.

Proviamo a sviluppare ora una storia sceneggiata pensata per un libretto di carta di 32 pagine, oppure per un ebook di 6" o per tablet. Dare la forma sceneggiata al proprio progetto è utile anche nel libro digitale per due ragioni: è abbastanza facile trasformare il libro sceneggiato in un libretto in cui il bambino interagisce con il disegno, in secondo luogo è un bel promemoria di progetto quando vai a realizzare il libro digitale in collaborazione con un illustratore. Tu gli passi la sceneggiatura e lui ti costruisce la pagina illustrata.

Infine... perché non imparare qualcosa che ancora non sai? [*sorrisetto*].

La sceneggiatura inizia con la suddivisione della storia in sequenze. È possibile che la sequenza contenga una successione temporale, nell'esempio ne ho messa una proprio nel primo disegno; ma tu cerca di evitarle: anche se il disegnatore normalmente sa come rappresentare un prima e un poi nella stessa immagine, se il procedimento è ripetuto appesantisce il lavoro e lo rende monotono. Come regola, fai in modo che ogni sequenza sia contenuta in un'unica unità temporale.

Quando hai stabilito la suddivisione delle sequenze (non dovrebbe essere difficile se hai inventato la storia seguendo le indicazioni che ti ho fornito in questo libro) devi giudicare quale di queste merita una doppia pagina (ovviamente una pari + una dispari) o una pagina singola. Tieni conto che la parte dell'immagine deve essere preponderante nella pagina. Normalmente l'illustratore sa impaginare meglio dello scrittore, ma se vuoi puoi anche allegare un'idea schematica di come vedresti i rapporti tra spazi del testo e scorrimento dell'immagine.

Ora prendi un foglio o crea una tabella al computer con tre colonne: una per il numero di pagina, una per il testo e una per le indicazioni all'illustratore.

Ecco un esempio:

LE LACRIME DEL DRAGO

p.1	FRONTESPIZIO	
pp. 2/3	Il principe di Zaffiro aveva sei anni e una grande passione: fare le corse con i ragazzi del borgo. Ma anche se lui era principe e gli altri no, Zaffiro arrivava sempre ultimo. Come mai? Semplice, lui era il più piccolo della compagnia e aveva le gambe corte. Tutto qui. Al principino però la cosa non andava giù, e ogni volta sospirava: — Ah, se fossi grande gliela farei vedere io a quelli! Intanto il tempo passava e mutavano le stagioni, ma inverno o primavera, estate o autunno, per Zaffiro non cambiava nulla: lui correva e perdeva, sempre. C'era proprio da arrabbiarsi.	*Una bella scena medievale con case di legno, gente che lavora e animali (cani, gatti, oche e galline).* *Qualche particolare divertente: ad es. un topolino che ruba un pezzetto di formaggio.* *Il cane con le salsicce in bocca che corre insieme con i ragazzi, il salumiere che lo rincorre. Una donna alla finestra che vuota il vasino da notte in testa a un passante...* *Ragazzi con vestiti poveri che corrono.* *Zaffiro, vestito da principino, è ultimo e sbuffa tutto accigliato*
pp. 4/5	Un giorno, però, ebbe un'idea... Zaffiro si recò dal mago di corte e gli disse: — Voglio diventare grande, preparami una magia! Il mago si mise a ridere e rispose: — Per questo non servono magie. Basta aspettare, tutti bambini fanno così.	*Una scena grande del laboratorio del mago, con alambicchi e altri oggetti misteriosi. Erbe alle pareti e animali da antro dello stregone (gufi, rospi, lucertole,*

254

		— Già, e intanto io perdo altre diecimila corse! — ribatté Zaffiro. — No, no, voglio diventare grande... adesso! Il mago consultò il suo librone. Magie di quel genere non esistevano proprio, però un sistema c'era. — Ci vorrebbero le lacrime del drago — disse. — Ma come raggiungerlo? È molto lontano e serve un cavallo speciale... Però, torna da me tra due giorni, vedrò di procurarti quello che ti occorre.	*rane e corvi).* *Anche qualche strano esserino può starci bene.* *Il mago sta consultando il librone e Zaffiro è a sinistra che lo ascolta.* *Il testo va fatto scorrere sulle due pagine dividendo dove dice: Il mago consultò...*
p. 6		Due giorni dopo, quando Zaffiro vide ciò che gli aveva preparato il mago, esclamò: — Un cavallo a dondolo? Ti stai burlando di me? — No davvero — disse il mago. — Sali sulla groppa e tieniti stretto alle sue orecchie. Poi chiudi gli occhi e conta fino a tre.	*Uno sfondo non molto dettagliato di un giardino. Zaffiro è sul cavallo a dondolo e stringe le orecchie del cavallo. Il mago è di lato e sta parlando.*
p. 7		Zaffiro fece come gli era stato detto: uno... due... tre... Ed ecco che cavallo cominciò a dondolare, dapprima piano e poi sempre più forte.	*Un'immagine multipla del principe sul cavallino che dondola con forza avanti e indietro. Zaffiro ha gli occhi chiusi.*
p. 8/9		A un certo punto il principino riaprì gli occhi e vide il parco della reggia piccolo piccolo sotto di sé. — Perbacco! Ma sto volando! — esclamò. — Sto proprio volando! Che bello! Zaffiro agitò un braccio per salutare il mago, quindi tirò entrambe le orecchie del cavallo e sfrecciò verso il cielo aperto. Sorvolò mari e monti, foreste e deserti, per miglia e miglia.	*Una bella immagine della reggia vista dall'alto e il suo giardino. Il principe sul cavallo volante è in primo piano nella pagina di destra e saluta il mago.* *Il mago saluta anche lui, ovviamente è nella pagina di sinistra nel giardino.* *Il testo scorre dividendosi a: Zaffiro agitò un braccio...*

p. 10	A un tratto scorse una macchiolina azzurra nel mezzo di un fitto bosco. "Ho sete" pensò. "Quello mi sembra un posto adatto per bere". Allentò un poco le orecchie del cavallo e scese rapidamente verso terra.	*Zaffiro sta volando e vede la fonte nel bosco. La scena è ripresa dalla spalla del principe mentre si sta dirigendo verso la fonte tra gli alberi La fonte è piccola in confronto all'immagine complessiva.*
p. 11	La macchiolina azzurra era un laghetto creato da una cascatella che sgorgava dalla roccia. Zaffiro unì le mani a coppa e raccolse un po' d'acqua, ma improvvisamente essa si trasformò in sabbia. Il principe ci restò male. In quel mentre dal bosco uscirono tre giovani fate.	*Scena presso la fonte. Il cavallo è di lato, il principe ha le mani a coppa e da esse cade la sabbia. Volto visibilmente costernato di Zaffiro.*
pp. 12/13	— Bambino caro, questa è una fonte magica che dà l'acqua solo se prima gliela chiedi gentilmente — dissero ridendo le fate. — Ma tu, perché ti trovi qui? Zaffiro raccontò ogni cosa e, alla fine, le fate gli porsero una fiaschetta. — Prendi un po' della nostra acqua; un giorno ti potrà servire. Zaffiro ringraziò e risalì sul cavallo a dondolo, quindi si involò nuovamente.	*Scena grande di paesaggio nel bosco. Ci sono uccellini che guardano nascosti tra i rami e cervi e altri animaletti che spiano da dietro gli alberi.* *Ci sono tre fate nei vestiti tradizionali, una di queste sta porgendo una fiaschetta a Zaffiro. Le farfalle svolazzano sopra le loro teste.*
pp. 14/15	Il drago abitava in una grotta in cima a una montagna grigia e ripida, sempre avvolta da nubi minacciose Al principe Zaffiro venne la tremarella, e quasi quasi stava per tornare indietro, ma poi si consolò: "Ho paura solo perché sono piccolo, ma tra poco sarò grande e non avrò più paura. I grandi sono tutti coraggiosi!" E Zaffiro proseguì risoluto verso la grotta.	*Una bella scena della montagna con la grotta e con la cima che si perde tra le nuvole. La montagna dev'essere di tonalità grigia, con grandi uccelli scuri che le volano intorno. Deve trattarsi di una scena tetra e misteriosa. Zaffiro sul cavallo a dondolo vola verso la grotta.*

256

pp. 16/17	Nella prima stanza il drago non c'era, ma da un cunicolo sul fondo giungevano strani rumori. Zaffiro scese da cavallo e camminò in quella direzione. Appena girato l'angolo, vide il drago, tutto verde e squamoso, nel centro di una sala enorme, seduto su un cumulo di monete d'oro. Aveva un berretto da notte in testa e stava rimirandosi in un grande specchio, che ci sarebbero voluti otto uomini a sorreggerlo.	*Una grande sala della caverna. Il drago è seduto sul tradizionale cumulo di monete d'oro. È tutto verde e pieno di squame, l'effetto generale dev'essere di un drago potente e simpatico.* *Con il berretto da notte in testa sta specchiandosi in un grande specchio. Zaffiro non è presente nella scena.*
p. 18	Il drago lanciò un'occhiata Zaffiro e disse con voce cavernosa: — Son io piuttost'altanto belloccio, non trovi tu? Il principino disse solo "beh", e il drago ne fu molto soddisfatto. Lo dimostrò soffiando dalle narici tante farfalline di fuoco. Così Zaffiro e il drago divennero amici. Del resto non c'è da stupirsi: quando non si ammazzano tra loro, principi e draghi fanno amicizia in fretta.	*Zaffiro e il drago.* *Il drago sbuffa farfalline di fuoco dalle narici e Zaffiro ride.*
p. 19	Il principino spiegò il motivo della sua venuta, il drago ascoltò attentamente e alla fine scosse il suo testone verde. — Ti ano imbrogliacciato, bambinillo mio. I draguzzi non piangiono. Or se sono tristacciolli fan cì cì col nasozzo. — Vuoi dire che quando sei triste tu starnuti? — Or sì sì, io starnazzo! — Poi, vedendo Zaffiro farsi mogio mogio, aggiunse: — Però tu provicchia. Racconcia me qualche storilla tristacciolla... Chirissacché io lacrimillo...	*Il drago ha l'aria compassionevole e allarga le braccia come a dire "che posso farci?".* *Si vede Zaffiro che parla. Intorno vari animaletti che curiosano. Sono tutti lucertole, rane o draghetti.*

257

pp. 20/21	Zaffiro cominciò a raccontare le storie più tristi che conosceva: la storia del gatto orfano, poi quella della bambina senza scarpe, poi quella del gufo con un occhio solo... Il drago ascoltava e ogni due parole lanciava uno starnuto tanto forte da far volare tutte le monete intorno. Ma di lacrime neanche l'ombra. Passarono molte ore. Zaffiro aveva la gola secca e il drago il naso gonfio.	*Si vede il drago che starnuta ed ha l'aspetto di uno che abbia il raffreddore.* *Intorno, come nuvolette, si vedono semplici immagini dei racconti di Zaffiro: il gatto orfano, la bambina senza scarpe, il gufo con un occhio solo.* *Gli animaletti della caverna piangono, qualcuno usa il fazzoletto per asciugarsi gli occhi.*
p. 22	— Sei stato molto gentile — disse infine principe al drago — ma devo rassegnarmi a restare bambino. Ora salgo sul mio cavallo e torno alla reggia. Pazienza. I due si avviarono delusi verso l'ingresso della grotta, ma appena il drago ebbe scorta la cavalcatura di Zaffiro, si gonfiò tutto e scoppiò in una fragorosa risata. — Ah ah ah! Un civillo a dondola! Sei venuccio a me con un civillo a dondoloni? Uh uh uh! Un... un civillo con le oreccie legnose assai! Or è buffa, buffilla, bufillissima questa cosa! Ah ah ah! Il drago rise e rise, trattenendosi la pancia e... e lacrimando come una fontana!	*Zaffiro ha una mano sulla testa del cavallo.* *Il drago è per terra che si sbellica dalle risa e dagli occhi le lacrime spruzzano abbondantemente...*
p. 23	Era un miracolo. Le lacrime cadevano copiose su Zaffiro, che subito cominciò a crescere: un ragazzo di dodici anni... un giovane di venti... un uomo di 40...	*Si deve vedere Zaffiro che si trasforma mediante un gioco di immagini parzialmente sovrapposte.*
pp. 24/25	Il principe salì svelto svelto sul cavallo e fuggì rapidamente dalla grotta, prima di diventare un vecchio di cento anni.	*Una bella immagine della montagna, dei fiumi, dei boschi e delle valli. Zaffiro è un uomo di quarant'anni e vola sul cavallo (molto piccolo per le sue nuove dimensioni).*

p. 26	Giunto alla reggia, Zaffiro scese subito al borgo dai suoi amici. — Ehi, ragazzi! — esclamò. — che ne dite di fare una corsa? I ragazzi del borgo non riconobbero Zaffiro e lo guardarono con sospetto. Poi risposero: — Noi non ci mettiamo a correre con i grandi, che gusto ci sarebbe? E poi, i grandi non giocano! Lo sanno tutti. Detto questo i ragazzi se ne andarono, e Zaffiro rimase solo e umiliato. Tutta quella fatica per niente!	*La strada del borgo. Zaffiro, adulto, parla con i bambini, ma alcuni gli voltano le spalle, alcuni s'allontanano e altri lo guardano male.*
p. 27	Il principe tornò tristemente alla reggia e si sedette sul cavallo a dondolo. Ah quanto sarebbe voluto tornare bambino! Ma se tutti sanno invecchiare, nessuno sa come ringiovanire. Zaffiro stava meditando sulla sua disgrazia, quando si rammentò della fiaschetta delle fate. Nel cuore gli si accese la speranza. Forse... Chiuse gli occhi e cominciò a versarsi l'acqua sulla testa.	*Il giardino della reggia. Nella scena sono presenti solo il cavallo a dondolo e il principe Zaffiro uomo che, con gli occhi chiusi, si versa l'acqua della fiasca in testa.* *Nel cielo s'addensano nuvole temporalesche.*
p. 28	Aveva appena terminato di vuotarla, quando udì la voce del mago che diceva: — Principe, ti sei addormentato sotto il temporale! Vieni a ripararti! Zaffiro riaprì gli occhi e si vide seduto per terra. Dal cielo la pioggia cadeva fitta e lui era di nuovo bambino. Un semplice bambino bagnato.	*Sempre il giardino della reggia (basta qualche particolare) sotto una pioggia forte.* *Il mago si ripara con uno stravagante ombrello. Zaffiro bambino è seduto per terra. Un animaletto fugge riparandosi dalla pioggia con le zampette sulla testa.*
p. 29	La fiaschetta e il cavallo a dondolo erano scomparsi. Interrogò il mago, che gli rispose stupito: — Un cavallo a dondolo? Tu non ha mai avuto un cavallo a dondolo, principe Zaffiro!	*Il mago sorpreso, con le braccia allargate. Il principe che pare accarezzare una sorta di cavallo a dondolo evanescente (si può farlo nebuloso o semitrasparente).*

| pp. 30/31 | Zaffiro correva e correva, rosso in viso e con la lingua fuori. Anche questa volta sarebbe arrivato ultimo, ma che importava?
Forse la sua avventura era stata solo un sogno, però una cosa l'aveva imparata: meglio essere l'ultimo tra gli amici che il primo da solo.
Le gambe di Zaffiro erano proprio corte, e lui correva, con la lingua in fuori e tutto rosso in viso. Ma le sue labbra sorridevano e nessuno capiva perché. | *Più o meno la scena delle pagg. 2-3 ma questa volta Zaffiro sorride e allo stesso modo sorridono gli adulti che guardano.* |
| p.32 | Colophon | |

Ho desiderato riportare una sceneggiatura completa affinché tu avessi modo di notare alcuni particolari che sono poi piuttosto importanti per l'impressione generale che se ne può trarre.

Anzitutto le scene a doppia pagina.

Hai notato che non esiste molta corrispondenza tra quantità di testo e dimensioni dell'immagine?

Ciò che induce all'immagine grande piuttosto che piccola non è la quantità di testo, ma la sua rappresentazione. Due persone che parlano, semplicemente, non possono offrire spunto per una pagina doppia (un illustratore potrebbe smentirmi e dimostrarmi come una pagina doppia potrebbe raffigurare efficacemente due soli volti, ma sarebbe comunque una forzatura, o una sfida per saggiare i limiti della rappresentatività, non una prassi normale). La pagina doppia con un'unica immagine trova aderenza con una parte del testo in cui sono citate scene ampie di paesaggio, oppure dove in qualche modo il luogo può partecipare all'animazione del momento.

Un esempio di paesaggio ampio si ha alle pagine 24-25. Il testo è ridottissimo, ma l'immagine completa bene ciò che non è detto.

Un'altra cosa da notare è l'inserimento di dettagli nelle istruzioni all'illustratore.

Ciò può sembrare una sorta di vincolo che viene dato a un illustratore. Per esperienza so che non è così. Più direttive dai a un illustratore e più questa cosa sollecita la sua creatività. Se poi ti capita di incontrare un illustratore particolarmente creativo, oppure un illustratore russo, che non è abituato a ricevere limiti, beh... quello si farà un baffo delle tue indicazioni e seguirà soltanto la sua ispirazione. In questo caso assecondalo. Non appartenere al tipo: "Ah no! Le parole non si toccano!"

Un'altra cosa che puoi rilevare sono in alcuni casi le indicazioni di taglio del testo. L'illustratore in genere adegua a capocchia sua il testo all'illustrazione a doppia pagina, mettendo una frase sopra e una sotto, una nella pagina di sinistra e una di destra, secondo come gli viene meglio l'immagine. Tu collabora per quanto possibile, ma sii consapevole che, a differenza di te, l'illustratore è più sensibile all'immagine che al testo e se deve sacrificare il testo per l'immagine lo farà senza pensarci due volte.

Devi difenderti.

Dove il testo non va diviso, o al contrario dove va diviso, lo sai tu e dunque non farti scrupoli a scriverlo. (Poi gli illustratori russi se ne fregheranno [*sorrisetto*]).

Un'ultima considerazione e poi chiudo, è l'attenzione al ritmo delle immagini.

Immagini a doppia pagina, illustrazioni a parti più limitate, numero di particolari dell'illustrazione o accenni riassuntivi devono collocarsi nel libro in modo vario e non troppo prevedibile. In fondo l'interesse va tenuto desto, quando non con il testo, allora con l'illustrazione.

L'importante è non annoiare. Nel mondo ci sono già troppe cose noiose, senza che ci si mettano anche gli scrittori.

Auguri per il tuo impegno.

L'autore ti ringrazia per l'attenzione che hai dedicato al libro e ti chiede la gentilezza di scrivere una breve recensione nel sito in cui hai acquistato il volume. Il tuo parere sarà utile a orientare i futuri acquirenti.

GRAZIE, Renato

Printed in Great Britain
by Amazon